공해천국 우리집

나를 아프게 만드는 병든집을 고치자!

펴낸날 | 2004년 8월 20일 초판 2쇄

지은이 | 이송미
펴낸이 | 이태권
펴낸곳 | 소담출판사
　　　　서울시 성북구 성북동 178-2 (우)136-020
　　　　전화 | 745-8566~7　팩스 | 747-3238
　　　　E-mail | sodam@dreamsodam.co.kr
　　　　등록번호 | 제 2-42호(1979년 11월 14일)
기획 · 편집 | 박지근 이장선 정지현 가정실 구경진 마현숙 김세희
미　술 | 이성희 김지혜
본부장 | 홍순형
영　업 | 박종천 장순찬 이도림
관　리 | 이영욱 안찬숙 장명자

ⓒ 이송미, 2004
ISBN 89-7381-804-X 03000

책 가격은 뒤표지에 있습니다
www.dreamsodam.co.kr

나를 아프게 만드는 병든집을 고치자!

공해천국 우리집

| 이송미 지음

에서 아토피를 얻으며 | 위험한 건축자재 | 벽지, 바닥재의 횡포 | 유해물질을 내뿜는 가구 | 해로운 플라스틱 생활용품 | 유해 전자파를 내뿜는
유아, 아동용품 | 무서운 살충제, 방향제 | 세제의 위협 | 휴지와 종이의 독 | 집안 공기를 깨끗이 | 공기 정화 식물 기르기 | 환경친화적인 집짓
살 건강 주생활 수칙 | 사람을 공격하는 옷 | 잠을 방해하는 침구 | 세탁세제, 세탁보조제의 독성 | 유해물질 피해를 줄이는 세탁, 보관법 | 위험
불안한 화장품 | 지켜야 할 건강 의생활 수칙 | 오염된 신토불이 | 수입식품의 독성 | 가공식품의 횡포 | 주재료만큼 오염된 양념 | 안전한 식품을
| 식품공해의 최고 대안, 유기농 | 집에서 무공해 채소 기르기 | 내 몸에 쌓인 유해물질의 해독 | 유해물질 피해를 줄이는 조리법 | 안전한 이
아이 입맛에도 맞는 간식 | 불안한 식수 | 위험한 식기 | 약의 두 얼굴 | 지켜야 할 건강 식생활 수칙 | 자연과 더불어 사는 에코토피아를 꿈꾸며

66 아토피나 암같이 심각한 문명병이 아니라고 해도
늘 피곤하고, 집중력이 떨어지고, 자잘한 병이 이어지는 것이
병든 집, 병든 의식주와 결코 무관하지 않습니다. **99**

c·o·n·t·e·n·t·s

병든 집에서 아토피를 얻으며

병든 집에서 아토피를 얻으며 | 위험한 건축자재 | 벽지, 바닥재의 횡포 | 유해물질을 내뿜는 가구 | 해로운 플라스틱 생활용품 | 유해 전자파를 내뿜는 가전 | 불안한 유아, 아동용품 | 무서운 살충제, 방향제 | 세제의 위협 | 휴지와 종이의 독 | 친한 공기를 채우기 | 공기 정화 식물 기르기 | 환경 친화적인 집짓기 | 지켜야 할 건강 주생활 수칙 | 사업을 공격하는 옷 | 잠을 방해하는 침구 | 세탁세제, 섬유보조제의 독성 | 유해물질 피해를 줄이는 세탁, 보관법 | 위험한 목욕용품 | 불안한 화장품 | 지켜야 할 건강 의생활 수칙 | 오염된 친환경이 | 수입식품의 독성 | 가공식품의 횡포 | 주재료만큼 오염된 양념 | 안전한 식품을 고르는 기준 | 식품공해의 최고 대안, 유기농 | 집에서 부엌재 해소 기르기 | 내 몸에 맞인 유해물질의 해독 | 유해물질 피해를 줄이는 조리법 | 안전한 이유식 만들기 | 아이 입맛에도 맞는 간식 | 안인한 식수 | 위험한 시기 | 악의 두 얼굴 | 지켜야 할 건강 식생활 수칙 | 자연과 더 불어 사는 에코토피아를 꿈꾸며 | 병든 집에서 아토피를 얻으며 | 위험한 건축자재 | 벽지, 바닥재의 횡포 | 유해물질을 내뿜는 가구 | 해로운 플라스틱 생활용품 | 유해 전자가를 내뿜는 가전 | 불안한 유아, 아동용품 | 무서운 살충제, 방향제 | 세제의 위협 | 휴지와 종이의 독 | 친한 공기를 채우기 | 공기 정화 식물 기르기 | 환경 친화적인 집짓기 | 지켜야 할 건강 주생활 수칙

> 이미 공해천국이 된 집과 병든 의식주를
> 바로잡지 않는 한 우리 가족에게 건강한 내일은 없습니다.

3년 전의 일입니다. 한옥집에서 아파트로 이사를 한 것이. 큰 나무가 있는 넓은 마당과 바람이 잘 통해 여름에 시원하던 한옥집, 그 정든 집을 떠나 아파트로 향한 것은 순전히 겨울에 따뜻하게 지내자는 의도였지요. 의도한 대로 따뜻하게 겨울을 보낼 수 있었습니다. 그러나 잘 밀폐된 콘크리트 집에서 저희 어머니는 아토피를 얻으셨습니다. 물론 저희 어머니의 아토피가 온전히 집 때문이라고 생각지는 않습니다. 오염된 식품과 잘못된 식습관, 그리고 면역력이 약해지는 고령이라는 점이 아토피를 키우는 밑거름이 되었을 것입니다. 그 아토피라는 싹이 유해물질을 내뿜는 집을 만나면서 불거져 나오게 된 것이지요. 불씨가 있던 장작이 기름을 만난 것처럼……

그런 사실을 깨달은 것은 아토피로 한참을 고생한 후였습니다. 가볍게 시작된 가려움증은 빠르게 퍼져갔고, 1년이 지나면서 중증 아토피로 악화되었지요. 첨단 현대의학도 아무런 도움이 되지 못했고 오히려 약의 부작용만 겪어야 했습니다. 피부 전체가 만신창이가 되고 가려워서 잠을 잘 수도 없는 상황에 이르러서야 병든 집이, 병든 의식주가 아토피를 부추기고 있다는 것을 알았습니다.

그 후 저희 어머니의 아토피와의 투병은 오염된 의식주를 바꾸는 과정이었다고 해야 할 것입니다. 우선 집안에 잎이 많은 식물과 숯을 들여놓고 환기를 철저히 했습니다. 한겨울을 제외하고도 늘 창문을 열어놓고 지냈지요. 밥상은 유기농 식단으로 바꾸고 고지방, 고단백 식품보다는 야채와 통곡식을 주로 먹었습니다. 소식을 하고 천천히 먹는 습관도 들였지요. 의생활에서도 합성섬유 옷과 합성세제를 밀어내고 천연섬유 옷과 세탁비누를 이용했습니다. 모기약을 쓰는 대신 모기장을 치고, 화장실이나 소파에 합성방향제를 뿌리는 대신 모과나 탱자를 놓고, 합성샴푸나 린스 대신 비누와 식초로 머리를 감았지요. 면역력을 키우기 위해 매일 체조를 하고, 아침에는 가까운 산을 찾아 등산과 삼림욕을 했습니다. 한마디로 편리하고 익숙한 것으로부터 단절을 선언하고 자연주의 생활로 바꾸어 갔습니다. 그렇게 1년이 지나면서 저희 어머니는 끈질긴 아토피의 굴레에서 벗어날 수 있었답니다.

병든 집에서 아토피를 얻고 또 이겨내면서 저는 '추상적인' 환경오염의 심각성을 '구체적인' 현실로 바라볼 수 있었습니다. 환경오염이 바로 내 집 안방에서 내 가족을 병들게 하고 있다는 무서운 현실에 눈뜨게 된 것이지요. 이것은 비단 저희 가족만의 문제는 아닐 것입니다. 아토피나 암같이 심각한 문명병이 아니라고 해도 늘 피곤하고, 집중력이 떨어지고, 자잘한 병이 이어지는 것이 병든 집, 병든 의식주와 결코 무관하지 않습니다. 단지 그런 사실을 깨닫지 못하고 있는 것뿐입니다. 환경공해는 마치 교묘한 지능범처럼 무서운 발톱을 감추고 아주 서서히 우리의 목을 죄고 있기 때문이지요.

요즘 새로 이사간 집에서 여러 이상 증상을 보이는 '새집증후군'이 사회 문제가 되고 있습니다. 그 탓에 사람들의 이목이 온통 건축자재와 마감재에 몰려 있지요. 그러나 우리를 병들게 하는 것은 단지 집만의 문제는 아닙니다. 건축자재부터 음식, 옷, 가구, 가전, 그릇, 화장품, 합성세제, 방향제, 살충제, 장난감, 휴지, 인쇄물, 가스레인지 등이 모두 우리 집을 공해천국으로 만들고 있고, 나와 내 가족을 공격하고 있습니다. 병든 집과 병든 의식주를 바로 잡기 위해 어떻게 해야 하는지 그 구체적인 실천법을 이 책에 담았습니다. 여러 분야에서 전문지식과 정보를 빌려주신 전문가들의 도움이 있었기에 한 권의 책으로 엮어질 수 있었습니다. 도움 말씀을 해주신 각 분야 전문가들에게 감사의 말씀을 올립니다.

　나와 내 가족의 건강을 지키기 위해 바로 지금 내 집 안방에서부터 공해를 밀어내려는 노력을 해야 합니다. 이미 공해천국이 된 집과 병든 의식주를 바로잡지 않는 한 우리 가족에게 건강한 내일은 없습니다. 당연히 인류의 미래도 없겠지요. 무심히 지내다가, 아니 편리한 문명의 이기만을 쫓다가 '아토피'라는 난치병을 떠안고 절망의 세월을 보내야 했던 저희 집처럼 되지 마시길 바랍니다. 말로는 다 못할 고통을 겪은 후에야 비로소 그런 사실을 깨달은 어리석은 저처럼 말입니다.

Chapter 1 >
공해천국 우리집

중병을 앓고 있는 집

사람들은 안다. 환경오염이 심각하다는 것을. 공기가 오염되고, 강과 바다가 예전 같지 않고, 생태계가 파괴되고 있다는 것을 피부로 느끼고 있다. 오존층 파괴, 지구 온난화, 지구 사막화, 기상 이변, 생물종 멸종, 산성비 횡포, 산업폐기물 위협 등 환경 재앙을 알리는 보도를 끊임없이 들으면서 지구의 불안한 미래를 걱정하고 있다. 그러나 그 심각하다는 환경오염이 내 집 안방까지 점령하고 있는지에 대해서는 모르는 경우가 많다. 마치 지구와는 동떨어진 어느 별에 사는 것마냥⋯⋯.

오늘날 지구촌은 그 어디에도 환경오염으로부터 자유로운 곳이 없다. 이미 자정 능력을 잃은 지구는 북극과 남극에서도, 높은 하늘과 깊은 바다에서도 오염물질이 발견되고 있다. 첩첩 산골과 무인도에도 산성비가 내리고, 중국에서 발생한 공해물질이 바다를 건너 한반도를 뒤덮기도 한다.

우리 집 역시 예외가 아니다. 우리가 의식하지 못하는 사이에 편안한 삶터이어야 할 집이 심각한 공해천국이 되었다. 그것도 단지 삶의 질을 악화시키고 생활을 불편하게 만드는 차원을 넘어서 내 가족의 생명을 위협하고 있다. 늘 피곤하고, 만성 두통에 시달리고, 아이의 짜증이 늘고, 집중력이 떨어지고, 한번 걸린 감기가 떨어질 줄 모르고, 크고 작은 병치레를 하게 만드는 것이 바로 우리 집을 점령한 공해물질이다. 그러다가 암이나 태아 사산 같이 돌이킬 수 없는 상황을 맞게 되기도 한다.

　그럼에도 우리는 환경오염의 횡포를 제대로 보지 못하고 있다. 그 무서운 속내를 감추고 아주 서서히 우리를 병들게 하고 있기 때문이다. 오염된 의식주로 인해 바로 우리 몸에 이상이 나타난다면 오히려 문제는 간단할 수 있다. 심각성을 금방 깨닫고 적극적으로 대처를 할 것이므로……. 그러나 의식주 전반에 만연한 공해는 우리 몸에 조금씩 쌓여 사소한 증상을 보이다가 결국 손을 써볼 수 없는 상황까지 가게 만든다. 완전 범죄를 도모하는 지능범처럼 죄를 은폐하면서 천천히, 그러나 치명적으로 온갖 문명병과 공해병을 일으키고 있다. 그러기에 아무리 의학이 발달하고, 많은 건강식품이 쏟아지고, 첨단 건강기구가 등장해도 문명병 환자는 나날이 늘고 있다.

　이제 더 이상 환경재앙은 먼 나라, 먼 미래의 이야기가 아니다. 오존층과 생태계, 열대우림과 하천, 산업공단과 쓰레기소각장에 국한된 문제도 아니다. 바로 우리 집, 공해천국이 되어 중병을 앓고 있는 우리 집과 내 가족의 문제이다.

오염된 집, 오염된 옷, 오염된 밥

　현대 물질문명은 보다 편리한 세상을 만들었다. 우리가 사는 집 역시 편리하고 기능적인 주택으로 변화했다. 그러나 겉으로 화려하고 쾌적해 보이는 현대주택은 실은 온갖 유해 화학물질의 집합소이다. 건축자재와 생활용품은 엄청난 유해 화학물질을 내뿜는다. 그 유해물질을 고스란히 나와 내 가족이 마시고 있다. 우리가 입고 있는 옷도 위협적이기는 마찬가지다. 맹독성 농약을 이용해 생산한 면섬유나 유해 화학물질을 발산하는 합성섬유 옷은 우리의 피부를 괴롭히고 체내로까지 흘러든다.

　밥상은 또 어떤가! 농약으로 오염된 농산물과 각종 유해 첨가물이 가득한 가공식품으로 밥상을 차린다. 그리고 화장실 냄새를 감추느라 합성방향제를 뿌리고, 바퀴벌레약과 파리약을 연신 뿜어대고, 온 집안을 반들반들 윤이 나게 닦느라 온갖 세제를 동원한다. 하루 종일 합성화학물질을 먹고, 마시고, 바르고, 입고, 뿌리며 살아가고 있다.

오늘날 우리의 집에 합성화학물질이 범람하게 된 것은 인류가 석유를 이용하면서부터이다. 땅속에서 캐낸 원유는 휘발유로 만들어지기까지 여러 단계의 정제 과정을 거치는데, 이때 다양한 화학물질이 부산물로 생산된다. 이 화학물질은 그 자체로 혹은 다른 것과 합성해서 수많은 인공 합성물질을 만들어낸다. 플라스틱, 합성섬유, 합성세제, 의약품, 농약, 화학비료, 화장품, 살균소독제, 방향제, 방부제, 각종 식품첨가물 등은 대부분 석유 부산물과 인공적으로 합성해 만든 것이다.

오늘날 상업적으로 이용되는 합성화학물질은 대략 10만여 종이고, 매년 1천여 종의 새로운 화학물질이 개발되고 있다. 이들 합성화학물질은 우리가 음식물을 먹을 때, 혹은 공기를 마시거나 피부호흡을 통해 우리 몸으로 들어온다. 원래 자연계에 존재하지 않았던 물질이기에 우리 몸에 자극을 주고 생체를 교란시키게 된다. 분해도 잘 되지 않아 체내에 쌓여 돌연변이나 암 등을 유발하기도 한다. 비록 안전하다고 말하는 것이라고 해도 우리 몸에는 낯선 물질이기에 어떤 형태로든 스트레스를 주게 된다.

아침에 눈을 뜨면서 잠이 들 때까지, 아니 잠이 든 후에도 우리는 합성화학물질에 둘러싸여 살고 있다. 개중에는 그 위험성이 구체적으로 밝혀진 것도 있다. 그러나 워낙 종류가 많고 너무 광범위하게 쓰이다 보니 현재로서는 그 유해성을 모두 가늠할 수 없는 상황이다. 언젠가는 우리가 아무렇지 않게 쓰고 있는 합성화학물질 하나하나가 우리 몸에 어떤 해를 주고, 장기간 노출되면 피해가 얼마나 커지고, 서로 복합적으로 작용해 위험성이 얼마나 증가하는지 모두 밝혀질 것이다. 그런 사실이 제대로 밝혀지기 전까지 이들 유해물질은 우리를 쉼없이 공격할 것이다. 이런 위험한 환경 속에서 우리는 밥을 먹고 잠을 자고 아이를 기른다. 집이 안전하고 편안한 쉼터라고 착각하면서!

소리 없는 폭탄, 환경호르몬

우리가 생활의 편의를 위해 만든 화학물질이 우리 몸에 어떤 해를 주는지는 아직 많은 연구가 이루어지지 않았다. 각종 환경 재앙을 일으키는 물질로 조금씩 윤곽을 드러내고 있는 것 가운데 하나가 바로 환경호르몬이다. 공식적으로 '내분비기계 장애물질(Endocrine Disrupters)' 이라고 불리는 환경호르몬은 환경을 오염시키는 화학물질이 사람이나 동물의 몸속에 들어와 마치 호르몬처럼 작용하거나 정상적인 호르몬의 작용을 방해해 생체를 교란시키는 물질을 일컫는 말이다. 우리가 일상생활에서 흔히 접하는 플라스틱, 합성세제, 세정제, 살충제, 식품 등에서 환경호르몬이 발견되고 있다. 환경호르몬은 남성의 정자수 감소와 같은 생식기 이상뿐 아니라 면역계, 신경계 등 우리 몸 전반에 악영향을 주며 '21세기 페스트' 라고 불리고 있다.

현재까지 구체적으로 밝혀진 환경호르몬은 잔류성 유기염소계 물질, 농약류, 중금속류, 프탈레이트류 등 67종이다. 대표적인 환경호르몬으로는 쓰레기 소각장이나 각종 염화물의 생산과정에서 많이 발생하는 다이옥신, 농약으로 사용된 DDT나 엔도살판, 합성수지 원료인 비스페놀A, 합성세제 원료인 노닐페놀, 플라스틱 가소제로 쓰는 프탈레이트 등이 있다. 환경호르몬은 아주 미량이라도 우리 몸에 치명적인 해를 줄 수 있다. 맹독성 환경호르몬인 다이옥신의 경우 생식기능 장애, 발달 장애, 전염성 질환, 불임, 기형, 갑상선 질환 등을 유발하며 폐암, 간암, 임파선암, 혈액암 등을 일으키는 발암물질이기도 하다. 또한 환경에 잔류해 오래도록 우리를 괴롭힌다.

'2004년 지구의 날' 행사 중 플라스틱에 숨은 환경호르몬을 알아보는 실험 (사진제공 : 소비자문제를 연구하는 시민의 모임)

2002년 미국 워싱턴 해안에서 죽은 채 발견된 고래에게서 1970년 이후 사용이 금지된 화학물질인 폴리염화비페닐(PCBs)이 2000년 조사된 고래보다 4배나 많이 검출되어 사회적인 논란이 된 적이 있다. 유해 화학물질의 사용을 중단해도 토양이나 바다 등 환경에 광범위하게 잔류해 지속적으로 우리를 위협한다는 말이다. 환경호르몬을 비롯한 합성화학물질의 유해성은 아직 완전히 밝혀지지 않았다. 우리가 일상 속에서 매일 접하는 화학물질이 어느날 갑자기 맹독성 환경호르몬이라는 연구결과가 나올지도 모른다. 지난날 우리가 살충제로 쉽게 사용했던 DDT가 그랬던 것처럼.

급증하는 암, 아토피, 불임

우리 집의 공해물질은 조금씩 내 몸을 흔들어놓고 나아가 심각한 병으로 발전하기도 한다. 유해 화학물질은 대개 동물과 인간에게 정자수의 감소, 불임, 생식기 기형을 일으키는 것으로 알려져 있다. 합성화학물질이 여성호르몬인 에스트로겐의 흉내를 내어 야생동물을 암컷화한다는 보고가 있다. 미국 플로리다 대학의 루이스 길레트 교수는 1993년 플로리다 호수에서 수컷도 암컷도 아닌 악어를 발견했는데 악어의 80%가 성기가 작거나 비정상적이었다. 미국 5대호 연안에서도 번식상에 문제가 있는 연어 등이 발견되었고, 영국 하천에서도 성이 바뀐 물고기가 발견되기도 했다. 야생동물의 생식계에 이런 이상 증상이 나타나는 것은 환경에 광범위하게 퍼져 있는 공해물질 때문이다. 공해물질은 인간에게도 위협적인 횡포를 가한다. 생식기능 이상뿐 아니라 면역기능 이상, 뇌기능 저하 및 행동발달 이상을 초래하는 등 우리 몸 전체의 통합조절 기능에 장애를 주기도 한다. 또한 공해물질은 유방암과 전립선암, 고환암 같은 특정 암의 급증을 부추기고 있고, 아이들에게는 신경학적 이상으로 과잉운동증과 집중력 장애 등을 일으킨다고 알려져 있다. 미국에서는 유방암이 1940년대 이후 매년 1‰씩 증가했고, 영국 웨일즈에서는 고환암이 1970년대 이후 50% 이상 증가한 것으로 나타났다. 우리나라 역시 지난 10년 간 암으로 인한 사망자가 2배 이상 늘었다 2002년 통계를 보면, 각종 암에 의한 사망률이 25%로 한해 6만3천여 명이 암으로 사망하고 있다. 아토피, 중풍, 백혈병, 심장병, 치아부정 환자들도 폭증세를 보인다. 감기처럼 흔하지만 암처럼 무섭다는 아토피 역시 요즘 사회문제가 되고 있다. 어린이의 25%가 아토피를 앓고 있고 남녀노소를 가리지 않고 무서운 기세로 확산되는 추세이다. 병든 의식주에서 비롯된 공해병은 앞으로도 빠르게 늘어갈 것이다.

공해천국의 포로, 아이들

우리 집을 점령한 공해물질의 피해는 누구에게나 같은 것은 아니다. 특히 아이들에게 치명적이다. 아이들은 신진대사나 호흡의 속도가 빨라서 오염 물질이 더 빠르게 몸 안에 들어온다. 그러나 분해하고 해독하는 기능이 어른보다 미숙하기 때문에 큰 위협이 된다. 성장과정에 있으므로 신체발달에 악영향을 주고, 뇌와 생식기관에 치명적인 해를 입히기도 한다.

성인들에게 주로 나타난다고 해서 이름 붙여진 '성인병'이 아이들에게 확산되고 있는 것도 공해천국의 현실을 잘 말해준다. 미국의 경우 1974년에서 1991년 사이에 15세 미만 어린이의 암 발병률이 10% 증가했다. 특히 백혈병의 발병률은 1973년에서 1994년 사이에 매년 1%씩 증가했고, 뇌종양도 2%씩 증가했다. 소아암의 증가 외에도 집중력 부족, 활동과다증과 같은 신경학적 이상이 늘고 있고, 천식이나 피부염 등의 알레르기 증상도 눈에 띄게 늘고 있다. 우리나라 역시 소아암, 소아당뇨, 소아동맥경화, 소아고혈압 등의 질환이 급증하고 있고, 뇌 및 중추신경계 암으로 인한 어린이 사망자 수가 지난 10년 간 3배 이상 늘어났다.

엄마의 몸속에서 태아일 때부터 공해물질의 영향을 받기도 한다. 특히 엄마의 뱃속에서 수정 순간에 있거나 자라고 있는 태아는 작은 유해물질에도 매우 민감하다.

산모의 몸속에 쌓여 있던 유해물질의 영향을 받거나 산모가 공해물질에 노출될 경우 태아에게 전달되어 아기가 사산되거나 기형아가 될 수도 있다. 또한 태아의 지능, 행동, 병에 대한 감수성, 생식 등에 장애를 줄 수도 있다. 실제 우리나라에서 한해 출생되는 아기의 4%가 미숙아로, 1.8%가 기형아로 태어나고 있다. 오늘날 아이들은 태어나기도 전부터 이미 공해천국의 볼모가 되고 있다.

인류 멸종을 예고

유해 화학물질, 특히 환경호르몬의 영향은 다양하게 나타난다. 그 가운데 주목할 점이 정자수가 감소하고 있고, 정자의 기형이 늘고 있다는 점이다. 1992년 덴마크 코펜하겐 대학병원의 스카케벡 박사팀은 인간의 정자수가 과거 50년 간 반으로 줄었다고 발표했다. 미국 플로리다 대학의 루이스 길레트 교수는 '현대 남성의 생식능력은 할아버지 시대의 절반에 불과하다'고 의회에서 증언해 당시 언론의 관심을 모으기도 했다.

세계 학자들의 공통된 연구결과에 의하면, 산업화된 국가에서는 지난 50년 간 남성의 정자가 1cc당 1억1천3백만 마리에서 6천6백만 마리로 절반가량 줄어든 것으로 나타났다. 정자의 총수는 43%밖에 남지 않았으며, 1cc당 2천만 마리 이하의 불임 남성이 18%로 나타났다. 이런 상태로 계속 가면 2017년에는 거의 대부분의 남성이 불임이 되어 인간은 자체 능력으로는 임신을 계속할 수 없게 될 것이다. 우리나라 역시 현재 10쌍의 부부 가운데 1~2쌍이 불임증상을 보이고 있다. 환경호르몬을 비롯한 공해물질의 위협으로 인류는 다음 세대를 이을 수 없게 될지도 모른다. 더 이상 아기가 태어나지 않거나 현재의 우리와 다른 종류의 인류가 태어날 수 있다는 심각한 경고이다. 핵전쟁보다 무서운 인류 멸종의 암시인 셈이다.

Chapter 2 >

주생활을 바꾸자

온갖 병을 부추기는 건축자재

하루가 다르게 신기술이 쏟아지는 세상에서 건축기술도 변화를 거듭하고 있다. 불과 반세기 만에 전통가옥은 자취를 감추었고 아파트를 중심으로 한 콘크리트 집이 우리 생활의 중심이 되었다. 겉으로 보기에 쾌적해 보이는 현대 주택은 실은 위험천만한 건축자재로 지어진다. 기본 골조의 재료인 시멘트에서부터 석고보드, 플라스틱판, 섬유판, 페인트 등이 모두 유해 화학물질을 내뿜는 것이다. 집을 짓는 과정에서 쓰는 용제, 접착제, 실리콘 등도 모두 유해물질이다. 집을 짓는 건축 현장이나 새집에 들어가면 예민한 사람이 아니어도 화학물질의 냄새를 느낄 수 있다. 사람에 따라 바로 두통이 생기거나 눈이 따가운 증상이 나타나기도 한다.

건축자재에서 발산되는 대표적인 공해물질은 휘발성 유기화합물(VOCs)과 포름알데히드(HCHO)이다. 휘발성 유기화합물이란 대기중 상온(섭씨 20도)에서 가스형태로 존재하는 유기화합물의 총칭이다. 대표적으로 톨루엔, 자일렌, 벤젠, 클로로포름, 아세톤 등이 있고 밝혀진 숫자만도 수백 종에 달한다. 휘발성 유기화합물은 신경 및 간장장애를 일으키고 대부분 우리 몸을 교란시키는 발암 물질이기도 하다. 새집에서 고농도로 검출되는 톨루엔의 경우 피부, 눈, 목을 자극하고 두통, 현기증, 피로를 일으키는 유해물질이다. 휘발성 유기화합물은 건물을 신축한 직후에 가장 많이 방출된다. 외국에서는 마룻바닥이나 타일을 붙일 때 쓰는 접착제 등에서 시공 후 최장 10년까지 유해물질이 방출된다는 보고도 있다. 주요 실내오염원으로 꼽히는 포름알데히드 역시 우리 몸에 큰 해를 준다. 주택 단열재나 합판, 방수처리제, 접착제를 비롯해 가구, 섬유, 종이 등에 폭넓게 이용되는 포름알데히드는 두통, 피부질환, 천식, 현기증, 암 등을 일으키기도 한다. 이런 위험성을 알면서도 해로운 건축자재로 집을 짓는 것은 비용이 적게 들고 빠르게 시공할 수 있기 때문이다.

콘크리트가 건조하는 과정에서 방출되는 암모니아 가스도 우리의 건강을 위협한다. 흔히 '시멘트 독'이라고 알려진 유해물질로, 강한 알칼리성을 띤 시멘트의 석회가 골재에 함유된 유기 불순물과 화학 반응을 일으켜 암모니아 가스를 생성한다. 암모니아는 강염기성 화학물질로 소량이라도 계속 흡입하면 눈과 호흡기를 자극하고 폐를 부식시킬 수 있다. 건조상태가 불완전한 콘크리트에서는 라돈과 같은 자연 방사능 물질이 방출되기도 하는데 라돈은 폐암을 일으킬 수 있는 유해물질이다. 보이지 않는 독성 물질이 가득한 집에서 우리는 서서히 병들고 있다.

오염물질을 가둔 집

건축자재와 생활용품이 내뿜는 온갖 유해물질을 우리가 그대로 마실 수밖에 없는 것은 밀폐성이 뛰어난 현대 주택의 구조 때문이다. 기와집 같은 전통 가옥은 문이 닫혀 있어도 공기 소통이 원활했다. 벽은 공기가 잘 통하는 흙을 이용했고, 도배지 역시 공기가 소통되는 한지를 썼다. 문이나 창도 유리가 아니라 공기가 통하는 한지를 이용해 막았다. 전통 가옥의 지붕 재료로 쓰인 기와나 너와도 모두 공기가 잘 통하는 재료이다. 한마디로 우리의 전통 가옥은 미세 먼지는 들어오지 못하게 막으면서 바람은 언제든지 소통되는 특징이 있다. 생태학적으로 아주 뛰어나고 건강에도 좋은 집이다. 이런 가옥에서는 문을 닫아두어도 요즘 같은 실내 공기오염을 걱정할 필요가 없다.

　그러나 오늘날의 주택은 다르다. 시멘트는 바람이 통하지 않고 오히려 그 자체에서 암모니아나 라돈 같은 유해물질을 내뿜는다. 또한 유리로 모든 통풍구를 막고 있고, 성능 좋은 알루미늄 새시로 전혀 빈틈을 찾을 수 없다. 거기에 단열재까지 처리해 더욱 밀폐도를 높이고 있다. 그만큼 바람이 통하지 않는다는 것이다. 집안에서 발생한 공해물질은 자연히 밖으로 빠져나갈 수 없다. 밀폐성이 뛰어난 집안에 고스란히 남아 우리의 입과 코로 흘러든다. 한겨울에도 가벼운 차림으로 지낼 수 있을 만큼 보온성을 높인 대가로 우리는 공해물질을 그대로 마시는 셈이다.

바깥보다 2~5배 오염된 집안

　아무리 집안의 공기가 나쁘다고 해도 대도시의 바깥 공기보다는 나을 것이라고 생각하는 이들이 많다. 그래서 바깥 공기와 먼지가 집안으로 들어오지 못하게 창문을 닫고 사는 집들도 있다. 이것은 정말 크나큰 오해이다. 미국환경보호청(EPA) 연구결과에 따르면 실내 오염물질의 농도가 실외에 비해 2~5배가량 높은 것으로 나타났다. 바깥의 대기는 대류와 기압차에 의한 바람으로 계속 순환이 되고 자연정화가 이루어지지만 실내 공간은 순환이 되지 않아 오염도가 가중될 수밖에 없다. 일반적으로 실내 공간에는 수천 가지의 오염물질이 발생하는데 우리에게 직접적인 영향을 미칠 수 있는 물질은 휘발성 유기화합물, 포름알데히드, 이산화탄소, 이산화질소 등 대략 250여 종이다.

　올해 초 한국건설기술연구원의 조사 결과에 따르면, 입주를 앞두고 있는 신축 아파트에서 휘발성 유기화합물(VOCs)의 총량이 일본의 권장기준인 0.4ppm/㎥보다 4~26배나 높게 나타났다. 발암물질인 포름알데히드(HCHO)는 6세대 가운데 4세대가 일본의 권장기준인 0.08ppm/㎥를 초과했고, 최고 7배나 높게 나타나기도 했다.

실내오염도는 고층 아파트와 소형 아파트에서 더욱 심각했다. 같은 평형이라도 고층으로 갈수록 온도가 높아 포름알데히드의 방출량이 많았다. 또한 작은 평수의 집은 실내공간 체적에 비해 오염물질이 방출되는 벽, 바닥, 천장의 비율이 높기 때문에 상대적으로 오염도가 높게 나타났다. 이렇듯 오늘날 주택의 실내오염도는 심각한 수준이다. 세계보건기구(WHO)는 실내에서 방출되는 오염물질은 실외에 비해 폐에 전달될 확률이 1천배나 높으며 실내오염을 20%만 줄여도

실내공기 중에 있는 유해물질의 측정 (사진제공. enh테크)

급성기관지 질환으로 인한 사망률을 최소 4~8% 줄일 수 있다고 한다. 기관지 질환뿐 아니라 온갖 병이 심각한 실내오염 속에서 잉태되고 있다.

새집증후군의 현명한 대처법

병든 집이 발산하는 유해물질의 피해는 새집일수록 심각하다. '새집증후군' 이라는 병이 등장한 것도 그 때문이다. 새집증후군(Sick House Syndrome)은 새로 이사 간 집에서 이유 없이 온몸에 붉은 반점이 나고 아토피성 피부염, 비염, 두드러기, 천식 등 각종 질병에 시달리는 증상을 말한다. 새집에서 건강에 이상이 생기거나 악화되는 것은 건축자재나 마감재 등에서 배출되는 유해물질 때문이다. 새집증후군은 꼭 새집에서만 나타나는 것은 아니다. 벽지나 바닥재를 교체하는 등 리모델링한 집에서 피해를 겪기도 한다. 집에서 지속적으로 발산되는 화학물질의 피해는 노약자나 아이

들에게 더욱 심각하다. 아이는 어른과 달리 면역기능이나 해독기능이 약하기 때문에 유해 화학물질의 피해 정도가 치명적일 수 있다.

새집증후군은 건강한 사람이라면 보통 바깥 공기를 마시고 일정기간 환기를 하면 증상이 사라진다. 그러나 심한 경우 화학물질과민증(Multiple Chemical Sensitivity)으로 발전하기도 한다. 1980년대 미국 예일대 마크 컬렌 교수가 처음 발견한 화학물질과민증 환자는 샴푸나 세제, 책의 잉크 냄새만 맡아도 두드러기, 구토, 손떨림 등의 이상 증상을 보인다. 화학물질과민증이 심각한 것은 일단 발병하면 완치가 거의 불가능하다는 점이다. 미국의 경우 전 인구의 15% 정도가 화학 물질에 노출되어 크고 작은 증상에 시달리고 있다는 보고가 있고, 화학물질과민증 전문클리닉에서 치료를 받는 환자들도 늘고 있다. 우리나라도 올해 초 새집증후군이 사회문제가 되면서 새집증후군 클리닉이 등장했다.

병든 건물이 사람을 병들게 한다는 것은 비단 일반 주택에만 국한된 것은 아니다. 빌딩이나 학교 등의 건물도 위험하기는 마찬가지다. '새학교 증후군'이나 '빌딩 증후군' 등이 모두 유해 화학물질의 영향으로 나타나는 증상이다.

 새집증후군 피해 줄이기

- 이사를 갈 때는 신축한 지 최소 3년이 지난 집을 선택하고 집 구조가 바람이 잘 통하는지 살핀다.
- 이사는 환기를 제대로 할 수 있는 여름에 하는 것이 좋고 페인트 칠이나 집안 인테리어 공사도 마찬가지다.
- 아파트의 경우 고층은 피한다. 고층 아파트는 온도가 높고 건조하기 쉬우므로 유해 화학물질의 방출량이 더 많다.
- 2004년 5월 30일 이후 건축 허가를 받아 시공한 100세대 이상 아파트의 경우 공고되는 실내공기오염도를 확인한다.

- 새로 지은 집에 입주할 때는 시공업체에 문의해 건축자재의 안전성을 알아본다. '환경마크' 나 친환경 건축자재 품질 인증인 'HB마크'의 등급을 확인한다.

- 벽지, 바닥재, 페인트 등을 고를 때는 천연 마감재를 이용하고 천연 마감재라고 광고하는 제품 가운데도 화학물질이 들어간 것이 있으므로 꼼꼼하게 점검한다. '환경마크'나 친환경 건축자재 품질 인증인 'HB마크'의 등급을 확인한다.

- 새집에 입주하기 전에 환기를 충분히 해서 유해물질을 보다 빨리 배출시킨다. 입주 전 3~5일 동안 35~38도 정도로 난방을 최대한 가동해 실내 온도를 올리고 집안의 문을 모두 열어 환기를 계속하면 유해물질을 50% 이상 제거할 수 있다. 가구까지 넣은 후에 하면 더욱 좋다. '베이크 아웃(Bake out)'이라고 부르는 방법으로 온도가 높을수록 휘발성 화학물질이 빨리 배출되는 원리를 이용한 것이다.

- 이사를 간 후에도 24시간 환기 개념을 갖는다. 아침, 저녁으로 20~30분 간 온 집안의 문을 모두 열어 공기를 바꾸고, 2~3시간마다 부분 환기를 한다. 문을 조금이라도 항상 열어 놓는 것이 가장 좋다.

- 새집증후군의 피해가 커지는 것은 새집으로 이사를 가면 대부분 그 집에 맞추어 가구나 커튼, 생활용품 등을 새로 장만하기 때문이다. 현대식으로 생산되는 가구나 생활용품은 대부분 유해 화학물질을 발산하고 신제품일수록 배출량이 많다. 새 가구나 새 생활용품이 새집증후군을 더욱 부추기므로 이사간 직후에는 가능한 새 물건을 구입하지 않는다.

- 잎이 많은 관엽식물이나 유해물질을 흡착하는 숯을 집안에 놓아두면 공기 정화에 도움이 된다.

- 자연 환기가 어려우면 환기시설이나 공기청정기를 이용해 실내오염 방지에 신경을 쓴다.

🔊 국내 유일의 새집증후군 클리닉

한양대학교 병원에 개설된 새집증후군 클리닉은 새로 지은 집이나 건물에 입주한 후 아토피성 피부염이나 두통, 천식 등 여러 이상 증상을 보이는 환자를 위한 전문 치료센터이다. 병원 소속 의료진과 한양대 환경 및 산업의학연구소 연구진으로 구성된 전문클리닉으로, 임상 진료와 실내환경 부문으로 나누어 실내환경 개선에서 환자의 치료까지 원스톱으로 운영한다.
☎ 02-2290-8275

광촉매, 바이오 몰탈, 황토 몰탈을 이용할 때 유의점

　　새집증후군의 위험성이 알려지면서 관심을 모으고 있는 것이 광촉매 코팅이다. 광촉매란 빛을 받으면 산화 환원 반응을 일으켜 주위의 오염물질을 분해하고 무해한 물질로 만드는 일종의 반도체 물질의 촉매를 일컫는다. 시공 방법은 광촉매를 벽지나 가구 등에 뿌려서 코팅처리를 하는 것으로 한번 도포하면 반영구적으로 사용할 수 있다. 이미 시공이 완료되어 입주를 앞두고 있는 새집의 경우 유해 화학물질의 피해를 줄일 수 있는 방법이다. 그러나 광촉매 도포는 모든 집에 같은 효과를 내는 것은 아니다. 집이 넓고 빛이 강하며 공기소통이 원활한 집에서 효과가 크고, 빛이 없는 밤 시간대나 공기 순환이 제대로 되지 않는 집에서는 효과가 떨어진다. 또한 광촉매가 반응하는 과정에서 우리 몸에 해로울 수 있는 활성산소 등의 3차 생성물이 만들어질 수도 있다. 인체에 해가 없다는 것이 관련 업계의 설명이지만, 이들 물질이 우리 몸에 어떤 영향을 줄지는 의문이다. 새집의 유해 화학물질의 농도를 어느 정도 낮춘다는 것은 여러 실험을 통해 증명되었다. 이용할 때는 시공능력이 검증되지 않은 영세 업체가 난립하고 있는 만큼 믿을 만한 업체를 찾아야 한다.

　　광촉매 코팅과 함께 관심을 끌고 있는 것이 바이오 세라믹 몰탈이나 황토 맥반석 몰탈이다. 시멘트 벽 위에 천연 광물로 만든 바이오 세라믹을 칠하거나, 유해물질 분해능력이 있는 황토 맥반석을 칠하는 방법이다. 황토, 맥반석, 게르마늄 등은 모두 원적외선을 방출하고 새집의 시멘트 독 등을 차단하는데 어느 정도 도움이 될 수 있다. 그러나 그 위에 유해 벽지나 접착제 등을 사용한다면 여전히 문제를 일으킨다. 황토나 천연 광물이 벽에 잘 붙도록 합성수지 접착제 등을 섞어 만든 제품도 있으므로 이용할 때는 유해성분이 없는지 잘 확인하고, 환경마크나 HB마크의 등급을 점검하자. 이들 방법은 모두 새집증후군의 해결책이라기보다는 하나의 보조수단으로 이해해야 할 것이다.

건축자재 피해 줄이기

건축 자재의 피해를 줄이기 위해서는 집을 살 때부터 신경을 써야 한다. 유해 화학물질은 시간이 지나면서 방출량이 줄기 때문에 신축한 지 3년 이상된 집을 사는 것이 보다 안전하다. 환기를 효율적으로 할 수 있는 구조의 집을 고르는 것도 중요하다. 문과 창이 서로 마주보고 있어 바람의 소통이 원활하다면 건축자재의 유해물질을 효율적으로 내보낼 수 있다.

▥ 그린빌딩 인증 주택을 고르자

친환경주택(그린빌딩) 인증제도란 건축물의 자재생산과 설계, 시공, 유지관리, 건물에서 발생하는 폐기물 처리 등 전과정에 걸쳐 환경성을 평가해 등급을 부여하는 제도이다. 지난 2000년 5월에 시행된 제도로 건교부와 환경부가 공동 운영하며 휘발성 유기화합물 등이 적게 방출되는 건축자재 사용, 자연 환기 설계 등을 고려한 실내환경 부문을 비롯해 토지이용 및 교통, 에너지소비량, 생태환경 등을 종합적으로 평가해 최우수, 우수로 등급을 부여하고 있다. 아직은 지방에 있는 몇 개의 아파트가 그린빌딩 인증을 받은 정도이다. 대한주택공사 홈페이지(www.jugong.co.kr) 친환경건축물 인증센터를 통하면 그린빌딩 인증을 받은 주택을 알아볼 수 있다.

▥ 주택의 실내공기 오염도를 알아보자

2004년 5월 30일 이후에 건축 허가를 받아 신축한 100세대 이상의 아파트는 '다중이용시설 등의 실내 공기질 관리법'에 의해 주택 실내의 휘발성유기화합물과 포름알데히드의 농도를 측정해 입주 3일 전부터 공고하게 되었다. 단, 이들 오염물질에 대한 권장기준치가 없어 객관적인 평가는 어렵고, 다른 아파트와 비교한 상대적 평가만 할 수 있는 상황이다. 참고로 일본의 권고기준을 보면 휘발성 유기화합물의 총량이 0.4ppm/㎥, 포름알데히드가 0.08ppm/㎥이다. 아직 시행된 지 얼마 되지 않아서 실내오염을 파악할 자료가 될 수 없겠지만 앞으로는 주택 실내공기의 질을 알아보는 중요한 자료가 될 것이다.

IIIII 친환경 품질 인증 건축자재를 이용하자

HB 마크(최우수 등급)

새집으로 이사를 갈 때는 미리 시공업체에 문의해 친환경 건축자재를 이용했는지를 알아보자. 환경친화적인 제품에 부여되는 '환경마크'나 친환경 건축자재 품질 인증제에 따라 부여되는 'HB마크'의 최우수 및 우수 등급 제품으로 지은 집이라면 어느 정도 안심해도 된다. 2004년 3월부터 시행된 친환경 건축자재 품질 인증제도는 합판, 바닥재, 벽지, 페인트, 접착제 등 각종 건축자재의 포름알데히드와 휘발성유기화합물의 방출량에 따라 인증 등급을 부여하는 제도이다. 품질 인증제의 시행은 한국공기청정협회가 주관하며, 품질 인증 마크는 오염물질의 방출 정도에 따라 최우수, 우수, 양호, 일반1, 일반2의 순으로 등급이 매겨진다. 각각 네잎 클로버 5개, 4개, 3개, 2개, 1개로 등급이 표시된다. 현재 검사를 의뢰한 제품에 대한 품질검사가 진행 중이며, 인증을 받은 제품이 속속 나오고 있다. 한국공기청정협회 홈페이지(www.kaca.or.kr)를 통하면 품질 인증을 받은 건축자재를 알아볼 수 있다.

※주거 환경의 오염물질 - 「아파트」

❶ 건축자재 : 시멘트, 석고보드, 플라스틱 판, 페인트, 접착제(휘발성 유기화합물, 포름알데히드, 중금속)

❷ 욕실 : 변기청소제(염소), 방향제(에탄올), 목욕용품(계면활성제), 온수(클로로포름), 휴지(형광증백제, 포름알데히드), 곰팡이, 박테리아, 하수구 가스

❸ 침실 : 벽지 및 장판(휘발성 유기화합물, 포름알데히드), 침구(포름알데히드, 진드기), 모기약(트리클로로에틸렌), 전기장판(전자파)

❹ 옷장 : 목재가구(휘발성 유기화합물, 포름알데히드), 면섬유 옷(살충제, 포름알데히드), 합성섬유 옷(환경호르몬, 정전기), 드라이클리닝한 옷(벤젠, 사염화에틸렌), 좀약(나프탈렌, 포름알데히드), 습기제거제(톨루엔)

❺ 화단 : 살충제, 꽃가루

❻ 쓰레기통 : 세균, 분진, 악취

❼ 사람 : 화장품(살리실산, 알킬페놀류), 흡연(카드뮴, 청산가리), 체취

❽ 주방 : 가스레인지 연소가스 (일산화탄소, 이산화질소, 포름알데히드), 전자레인지(전자파), 수돗물(트리할로메탄), 플라스틱 그릇 및 비닐 랩(환경호르몬)

❾ 식탁 : 농산물(농약), 육류(항생제, 성장촉진제), 어류(중금속, 환경호르몬), 가공식품(방부제, 산화방지제, 인공 색소, 감미료), 유전자변형식품

❿ 세탁실 : 세탁용 세제 및 보조제(계면활성제, 인산염, 벤젠, 염소), 온수(클로로포름), 의류(잔류세제)

⓫ 서재 : 새 책(페놀, 크실렌), 컴퓨터 및 프린터 (전자파, 오존)

⓬ 아이방 : 장난감 및 플라스틱 가구 (환경호르몬), 벽지 및 장판(휘발성 유기화학물, 포름알데히드)

⓭ 거실 : 가구 및 마룻바닥(휘발성 유기화합물, 포름알데히드), TV (전자파), 카펫(진드기), 소파 (톨루엔 디이소시아네이트)

⓮ 냉난방기, 가습기 : 곰팡이, 세균, 전자파, 난방기구 연소가스

⓯ 애완동물 : 진드기, 알레르기 유발물질

유해 가스를 발산하는 벽지, 바닥재, 페인트

집안의 실내공기를 오염시키는 것은 주요 건축자재만이 아니다. 벽지나 장판 같은 건축 마감재 역시 유해 화학물질을 내뿜는 심각한 오염원이다. 특히 벽지는 집안의 온 벽에 바르므로 면적이 넓어 실내공기에 미치는 영향이 크다. 일반적으로 벽지의 종류는 종이벽지와 비닐벽지가 있고, 비닐벽지는 발포벽지와 실크벽지가 있다. 비닐벽지를 올록볼록 입체감이 나게 발포시킨 것이 발포벽지이고, 실크벽지는 고급스러운 느낌이 나며 내구성이 강하다는 장점 때문에 널리 이용되고 있다. 실크벽지나 발포벽지는 모두 합성수지로 만든 제품이다. 즉, 석유화학물로 만든 것으로 우리 몸에 해로운 화학물질을 내뿜는다. 종이 벽지도 안전하다고 할 수는 없다. 인쇄 잉크나 광택제로 쓰이는 합성화학물질이 문제가 된다.

합성수지인 비닐 장판의 해로움은 더 말할 필요가 없다. 합성수지는 바닥에 난방이 되는 계절에는 휘발성 화학물질을 더욱 많이 방출한다. 또한 발바닥 등 우리 몸의 일부와 부딪히면 정전기를 발생해 전자파와 비슷한 피해를 입을 수도 있다. 합판으로 만든 강화마루 역시 해롭기는 마찬가지다. 일반적으로 합판은 나무 부스러기를 접착제와 섞어 판으로 만든 것으로 이때 사용하는 접착제에 포름알데히드가 다량 들어간다. 벽지나 바닥재에서 방출되는 포름알데히드는 무색의 기체로 휘발성이 있어 공기 중으로 나와 유독가스가 된다. 환기가 잘 안 되면 미량이라도 계속 쌓여 의욕저하, 두통, 현기증, 불면증, 천식, 안구 충혈, 흉부 통증, 발진, 가려움증 등의 증상을 일으킨다. 하버드 대학 의료연구팀의 발표에 따르면 아무리 적은 양이라도 포름알데히드의 영향을 지속적으로 받으면 신경조직이 파괴되고 기억력이 저하된다고 한다.

주요 건축 마감재에 속하는 페인트 역시 유해성이 만만치 않다. 벽이나 가구, 생활용품 등에 폭넓게 쓰이는 페인트는 납, 비소, 카드뮴, 트리클로로에틸렌, 암모니아, 포름알데히드 등 중금속과 유해 화학물질을 배출하는 위협적인 실내오염원이다. 천식과 어지럼증, 중추신경계에 치명적인 손상을 줄 수도 있다. 밀폐된 실내 공간에서 페인트칠을 하던 사람이 숨지는 사고가 일어나는 것을 보면 그 유해 정도를 짐작할 수 있을 것이다.

신경손상을 부추기는 접착제

벽지나 장판에서 내뿜는 유해물질도 문제지만 그것을 붙일 때 사용하는 접착제가 더 위험하다. 접착제는 벽지, 바닥재를 붙일 때는 물론이고 타일을 붙일 때, 나무를 붙여 합판을 만들 때, 가구를 만들 때 등 우리 생활에서 광범위하게 사용되고 있다. 30평 아파트에 사용되는 화학 접착제가 대략 30kg에 이른다는 보고도 있다. 요즘 많이 쓰는 에폭시 수지 접착제는 현기증, 마비, 발진을 일으킨다고 알려져 있다. 런던 위험연구센터에서 실시한 피해 사례를 보면 에폭시 수지 접착제를 이용하던 벽돌 공장에서 신경 손상과 피부염으로 고통받는 환자가 나오기도 했다.

합성수지 접착제에 다량 들어 있는 포름알데히드는 우리 건강을 위협하는 유해물질이다. 그러나 오늘날 우리의 생활 속에서 너무 광범위하게 쓰이다 보니, 그 위험을 피할 수가 없다. 환기 상태가 좋지 않고 난방을 하는 집에서는 포름알데히드가 계속 쌓여 여러 이상 증상을 일으킨다. 미국 국립아카데미는 미국인의 10~20%가 포름알데히드로 인해 크고 작은 피해를 보고 있다고 한다. 미국 화학물질연구소에서는 포름알데히드 증기를 흡입한 쥐에게서 암이 발생했다고 보고하기도 했다.

많은 위험성에도 불구하고 합성수지 접착제를 사용하는 것은 저렴하고 시공이 간편하기 때문이다. 천연 풀은 늦게 마르지만 합성접착제는 빨리 마르고 접착력도 뛰어나다. 실크벽지는 합성수지로 만든 본드를 사용하지 않으면 아예 붙지도 않는다. 집안의 유해 화학물질의 위험성이 알려지면서 최근 벽지와 바닥재 회사에서 속속 천연상품을 내놓고 있다. 그러나 천연 재료로 만든 벽지나 바닥재를 합성수지 접착제로 붙인다면 유해성을 피할 수가 없다. 전통 종이 장판에 대한 관심도 커지고 있다. 그러나 종이 장판을 합성접착제로 바르고 그 위에 유해물질을 내뿜는 니스까지 칠한다면 여전히 문제가 된다. 벽지와 바닥재의 안전성 못지않게 접착제가 안전한 것인지 확인해야 한다. 집에서 밀가루를 이용해 만든 전분 풀이야말로 가장 안전한 접착제이다.

진드기의 온상, 카펫과 커튼

커튼이나 카펫도 벽지나 바닥재 못지않게 우리 몸에 위협적이다. 오늘날 커튼을 비롯한 대부분의 섬유제품은 합성섬유로 만든 것이다. 합성섬유는 석유의 부산물로 얻어지는 합성수지를 가는 실처럼 만들어 화학약품으로 굳혀 만든 섬유이다. 쉽게 말하면 플라스틱을 가늘게 쪼개 만든 것이다. 그러다 보니 우리 몸을 병들게 하는 환경호르몬이 흘러나올 수 있다. 또한 정전기를 발생시켜 우리 몸을 교란시키기도 한다. 정전기가 생기면 자연히 먼지가 많이 쌓이게 되고 진드기 등에도 쉽게 노출된다. 합성수지로 만드는 블라인드 역시 해롭기는 마찬가지다. 천연 면소재 커튼을 사서 세탁한 후 이용하는 것이 피해를 줄이는 방법이다. 블라인드 역시 대나무 등 천연 소재로 만든 것을 이용하는 것이 좋다.

요즘 주로 쓰는 카펫은 득보다 실이 큰 제품이다. 우선 원료부터가 대부분 합성섬유이고 다른 섬유제품보다 강한 포름알데히드, 트리클로로에틸렌 등이 포함되어 있다. 연질 플라스틱을 섞어 짜기 때문에 카펫이 닿는 바닥이 따뜻해지면 카드뮴, 톨루엔 등의 유해물질이 더 많이 방출된다. 세탁을 자주 할 수 없기에 먼지가 쌓여 진드기의 온상이 되기도 한다. 이런 저런 피해를 생각하면 아예 쓰지 않는 것이 좋다. 이용할 때는 100% 천연 소재로 만든 카펫을 쓰고, 자주 털어주고 세탁을 하자.

건축 마감재 피해 줄이기

올해 초 새집증후군이 사회문제가 되면서 요즘은 대부분의 벽지와 바닥재 회사에서 친환경적인 제품을 내놓고 있다. 앞으로 신축되는 아파트의 경우 '실내공기질 관리법'에 따라 실내 오염도를 미리 알리게 되어 있어 더욱 다양한 천연 벽지와 바닥재가 등장할 전망이다. 가격이 비싸다는 것이 흠인데 숯, 황토 등 천연 건강성분을 이용한 제품도 다양하게 선보이고 있다.

친환경 제품을 이용할 때는 유해물질이 없는지를 꼼꼼히 점검해야 한다. 아무리 건강에 좋은 성분이 들어 있어도 해로운 성분도 있다면 피해야 한다. 이를테면 옥이나 숯을 넣어 만든 장판이라도 주원료가 합성수지라면 몸에 해롭다. 원료를 모두 꼼꼼하게 점검하고, 원료에 대한 정보가 상세히 없는 제품은 피해야 한다. '환경마크'나 'HB마크'의 등급을 확인하는 것이 도움이 된다.

벽지와 바닥재를 고를 때는 '무공해'라는 광고 문구에 현혹되지 말고 친환경 품질 인증을 확인하자

알아두자! 도움되는 유용 정보

- 도배나 장판 교체, 페인트칠은 환기를 잘 시킬 수 있는 여름에 한다.

- 벽지, 바닥재, 페인트, 접착제 등을 살 때는 '환경마크'나 'HB마크'의 등급을 확인한다. HB마크의 최우수나 우수 제품을 쓰는 것이 보다 안전하다.

- 벽지는 실크벽지, 발포벽지보다 종이벽지가 안전하다. 숯, 황토 등 천연소재 벽지를 이용할 때는 친환경 품질 인증을 확인한다. 한지는 벽지로 쓰기에 안전한 대안이다. 풀도 집에서 밀가루 풀을 만들어 쓰면 효과적이다. 밀가루를 물에 풀어 약한 불에서 타지 않게 계속 저어주면 풀을 만들 수 있다. 잘 엉긴 풀은 완전히 식힌 후 바로 사용해야 곰팡이가 생기지 않는다.

- 장판은 비닐 장판 등 합성수지 소재를 피하고 종이 장판을 까는 것이 보다 안전하다. 종이 장판 위에는 해로운 합성니스 대신 콩기름을 바르거나 천연 성분의 제품을 이용한다.

- 마룻바닥은 합성수지 소재를 피한다. 목재를 이용할 때는 친환경 품질 인증을 받은 제품을 이용한다. 천연 코르크를 뭉쳐 만든 바닥재, 접착제를 쓰지 않아도 되는 클릭식 마룻바닥 등이 시판되고 있다.

- 이미 합성소재 바닥재가 깔려 있는 경우 순면이나 마, 대나무, 왕골 등 천연 소재 카펫을 깔아 신체 접촉을 통해 일어나는 마찰을 줄인다.

- 벽지나 바닥재를 붙일 때는 우레탄이나 에폭시 등 합성수지 접착제를 피하고 천연 성분의 접착제나 밀가루 풀 등을 이용한다.

- 페인트는 감귤껍질, 낙엽송 등 식물에서 추출한 천연 원료로 만든 페인트가 다양하게 시판되고 있다. 제품의 일부만 천연 성분이고 유해물질이 들어간 경우도 있으므로 친환경 품질 인증을 확인한다.

유해물질을 내뿜는 가구

방부제 투성이, 목재가구

나무로 만든 가구는 상당히 자연적으로 보인다. 그러나 그렇게 보일 뿐이지 오늘날 목재가구는 유해물질을 내뿜는 실내 오염원이다. 원목가구는 생산 과정에서 방부제, 광택제 등이 다량 사용된다. 일반적으로 목재가 썩거나 벌레가 먹지 않게 하기 위해 포름알데히드 40% 수용액인 포르말린에 6개월 이상 담근 후 건조시켜 가구를 만든다. 포르말린은 가구는 물론 마룻바닥재, 목재 장난감 등 오늘날 쓰이는 대부분의 나무 제품의 방부처리에 이용되는 유독물질이다. 나무 방부제는 대부분 발암물질로 알려져 있다. 포르말린보다 더욱 해로운 비소가 목재 방부제로 사용되기도 한다. 가격이 싸고 고착률이 높아 목재 방부제로 쓰이는 비소는 탈수, 혈압강하, 혼수상태, 간경변 등을 일으키는 맹독성 살충제이다. 원목가구는 방부제 외에도 접착제 사용이 문제가 된다. 작고 긴 각목을 여러 개 붙여서 판으로 만들기 때문에 접착제를 많이 쓸 수밖에 없다. 원목가구를 만드는 데 사용되는 방부제와 접착제의 유해 성분은 장기간에 걸쳐 집을 오염시킨다.

원목가구보다 접착제를 다량 사용하는 것이 합판가구와 칩보드(PB), 섬유판(MDF)이다. 합판가구는 얇은 나무판을 포름알데히드가 들어간 합성접착제에 발라 한 장씩 붙여 만든 것이다. 칩보드는 톱밥을 합성수지 접착제에 섞어 눌러 만든 것이

공해천국 우리집 **41**

고, 섬유판은 톱밥 등을 삶아서 부드럽게 만든 후 합성수지 접착제와 섞어 압축해 만든다. 쉽게 말해 이들 가구는 톱밥과 플라스틱을 섞어 만든 제품이다. 이때 쓰이는 접착제에도 현기증, 알레르기, 두통 등을 일으키는 포름알데히드가 들어 있다. 목재 가구 표면에 덧입히는 재료로 플라스틱 시트가 이용되기도 한다. 새로 산 가구일수록 유해성이 크며 새집이 그런 것처럼 새 가구에서도 화학물질 냄새가 강하게 나는 경우가 많다. 따뜻한 방안에 들여놓은 새 가구는 더 많은 유해 화학물질을 내뿜는다.

면역계를 위협하는 플라스틱 가구

유아용 가구를 보면 책상이나 의자 전체를 플라스틱으로 몰딩하여 만든 제품이 있다. 튼튼하고 색깔도 선명해 아이들이 좋아한다. 그러나 플라스틱 가구는 자라는 아이들에게 상당히 위험한 제품이다. 플라스틱은 '석유 문명의 총아'라고 할 정도로 석유에서 생산된 대표적인 산물이다. 싸고 편리하며 내구성이 강해 우리의 생활 전반에서 다양하게 쓰이고 있다. 그러나 플라스틱 제품은 환경호르몬 같은 유해물질을 계속 방출한다. 환경호르몬은 우리 몸 안에 들어와 마치 호르몬처럼 작용하거나 정상적인 호르몬의 작용을 방해하는 유해물질이다. 환경호르몬은 대부분 우리 몸의 발달 장애, 생식기능 장애, 신경계나 면역계 장애를 초래하고 암을 일으키는 물질로도 알려져 있다. 아주 미량이라도 치명적인 해를 줄 수 있다.

플라스틱은 종류에 따라 그 유해성이 다르다. 일반적으로 플라스틱은 연성과 경성으로 나누는데 경성 플라스틱은 바닥에 던졌을 때 금이 가는 단단한 성질을 보이고 연성은 아무리 던져도 깨지지 않고 열에 쉽게 녹는 무른 성질을 보인다. 이 중에서 연성 플라스틱은 카드뮴, 톨루엔 등 독성물질을 공기 중으로 내뿜는다. 몰딩으로 만든 유아용 책상이나 의자의 재료는 잘 깨지지 않는 연성 플라스틱이다. 알록달록한 색깔의 플라스틱으로 만든 어린이용 가구가 아무리 예쁘게 보인다고 해도 쓰지 않는 것이 현명하다.

겉과 속이 모두 문제인 소파

소파나 의자 역시 목재 부분은 방부제나 접착제를 사용해 만들기 때문에 화학물질의 유해성을 가지고 있다. 천연가죽을 원료로 만드는 소파는 가죽의 가공 과정에서 가죽 방부제, 염색제, 접착제 등의 화학물질을 쓴다. 흔히 '레자'라고 부르는 합성가죽은 플라스틱 소재를 부드럽게 해서 만든 것이다. 이 과정에서 합성가죽을 부드럽게 하기 위해 프탈산부틸벤질(BBP)이라는 유독성 환경호르몬 물질이 사용된다. 천 소파에 이용되는 섬유는 일반 섬유보다 내구성이 뛰어나다. 그만큼 합성수지 가공을 많이 한다는 것이며 유해성이 더 크다는 말이다.

소파나 의자의 쿠션을 채우는 내용물도 문제이다. 일반적으로 많이 쓰는 폴리우레탄(스폰지)은 플라스틱의 일종으로 톨루엔 디이소시아네이트, 시안화수소(청산가리) 등의 유해물질을 발생할 수 있다. 폴리우레탄 포말은 화재가 나면 불이 쉽게 붙고 청산가리가 함유된 짙은 검은 색 연기를 낸다. 화재가 날 때 불 자체보다 연기에 질식해 죽는 경우가 이런 유독 가스 때문이다.

오늘날 우리가 사용하는 대부분의 가구와 생활용품은 생산과정에서 유해 화학물질이 들어간다. 주된 원료가 천연물이라고 해도 그것을 가공하고 유통하는 과정에서 화학물질이 사용된다. '더 해롭고 덜 해롭다'는 차이가 있을 뿐이지 완전히 무해한 제품을 찾기 어려운 것이 공해천국의 현실이다.

가구 피해 줄이기

가구는 한번 사면 오래 쓰게 되므로 미리 계획을 세우고 신중하게 구입하자. 특히 새 가구일수록 유해물질의 피해가 크다는 것을 감안한다면, 한번 사서 오래 쓰도록 내구성이 뛰어난 제품을 골라야 한다. 가구를 살 때는 연결부위나 이음새, 바닥 등을 확인하고, 소파는 패딩의 바느질 부분을 점검한다. 옷장은 서랍을 한번씩 빼보고 연결 부분이 튼튼한지 살핀다. 의자는 신발을 벗고 앉아 좌석의 높이가 적당한지 등받이가 편안한지 점검하고, 침대도 직접 누워보아 자세가 편안하게 유지되는 적당한 탄력성의 매트리스인지 확인하자.

 알아두자! 도움되는 유용 정보

- 새 가구일수록 피해가 크므로 한번 산 가구는 오래 쓰고, 내구성이 뛰어난 가구를 산다.
- 환경호르몬이 방출될 수 있는 플라스틱 가구는 피한다.
- 가구의 재료는 합판이나 칩보드보다는 자연스런 목재가 낫다. 접착제를 많이 사용하지 않거나 친환경 접착제를 사용한 가구를 고른다.
- 빗살창문이 달린 장롱은 통풍이 잘되어 유해물질을 내보내고 곰팡이, 진드기 피해를 줄일 수 있다.
- 신형 가구보다는 구형 가구를 고른다. 새로 나온 모델보다는 생산되고 시간이 지난 제품이 안전하다. 가구 매장에서 진열되어 있는 제품을 사는 것도 하나의 방법이다. 다소 더러워도 휘발성 유해물질은 많이 발산된 것이다. 이월 혹은 재고 상품 전문 매장을 이용하는 것도 좋다.
- 새 가구일수록 유해성이 크므로 중고 가구를 이용해 본다. 중고 가구도 너무 낡은 것은 곤란하다. 얼마 쓰지 못한다면 다시 사야 하기 때문이다. 중고 가구를 살 때는 흰 수건으로 한번 닦아 보고 사는 것이 좋다. 가구 표면의 흠집을 가리기 위해 광택제 등을 칠했을 수도 있다.
- 가구가 많을수록 피해가 크므로 최소한 필요한 것만 사고, 환기가 잘 되도록 단순하게 배치한다. 가구가 너무 많으면 구석 공간의 공기가 잘 빠져나가지 않아서 실내오염을 부추긴다.
- 새 가구가 있는 방은 자주 문을 열어 환기를 시켜 유해물질이 빠져나가게 한다. 가구를 들

여놓을 때부터 벽에서 5cm, 바닥에서 2cm 정도 거리를 두어 구석 공간이 환기가 잘 되도록 한다.

- 방부제나 접착제 피해가 걱정되는 목재 가구보다 안전한 금속, 유리 소재 가구를 부분적으로 이용해 본다. 페인트를 칠하지 않은 철제 의자나 책장, 싱크대, 유리 테이블은 보다 안전하고 실용적이다. 연출하기에 따라 세련된 느낌을 줄 수도 있다.

 중고, 재고 가구를 살 수 있는 곳

중고 가구는 '라이프 샵(☎1588-8425)' 등의 중고센터를 이용하면 쓸 만한 중고 가구를 싸게 살 수 있다. 이태원 해밀턴 호텔~청화아파트, 청화아파트~크라운 호텔 사이 거리에도 중고 가구점이 형성되어 있다. 재고나 이월상품은 큰 가구회사에서 운영하는 공장 직영 상설매장을 통하면 살 수 있다. 재고나 이월상품, 매장에 진열했던 가구, 신상품이라도 다소 흠집이 있거나 소비자에게 반응을 얻지 못한 제품을 한자리에 모아 저렴하게 판매하는 곳으로 휘발성 화학물질이 많이 발산된 제품을 살 수 있다. 품질도 대체로 좋은 편이다.
*보르네오 가구 이월상품 매장(인천시 남동구 고잔동) ☎032-420-8962
*리바트 가구 이월상품 매장(용인시 남사면 북리) ☎031-331-9130

내 손으로 직접 만드는 '가구 만들기' 강좌

전통 짜맞춤 기법으로 가구를 만드는 장인 심재록 씨가 운영하는 가구 만들기 강좌. 국산 원목을 대패, 톱, 끌, 망치 등을 사용해 짜맞춤 기법으로 만드는 수공 가구의 제작법을 교육한다. 대유 등 전통 천연 마감재를 이용해 칠을 하는 가구 제작의 전과정을 배울 수 있다. 방부제나 접착제의 피해가 없는 안전한 가구 만들기를 배우고, 직접 내 손으로 만들어 볼 수도 있다. 교육은 주 1회 3개월 과정이며 교육비는 10만원이다.
*작은 솜씨 공방(포천시 군내면 직두리) ☎031-536-3636

공해천국의 대표주자 플라스틱

플라스틱만큼 우리 생활에서 많이 사용되는 것도 드물 것이다. 집의 건축자재에서 단열재, 자동차, 비행기, 의류, 가구, 컴퓨터, 식기, 장난감, 젖병, 필름, 식품포장재, 쓰레기봉투, 칫솔, 가전제품 완충제, 욕조 등 여러 형태의 플라스틱이 우리의 일상 속에서 다양하게 쓰이고 있다. 오늘날 1회용 문화를 이끄는 중심 물질이기도 하다.

플라스틱은 가열이나 가압에 의해 성형이 가능한 재료로 보통 합성수지라고 한다. 플라스틱은 석유를 원료로 해서 만들어진다. 석유에서 나프타, 가솔린, 등유, 경유, 중유 등이 생산되고, 그 가운데 나프타가 원료가 되어 에틸렌, 프로필렌, 부탄부틸 등이 만들어진다. 여기에서 다시 폴리에틸렌(PE), 폴리프로필렌(PP), 폴리염화비닐(PVC), 폴리에틸렌테레프탈레이트(PET) 등 다양한 플라스틱 제품이 생산된다. 석유문명을 대표하는 플라스틱은 가볍고 튼튼하며 값싸고 이용하기 편리하다는 장점으로 우리 생활 곳곳에서 쓰이고 있다. 플라스틱은 이용하기 편리한 만큼 위험한 물질이기도 하다. 플라스틱에서 문제가 되는 것은 환경호르몬 같은 유해물질이 방출된다는 것이다. 또한 땅에 묻어도 썩지 않아 생태계를 파괴하고, 소각할 때 맹독성 환경호르몬인 다이옥신이 배출되는 등 두루두루 골칫거리가 되고 있다.

유해 환경호르몬 집합체

　　플라스틱 가운데는 우리 몸을 교란시키는 환경호르몬이 방출되는 것이 많다. 특히 문제가 되는 환경호르몬은 플라스틱을 부드럽게 만들거나 견고하게 만들 때 사용되는 프탈레이트와 비스페놀A이다. 비스페놀A(Bisphenol A)는 플라스틱의 가소제, 살균제, 안정제로 사용되는 것으로 폴리카보네이트 플라스틱 식기나 금속 캔 라이닝 등에 함유되어 있다. 정수된 물을 담는 대형물통, 식품용기, 주스용기, 젖병 등은 대개 폴리카보네이트로 만들어진다. 플라스틱 용기에서 흘러나온 비스페놀A는 식품을 오염시킨다.

　　금속 캔 안쪽의 플라스틱 피막의 용도는 식품이 금속으로 인해 오염되거나 맛이 변하는 것을 막는 데 있다. 그 보호용 플라스틱 라이닝으로부터 비스페놀A가 흘러나와 캔 속의 음식물을 오염시킨다. 소비자보호원의 1998년 조사 결과에 따르면 금속 캔 21종 가운데 14종에서, 18.9리터 먹는 샘물 용기 가운데 8종에서 비스페놀A가 검출되었다. 캔커피처럼 식품 주입 후 가열 온도가 높은 것일수록 금속캔 내부 피막으로부터 비스페놀A가 많이 흘러나오는 것으로 나타났다.

　　비스페놀A와 함께 문제가 되는 프탈레이트(Phthalates)는 플라스틱 제품을 부드럽게 만들 때 사용하는 가소제이다. 플라스틱 병이나 신용카드, 창문틀, 전선, 인조가죽, PVC 마룻바닥제, 벽지, 자동차 인테리어 제품, 1회용 의료용기, 식품포장지, 완구 등에 광범위하게 사용된다. 주방에서 주로

플라스틱 용기에 뜨거운 음식, 고지방 음식을 담지 말자

쓰는 식품포장용 랩, 플라스틱 식품용기 등에도 함유되어 있다. 환경호르몬인 프탈레이트는 지방친화적이기 때문에 고지방 식품을 주로 오염시킨다. 치즈, 포테이토칩, 파이, 초콜릿, 버터 등 지방이 많은 식품을 싼 포장지에서 프탈레이트가 흘러나와 식품을 오염시킨다. 또한 프탈레이트 가소제가 문제가 되는 곳은 유아용 완구이다. 부드럽고 말랑말랑한 유아용 완구에 사용되는 프탈레이트는 플라스틱과 견고하게 결합되어 있지 않고 스펀지에 배어 있는 물처럼 되어 있기 때문에 이들 제품에 물리적인 힘을 가하면 쉽게 흘러나온다. 무엇이든 빨기를 좋아하는 유아의 경우 프탈레이트를 섭취할 위험성이 높다. 유아용 장난감에 프탈레이트가 들어 있다면 아이가 계속 환경호르몬에 노출되는 셈이다. 환경호르몬은 아주 적은 양이라도 치명적인 해를 줄 수 있고 생식계를 비롯해 신경계, 면역계 등에 장애를 주기도 한다.

더 해로운 플라스틱

플라스틱에 따라 유해성은 다르다. 플라스틱은 탄화수소가스를 주입해 증기로 부풀린 발포제품과 비발포제품으로 나눌 수 있다. 발포제품은 주로 폴리스티렌(PS) 재질이며, 비발포 제품은 폴리에틸렌(PE), 폴리프로필렌(PP), 폴리염화비닐(PVC) 등의 재질이다. 특히 유해성이 큰 것은 폴리스티렌(PS)과 폴리염화비닐(PVC)이다.

우리가 흔히 컵라면 용기 재질로 알고 있는 폴리스티렌(PS)은 가스를 주입해 부풀린 발포제품으로 경량성, 내충격성, 단열성, 방음성, 방수성 등이 뛰어나다. 그래서 가전제품 완충제, 건축 단열재, 포장재, 식품 용기, 오락기구, 기계부속품, 가정용품 절연체 등으로 다양하게 이용된다. 폴리염화비닐(PVC)은 샤워커튼, 기저귀 커버, 식기, 포장재, 자동차 시트, 비닐 랩 등으로 쓰이고 있다. 폴리염화비닐 제품이 문제가 되는 것은 염소를 사용하기 때문이다. 미국의 경우 염소 총사용량의 1/3이 폴리염화비닐 제조에 사용되고 있다고 한다. 폴리염화비닐은 잠재적인 발암 성분으로 유전

인자를 변형시키는 것으로 알려져 있다. 특히 새로 만든 물건일수록 피해 정도가 크고 냄새가 특히 강하며 날씨가 더울 때는 많이 발산된다. 새로 산 자동차 시트나 플라스틱 용기를 열면 이상한 냄새가 나는 것이 그 때문이다. 염화비닐의 독성에 계속 노출되면 알레르기, 호흡 곤란, 소화불량, 무감각, 경련, 간염, 만성 기관지염 등을 일으킬 수 있다. 상대적으로 안전한 플라스틱은 폴리프로필렌(PP)과 폴리에틸렌(PE) 폴리에틸렌테라프탈레이트(PET) 재질이다. 폴리에틸렌은 세제병, 주스병, 병뚜껑 등에 이용된다. 높은 온도에서도 크게 유해물질이 나오지 않는다고 알려져 있으므로 주방에서 식품포장용 비닐 랩을 쓸 때는 폴리염화비닐(PVC) 랩보다 폴리에틸렌(PE) 랩을 쓰는 것이 보다 안전하다.

플라스틱 피해 줄이기

　플라스틱의 피해를 줄이려면 사용하지 않는 것이 최선이다. 현재로서 안전한 플라스틱이라고 말하는 것이라고 해도 마찬가지다. 그러나 우리의 생활에서 너무 광범위하게 쓰이다 보니 사용을 안 한다는 것은 불가능하다. 건축자재부터 플라스틱을 섞어 만든 목재가구, 플라스틱 부품이 들어간 컴퓨터, 가전, 자동차 등 헤아릴 수 없이 많다. 당장 바꾸기가 쉽지 않은 것은 접어 두고라도 그릇이나 포장지 등에서 플라스틱을 대처할 만한 안전한 것을 찾자. 필요하지 않는 물품의 소비를 줄이고 한 번 산 물건을 오래 쓰는 것도 생활 속에 광범위하게 숨어 있는 플라스틱의 공격을 줄이는 길이다.

알아두자! 도움되는 유용 정보

- 1회용 컵이나 접시 등 1회용품의 사용을 피한다.
- 플라스틱 그릇이나 용기 대신 안전한 유리나 스테인리스 식기를 쓴다.
- 보다 안전한 플라스틱을 이용한다. 폴리스티렌(PS), 폴리염화비닐(PVC)보다 폴리에틸렌(PE), 폴리프로필렌(PP) 폴리에틸렌테라프탈레이트(PET) 제품이 안전하다. 재질에 대한 정보가 없다면 피하자.
- 플라스틱 그릇은 가열하지 말고, 뜨거운 것을 담지 않는다. 고온에서 환경호르몬이 더욱 많이 방출된다. 육류, 어류, 치즈, 버터, 튀김 등 고지방 음식도 플라스틱 그릇에 담지 않는다. 환경호르몬이 지방친화적이기 때문에 더 많이 유출된다.
- 식품을 비닐 랩에 싸서 보관하지 말고 유리 그릇이나 스테인리스 용기에 담아 보관한다. 특히 지방이 많거나 뜨거운 음식을 비닐 랩에 싸거나 전자레인지에 넣어 돌리지 않는다. 부득이 랩을 이용할 때는 비교적 안전하다고 알려진 폴리에틸렌(PE) 제품을 이용한다.
- 시판되는 캔음료는 먹지 않는다. 캔음료 내부의 플라스틱 피막으로부터 환경호르몬이 흘러나올 수 있다. 특히 뜨거운 캔음료가 위험하므로 대신 병에 든 음료수를 먹는다.
- 플라스틱 젖병 대신 유리 젖병을 사용하고, 특히 플라스틱 젖병을 열탕 소독하는 것은 피한다.
- 유아용 장난감은 플라스틱 대신 천연 소재를 이용한다. 플라스틱 가운데서는 보다 안전한 폴리에틸렌(PE), 폴리프로필렌(PP) 제품을 이용한다.
- 어린이용 플라스틱 가구, 플라스틱 매트나 발깔개 등을 피한다.
- 플라스틱 성분이 들어간 욕조에서 장시간 뜨거운 물로 목욕하는 것을 피한다. 주원료가 무엇이든지 대부분의 욕조에 어느 정도의 플라스틱, 즉 합성수지가 들어간다. 간단한 샤워 정도가 좋다.
- 비닐봉지를 사용하지 않고 대신 천 장바구니나 종이 가방을 이용한다.
- 식품용기, 샤워 커튼, 기저귀, 식품 포장재, 자동차 시트 등 폴리염화비닐(PVC)이 들어간 물건을 사면 며칠 간 바람을 쐬여 유해물질을 날려보내고, 환기가 잘 되는 장소에 두고 이용한다.
- 비닐봉지, 플라스틱 등의 쓰레기를 태우지 않는다. 그 연기에서 맹독성 환경호르몬인 다이옥신이 다량 방출된다.

🏠 유해 전자파를 내뿜는 가전

백혈병을 부추기는 전자파

텔레비전, 냉장고, 세탁기, 컴퓨터 등 우리 집에는 많은 전자제품이 있다. 생활을 편리하게 만든 이들 전자제품에서 문제가 되는 것은 우리 몸을 교란시키는 전자파가 발생한다는 것이다. 전자파란 전기와 자기가 일으키는 파동으로, 정식 명칭이 전자자기파(Electromagnetic Waves)로 전기가 흐르는 곳에는 어디서든 생성된다. 전자제품에서 나오는 전자파는 생명체의 고유 파동을 교란시킨다. 우리 몸은 전기자극의 형태로 두뇌의 명령을 받아 움직이고, 사고하며, 감정을 느낀다. 이때 몸 밖에서 강한 전기파장이 발생되면 몸 안의 전자기 흐름에 영향을 주어 신호체계를 교란하고 두뇌 명령이 정확하게 몸에 전달될 수 없게 된다. 만일 우리 몸이 지속적으로 전자파에 노출되면 제대로 사고하기 어렵다거나, 면역력이 약해지는 등 여러 정신적 신체적 이상을 보이게 된다.

일반적으로 알려진 3대 공해가 공기 · 물 · 땅이라면, 오늘날 제4의 공해로 전자파를 꼽고 있다. 전자파가 인체에 미치는 영향에 대한 연구는 1950년대 미국의 고압선로 부근에 사는 주민들이 두통과 기억상실 등을 호소하면서 시작되었다. 미국 애틀란타 마이렛타 방위보급기관에서 컴퓨터를 오래 다루는 직업에 종사하는 임산모를 대상으로 1년 간 조사한 결과 여성 15명 가운데 7명이 유산되었다고 한다. 일본 국립환경연구소의 연구 결과에 따르면 전기제품이나 고압 송전선 등에서 나오는 전자파에 지속적으로 노출된 아이가 그렇지 않은 아이보다 백혈병 발병율이 2배 이상 높다고 한다.

전자파의 유해성에 대해서는 아직 의견이 분분하지만, 대체로 우리 몸 안의 전달 체계에 부정적인 영향을 주어 백혈구의 활동과 면역기능을 약화시킨다고 본다. 지금까지의 연구 결과를 종합하면 전자파에 지나치게 노출되면 두통, 현기증, 근육통, 피부암, 백내장, 뇌암, 유방암, 임파선암, 백혈병, 유산 등의 문제를 일으킨다고 알려지고 있다. 이런 전문적인 연구 결과가 아니어도 전자파가 몸에 좋지 않다는 것은 누구나 쉽게 느낄 수 있다. 컴퓨터가 많은 PC방에 들어가거나 지하철을 오래 타면 컨디션이 안 좋아지는 것이 바로 전자파 공해 때문이다.

특히 위험한 전자제품

전기를 이용하는 전자제품에는 모두 전자파가 발생하지만, 그 가운데 우리 몸에 가까이 밀착해 쓰는 제품과 큰 전자제품이 더 위험하다. 정보통신부 전파연구소가 올해 초 가전제품 22개 품목의 전자파를 측정한 결과 전기장판이 방출하는 최대 전기장 강도가 715.8V/m로 전자파가 가장 많이 나오는 것으로 나타났다. 다음으로 전기다리미, 냉장고, 컴퓨터, 전기면도기, 토스터 등의 순으로 나타났다.

이 외에도 전자파가 많이 나오는 가전은 전자레인지, 안마기나 헤어드라이기처럼 몸에 밀착시켜 쓰는 제품, 화면이 큰 텔레비전 등이 피해가 크다. 특히 전자레인지는 득보다 실이 큰 제품이다. 전자레인지는 가스 불이 있는 것도 아니고 전기 가열기 장치가 있는 것도 아닌데 스위치만 누르면 음식을 데울 수 있어 만능조리기처럼 보인다. 전자레인지는 마이크로파를 방출해 음식물 속의 물분자를 운동시켜 열을 발생시킴으로써 음식을 조리한다. 여기에서 방출되는 마이크로파는 백내장을 유발하거나 뇌에 이상을 초래할 수 있는 것으로 알려지고 있다. 전자파는 작은 틈새로도 새어 나오기 때문에 문이 잘 닫혀 있지 않거나 이물질이 끼어 있는 경우 새어 나오게 된다. 실로 위험한 전자제품이 아닐 수 없다. 휴대폰 역시 전자파가 뇌 가까이에서 방출된다는 문제를 안고 있다. 뇌에서 가까운 곳으로부터 방출되는 전자파는 두개골을 싸고 있는 머리의 혈액에 의해 전류를 만들고 이 전류는 두개골이 없는 눈과 목 위쪽 등으로 흘러 뇌에 손상을 줄 수 있다.

전자레인지는 뇌에 이상을 줄 수 있는 강한 전자파를 발생한다

전자파 피해 줄이기

　일상생활에서 전자파의 피해를 줄이는 방법은 작동 중인 전자제품과 거리를 두는 것이다. 전자파가 인체에 끼치는 영향은 거리의 제곱에 반비례하므로 멀수록 전자파 피해가 적다. 가능한 거리를 두고 사용하고 전기장판, 안마기, 전기면도기, 헤어드라이기 등 몸에 밀착시켜 사용하는 제품은 이용을 줄여야 한다. 방출되는 전자파가 안전하다는 품질 인증이 있다고 해도 안심하고 사용할 수는 없다. 여러 가전제품에서 동시에 전자파를 받을 경우 얼마나 피해가 커지는지, 오랜 시간 전자파에 노출될 때 얼마나 더 해로운지, 노약자의 경우 얼마나 더 위험한지 등 사용시간과 연령 등에 대한 피해는 현재로서는 알 수 없기 때문이다. 전자파 역시 다른 공해처럼 그 유해성이 제대로 밝혀지지 않았다.

알아두자! 도움되는 유용 정보 ━ ━ ━ ━ ━ ━

- 너무 큰 용량의 가전은 피하고, 전자제품이 한 곳에 모이도록 배치하지 않는다.

- 사용하지 않는 전자제품은 전원 플러그 자체를 모두 빼놓는다. 기계가 작동되지 않아도 전원이 연결된 경우 전자파가 소량 방출된다.

- 전자제품을 작동할 때는 거리를 두고 환기를 잘 시킨다. 텔레비전은 2m 이상, 컴퓨터는 1m 이상, 전자레인지는 3m 이상 거리를 둔다.

- 침실에는 가능한 전자제품을 두지 않는 것이 좋고, 침대나 이불은 콘센트나 벽에서 떨어진 침실 중앙에 놓는 것이 가장 안전하다. 벽면 콘센트에서도 전자파가 나온다.

- 몸에 밀착해서 사용하는 전기장판은 사용하지 않는 것이 좋다. 불가피한 경우에는 전기장판 위에 얇은 이불을 깔고 취침 전에 가동시켰다가 잠들 때는 플러그를 뽑아야 한다.

- 컴퓨터, 텔레비전 등 가전의 뒷면에서 발생한 강한 전자파는 벽을 뚫고 영향을 미치기 때문에 벽면 뒤에 침대나 책상을 놓지 않는다.

- 컴퓨터는 본체뿐 아니라 모니터, 프린터에서도 전자파가 발생한다. 컴퓨터 앞에서 계속 공부를 하거나 일을 할 때는 중간에 적당히 휴식을 취한다. 특히 임산부는 주의하고, 건강한 사람이라도 4시간 이상 계속 앉아 있지 말자. 컴퓨터의 경우 노트북 컴퓨터가 전자파가 비교적 적게 나온다.

- 전자레인지는 가능한 주방 구석에 놓고 쓰고, 문이 제대로 닫혀 있는지 점검한다. 제대로 닫혀 있지 않는 전자레인지에서는 마이크로파가 새어나온다. 전자레인지는 전면으로 나오는 전자파가 다른 전자파보다 훨씬 강하므로 3m 이상 거리를 두고 사용한다. 조리가 끝난 후에도 바로 음식물을 꺼내지 말고 1~2분 후에 꺼내도록 하자.

- 전자파 피해가 큰 무선 전화기보다 유선 전화기를 이용한다. 핸드폰을 사용할 때는 안테나를 올리고 사용한다. 통화량이 많은 사람은 본체와 마이크, 이어폰이 분리되는 제품을 사용하면 피해를 줄일 수 있다.

- 송전탑, 고압선 등 강력한 전기가 흐르는 곳에 가까이 살지 않는다. 고압선로 부근의 주택은 구리판, 특수섬유 등 전자파 차폐물질을 이용한다.

- 선인장이나 동전을 이용한 전자파 차단은 효과가 없는 것으로 알려지고 있다. 전자제품이

54

가득한 방에는 공기 중에 양이온이 많으므로 천연 음이온을 내는 숯이나 식물 등을 놓아 공기의 균형을 잡아주는 것이 좋다. 작동 중인 전자제품이 많다면 자연 환기는 기본이다.

● 전자 및 전기 제품의 품질 인증을 확인한다. 컴퓨터 등의 정보통신기기는 MIC마크, 전기제품은 EK마크가 부착된 제품을 쓰는 것이 전자파 피해를 줄일 수 있다.

생식계를 위협하는 플라스틱 젖병

아기가 있는 집에서 흔히 볼 수 있는 플라스틱 젖병은 아기의 건강을 해칠 수 있다. 폴리카보네이트 수지로 만든 플라스틱 젖병은 고온에서 유해 환경호르몬 물질인 비스페놀A가 흘러 나온다. 일본 요코하마 국립대학 환경과학연구센터의 연구 결과를 보면 95℃의 뜨거운 물을 부은 플라스틱 젖병에서 비스페놀A가 5ppb까지 검출되었다. 또한 오래 사용한 플라스틱 젖병에서 비스페놀A의 검출량이 많은 것으로 나타났다. 환경호르몬 물질인 비스페놀A가 우리 몸에 들어오면 남자 아이의 경우 정자 형성에 문제가 생길 수 있고 여자 아이의 경우 배란 시스템이 형성되기 전에 환경호르몬에 노출되면 무배란이 될 위험이 높다고 알려져 있다.

이런 피해를 줄이기 위해서는 플라스틱 젖병 대신 안전한 유리 젖병을 쓰는 것이 최선의 대안이다. 플라스틱 젖병을 사용한다면 비교적 덜 해로운 폴리에틸렌(PE) 재질을 써야 한다. 플라스틱 젖병을 사용할 때는 고온에서 환경호르몬이 많이 방출되므로 열탕 소독을 하지 말고 전자레인지에 넣고 데우는 것도 피하자. 흐르는 물로 씻거나 식기건조대에서 말리는 것이 좋다. 플라스틱 젖병을 너무 오래 사용하지 않는 것도 피해를 줄이는 길이다.

기저귀 발진의 원인, 1회용 기저귀

요즘 아기들에게 기저귀 발진은 아주 흔한 병이다. 엉덩이가 짓무르고 물집이 잡히는 병으로 1회용 기저귀가 도입되면서부터 문제가 되기 시작한 병이다. 그만큼 아기에게 1회용 기저귀가 해롭다는 말일 것이다. 1회용 기저귀는 속의 솜은 천연 펄프로 만든다고 해도 겉의 커버는 100% 합성수지로 만든다. 뿐만 아니라 표백제, 탈취제, 항균제, 물기가 새지 않게 젤 상태로 만드는 약제 등 많은 화학물질을 이용해 만든다. 기저귀를 아기 몸에 밀착시키므로 화학물질의 독성에 그대로 노출될 수밖에 없다. 아기가 화학물질에 계속 노출되면 기저귀 발진 증상을 보이고, 통풍이 잘 되지 않아 더욱 피부를 약하게 만든다. 비뇨기계 발달에도 영향을 미칠 수 있다. 그런 만큼 순면으로 된 천기저귀를 사용해 아기를 보호해야 한다.

천기저귀를 사용할 때도 아기가 용변을 본 후 바로 갈지 않으면 습기가 차므로 부지런히 갈아주어야 한다. 변을 본 후에는 엉덩이를 물로 가볍게 씻기고, 피부를 완전히 건조시키고, 공기를 어느 정도 쐬어준 후 다시 기저귀를 채우자. 외출 등으로 부득이 1회용 기저귀를 쓸 때는 통풍이 잘 되도록 헐렁한 사이즈를 고르고 자주 갈아주어야 한다.

건강한 성장을 방해하는 장난감

오늘날 아이들이 가지고 노는 장난감은 대부분 플라스틱 제품이다. 소비자문제를 연구하는 시민의 모임의 2001년 조사 결과에 따르면 시판되는 장난감 28개 제품 모두에서 납, 카드뮴, 바륨 같은 중금속이 나왔고 6개 제품에서는 가소제 환경호르몬 물질이 검출되었다. 아이들의 장난감이 유해한 환경호르몬에 오염되었다는 말이다. 특히 어린이 장난감 가운데 문제가 되는 것은 플라스틱 제품을 말랑하게 만드는 가소제와 장난감에 칠하는 페인트이다.

아이들이 가지고 노는 많은 플라스틱 장난감은 폴리염화비닐(PVC)로 만들어진다. 폴리염화비닐은 생산 과정에서 가소제, 안정제, 유연제 등이 첨가된다. 딸랑이 등의 플라스틱 장난감은 유연성과 탄성을 내기 위해 프탈

플라스틱 장난감에서 흘러나온 유해물질이 아이들의 성장을 방해하기도 한다

레이트(Phthalates) 가소제를 첨가한다. 이 가소제는 플라스틱에 강하게 부착되어 있지 않기 때문에 제품을 사용할 때 흘러나올 수 있다. 가소제가 든 플라스틱 장난감을 아이들이 입에 넣고 빨게 되면 문제가 될 수 있고, 소량이지만 상온에서도 조금씩 방출된다. 환경호르몬 물질은 아이의 신체발달에 악영향을 미친다. 어른보다 유해 화학물질을 분해할 능력이 떨어지기 때문에 더욱 문제가 된다. 특히 환경호르몬은 매우 작은 양으로도 뇌와 생식기관에 영향을 주어 아이의 지능 발달을 저해할 수도 있다. 이런 위험성이 알려지면서 유아가 입에 넣을 수 있는 장난감은 프탈레이트 가소제를 사용하지 못하게 되었다. 그러나 뭐든지 입으로 가져가길 좋아하는 유아가 쓰는 장난감은 선진 외국처럼 모두 규제를 할 필요가 있다.

원목으로 만든 장난감도 안전하지는 않다. 나무에 벌레가 먹거나 흠집이 나지 않도록 포름알데히드 등을 이용한 방부제 용액에 장기간 담근 후 건조시켜 만든다. 또 알록달록한 색깔을 내기 위해 사용하는 도료와 광택제로 인해 유해성이 더 커진다.

장난감 선택과 이용시 주의점

아이들이 가지고 노는 장난감은 무엇보다 안전해야 한다. 그리고 아이가 재미있게 가지고 놀 수 있는 것이어야 한다. 장난감 구조가 지나치게 복잡하면 쉽게 싫증을 낸다. 오히려 단순하면서 갖고 놀기 편한 장난감이 아이의 상상력을 자극할 수 있어 좋다.

 알아두자! 도움되는 유용 정보

- 품질 마크를 받은 장난감을 이용한다. 'KS', '품' 자 마크가 부착된 제품이 상대적으로 안전하다. 환경마크를 단 장난감은 아직 없는 실정이다.

- 튼튼한 장난감인지 살핀다. 내구성이 약한 플라스틱 완구는 부서지면 작은 파편이나 날카로운 모서리로 인해 다치는 경우가 있다. 모서리가 둥글고 끝마무리가 날카롭지 않은 완구를 골라야 한다.

- 질식, 목졸림, 상해의 위험성을 꼼꼼히 확인한다. 직경 3.17㎝ 이하의 작은 부품이 들어 있는 완구는 질식사의 위험이 있다. 3세 이하의 아이는 뭐든지 입에 넣는 습관이 있기 때문에 사용 도중 작은 부속품이 쉽게 분리되거나 떨어져 나오는 제품은 피한다. 불지 않은 풍선, 터진 풍선조각 등도 질식 위험이 높다. 목둘레를 감는 끈, 줄, 목걸이 등은 유아의 목을 조를 수 있으므로 피한다.

- 소리가 나는 완구는 직접 소리를 확인하고 산다. 일정 수준 이상의 소음을 내는 완구는 아이의 청각을 손상시키고, 날카로운 소리 등은 정서에 해롭다.

- 천연 페인트를 사용한 제품을 고르고, 착색료가 빠져나오지 않는지 확인한다. 젖은 면포로 가볍게 문질러보면 도료가 빠져나오는지 알 수 있다.

- 플라스틱 장난감의 경우 폴리염화비닐(PVC)로 만든 장난감 대신 덜 해로운 폴리에틸렌(PE), 폴리프로필렌(PP) 재질의 장난감을 선택한다. 장난감 재료에 대한 정보와 표시가 분명하지 않다면 사지 않는다.

- 무독성이라고 표시된 장난감도 무조건 믿어서는 안 된다. 무독성이라고 표시하고 폴리염화비닐로 만든 장난감도 있다. 중국에서 수입되는 장난감은 특히 세심히 살펴보자.

- 낡은 플라스틱 장난감은 쓰지 않는다. 플라스틱 장난감은 오래 사용한 것일수록 환경호르몬이 흘러나올 가능성이 더욱 크다.

- 플라스틱 장난감을 가지고 놀 때는 아이가 입에 넣지 않도록 주의하고, 놀이가 끝난 후에는 손을 깨끗이 씻게 한다.

- 건전지로 움직이는 장난감은 피한다. 건전지는 습기가 차면 카드뮴, 수은 등의 위험 물질이 누출될 수 있다. 친환경 건전지라고 해도 아연, 염화 제2수은, 알칼리성 망간이 들어 있을 수 있다.

- 천연섬유나 나무 등 안전한 천연 재료로 만든 장난감을 이용한다.

- 무엇이든 입에 넣는 유아에게는 당근처럼 딱딱하지만 먹을 수 있는 것을 갖고 놀게 한다.

- 상자, 빈 용기, 천 조각, 그리고 자연을 이용해 장난감을 만들어본다. 완성된 플라스틱 장난감보다 더욱 안전하고 상상력도 키울 수 있다.

주의해야 할 문구

아이들이 무심코 이용하는 문구 가운데서도 주의해야 할 것이 많다. 미술용품이나 필기도구, 잉크 등이 그 대표적인 예이다. 아이의 방에 빼곡이 쌓인 문구류에서 유해물질이 발산되고, 환기마저 소홀히 한다면 큰 해를 줄 수 있다.

□ 인쇄용 잉크 : 잉크에는 암모니아, 포름알데히드, 페놀, 톨루엔, 크실렌을 비롯하여 수많은 화학물질이 들어 있다. 건조 속도가 느린 잉크에서 나오는 화학물질은 알레르기를 일으킬 수도 있다. 인쇄기도 문제이다. 레이저프린터의 경우 우리 몸에 해로울 수 있는 오존을 발생한다. 높은 전압의 전기를 사용하는 레이저프린터, 복사기, 팩스 등은 모두 작동 과정에서 오존을 방출하는데 환기가 제대로 되지 않는 방에서 사용할 경우 두통, 피로 등의 증상을 일으킨다. 대량 출력되는 프린터

옆에 있으면 머리가 아픈 것이 그 때문이다. 자녀의 방에 있기 쉬운 레이저프린터는 전자파, 오존, 잉크 등이 모두 문제가 되므로 다른 곳으로 옮기는 것이 좋다.

□ **미술용품** : 물감, 크레파스 등 미술 재료들은 대부분 화학 물질이 함유되어 있다. 환기가 잘 되는 방에서 이용하고, 쓰고 난 후에는 손을 깨끗하게 씻는다. 지우개를 쓰고 난 후에도 손을 깨끗이 씻자.

□ **접착제** : 건축자재에서 합성본드가 문제가 되었듯이 일상생활 속에서 쓰는 본드에도 페놀, 염화 비닐, 포름알데히드, 에폭시 수지, 나프탈렌 등의 유해 화학물질이 들어 있다. 흰색의 투명한 풀이나 무독성 접착제를 이용하자.

□ **유성펜** : 펜에는 아세톤, 암모니아, 톨루엔, 크실렌 등의 유해물질이 들어 있다. 유성펜보다는 수성펜이 안전하다.

□ **수정액** : 오자를 고칠 때 사용하는 수정액 속에는 대부분 트리클로로에탄올이 들어 있다. 해로운 화학 물질로 특히 화재시 무색의 유독 가스인 포스겐을 형성한다. 가능한 쓰지 않는 것이 좋다.

□ **기타 용품** : 온도계, 건전지, 형광등에는 모두 맹독성 중금속인 수은이 들어 있다. 수은 증기를 마시면 신경계와 면역계에 치명적인 손상을 준다. 만약 온도계나 기압계를 깨뜨려 안에 들어 있던 수은이 흘러나왔을 때는 빨리 환기를 시키고 고무장갑을 끼고 집어내야 한다. 형광등에는 기체화된 수은이 들어 있으므로 실내에서 깨뜨리는 일이 없도록 주의한다.

창의력과 자발성을 키우는 장난감

아이들의 놀이는 즉흥적이고 자발적이다. 마음속에서 우러나오는 자연스러움이 가장 중요한 요소가 된다. 스스로 놀거리를 생각하고, 행동하고, 잘못된 것을 바로잡고, 다시 새로운 놀거리를 찾아내는 '자발성'이 생명이다. 그러기에 '잘 논다'는 것은 곧 혼자 힘으로 뭔가를 잘한다는 말이며, 적극적인 의지가 강하다는 뜻이다. 자유롭게 노는 아이들을 보면 곧잘 놀이감을 찾아내고 놀이화시킨다. 우연히 발견한 깡통 하나를 가지고도 여러 가지 놀이를 하면서 즐거워한다. 그런 아이에게 부모가 깡통을 잔뜩 갖다준다고 해서 놀이의 흥이 더해지는 것은 아니다. 오히려 깡통에 흥미를 잃고 싫증을 내게 될 것이다. 놀이의 생명이 어떤 간섭도 없이 자발성과 즉흥성을 전제로 한 것이기 때문이다.

요즘 아이들은 시키는 일은 잘해도, 스스로 해야 할 일을 찾게 하면 제대로 하지 못하는 경우가 많다. 자발성을 기를 수 있는 놀이시간을 고스란히 주입식 교육에 내주고, 시키는 대로만 생활해왔기 때문이다. 그러니 매사에 의존적인 아이가 되어 스스로 뭔가를 꾸미고 추진하지 못한다. 노는 시간을 주어도 컴퓨터 게임에 매달리는 것이 고작이다. 완성되어 있는 특정 장난감이나 오락기가 없으면 놀 줄도 모른다. 또래 친구들과 어울려 이런저런 궁리를 하면서 놀아본 경험이 없기에, 자발성과 적극성이 있어야 하는 자유로운 놀이가 어려운 것이다.

자유롭게 주어진 시간 속에서 무엇을 하면서 놀 것인가를 생각하고, 같이 놀 친구를 찾고, 놀이 계획을 세우고, 더 재미난 방법을 보완하고, 놀다가 생기는 문제를 풀어가고, 다시 새로운 놀이감을 찾아가면서 아이는 사고력, 창의력, 사회성이 자라게 된다. 아이의 창의력과 사고력을 기르려면 완성된 장난감보다 찰흙이나 블럭류 장난감 등이 도움이 된다. 그리고 스스로 놀이감을 찾고 장난감을 만들게 하는 것이 더 큰 의미가 있다. 완성된 장난감보다는 주변에서 흔히 볼 수 있는 생활용품을 이용해 아이의 상상력으로 놀게 하는 것이 좋다. 이를테면 우유팩이나 나무토막을 이용해 자동차를 만들어 놀이를 한다면, 자동차 장난감을 가지고 노는 아이보다 더욱 상상력이 자랄 것이다.

아이 스스로 주체성을 가진 놀이를 할 수 있도록 하자. 완성된 장난감 보다 상상력을 키워주는 장난감을 부모와 함께 만드는 것도 좋다. 보다 안전한 재료, 즉 상자, 빈 용기, 천 조각, 자연물을 이용해 얼마든지 장난감을 만들 수 있다. 장난감을 만들면서 두뇌가 발달하고, 함께하는 즐거움을 느끼고, 직접 만든 장난감이기에 더 애착을 가지게 된다. 물론 플라스틱 장난감에서 흘러나올 수 있는 환경호르몬 따위도 염려하지 않아도 된다.

자연은 좋은 장난감이자 놀이터

예전의 아이들은 드넓은 산과 강, 들을 다니며 고기잡이, 물놀이, 곤충잡이, 썰매타기 등을 하며 뛰어놀았다. 사계절 자연은 아이들에게 좋은 놀이터이자 배움터였다. 그러나 요즘 아이들은 아파트나 놀이터처럼 좁은 공간 속에서 놀고 생활한다. 한 의학 보고에 따르면 제한된 좁은 공간 속에서 자라는 아이는 정신세계가 한정되어 우울한 성격, 소극적인 성격, 편협한 성격이 될 가능성이 크다고 한다. 도시에서 자라는 아이에게는 산과 들, 바다와 강같이 넓은 공간을 자주 접하게 해야 한다.

아이는 대개 3-4세쯤 되면 가지고 놀던 움직이지 않는 장난감보다는 실제로 살아 있는 것을 더 좋아하게 된다. 강아지, 고양이, 곤충, 식물 등은 그 무렵 아이들의 좋은 장난감이다. 이런 살아 있는 장난감은 플라스틱으로 만든 죽은 장난감이 채워줄 수 없는 것을 선사한다. 그것이 바로 감성이다. 자연을 만나고 느끼면서 아이들은 풍부한 감성을 기른다. 꽃을 보고 아름다움을 느끼고, 병아리를 보면서 귀여움을 느낀다. 자연 속에서 보고 듣고 느낀 것을 아이가 말로 정확하게 표현할 수는 없어도, 느낌은 선명하게 갖게 된다.

아이에게 자연을 만나게 하고, 자연 속에서 뛰어놀 수 있는 기회를 많이 만들어 주자. 자연이라고 해서 꼭 멀리 가야만 하는 것은 아니다. 집안의 화초나 동네 공원의 나무를 관찰하고, 풀벌레 소리를 듣고, 저녁노을과 별을 관찰하는 일이 모두 도시 속에서 해볼 만한 자연놀이다. 산, 들, 바다를 찾아간다면 흙이나 모래를 맨발로 밟아 보고, 나무와 돌을 만져 보고, 꽃냄새도 맡아 보고, 온갖 새소리를 들어 보고, 넘실대는 파도를 직접 느끼고, 붉게 떠오르는 태양을 보는 일이 모두 더없이 좋은 놀이가 된다. 자연을 벗하며 자란 아이는 건강하고 풍부한 정서를 갖게 되고 사고력, 관찰력, 응용력이 함께 발달한다. 자연주의 교육자 루소의 말처럼 '자연만큼 위대한 교사'는 없다.

무서운 살충제, 방향제

농약 성분의 가정용 살충제

우리는 일상생활 속에서 많은 살충제와 살균제를 사용한다. 바퀴벌레, 개미, 파리, 모기, 벼룩, 진드기, 좀벌레 등을 퇴치하기 위해 뿌리는 살포식에서부터 설치식, 훈증식 등 다양한 제품을 쓰고 있다. 이들 살충제의 독성은 엄청나다. 살아 있는 유기생명체를 죽이도록 만들어진 것은 모두 어떤 방식으로든지 우리에게 해를 준다.

시판 중인 둥근 모양의 모기향은 알레트린 농약 성분을 나무 가루와 전분을 섞어 녹색 염료로 착색해 만든 것이다. 제품에 따라 다르지만 살충, 살균제에는 대부분 트리클로로에틸렌, 알레트린, 디에틸렌글리콜, 포름알데히드, 붕산염, 벤젠 등의 화학물질이 들어간다. 태웠을 때는 더 강한 독성이 발산된다. 살충제에 계속 노출되면 구토, 설사, 두통, 무력감, 귀울림 등의 증세가 나타나고, 염색체 이상과 암을 일으키기도 한다. 안전한 것처럼 선전하는 전자 매트 모기향도 성분은 마찬가지다. 살충제는 우리에게 큰 위협이 된다는 것 외에도 공격 대상이 되는 해충에게도 문제를 일으킨다. 살충제에 내성을 가진 강한 해충이 등장하게 되고, 더욱 독성이 강한 살충제를 쓰지 않으면 안 되는 악순환이 반복된다.

자연주의 벌레 퇴치법

모기를 퇴치하기 위해서는 우선 모기가 발생하기 쉬운 집 주변의 물웅덩이나 집 안에 물이 고여 있는 곳을 없애야 한다. 그리고 창마다 방충망을 달고 꼼꼼히 점검하자. 모기가 드나들 수 있는 화장실 환기창이나 다용도실, 베란다의 하수구 틈새는 양파망 등을 이용해 잘 막는다. 식초를 담은 접시를 방안에 놓아두면 모기가 잘 접근하지 않는다. 라벤더, 제라늄, 페퍼민트 등의 허브도 모기나 벌레가 싫어하는 향을 내므로 집안에서 키워보는 것도 좋다. 밤에 잘 때는 방에 모기장을 따로 치고 자는 것이 가장 효과적이다.

파리는 햇볕이 잘 드는 창가에 몰려드는 습성이 있으므로 해가 들기 전에 창문을 닫는다. 설탕과 시럽을 물에 끓여 길게 만든 갈색 종이에 붙여 놓으면 무독성 파리 유인물이 된다. 유인한 파리는 파리채를 이용해 잡는다. 파리가 많은 집은 투명한 비닐장갑에 물을 채워 매달아 두면 도움이 된다.

바퀴벌레를 없애려면 우선 선반, 싱크대, 목욕탕 부근의 구멍을 막는다. 과자 부스러기나 먼지가 낄 수 있는 틈새도 잘 청소하고 바닥에 흘린 물기도 바로 닦아낸다. 붕산은 바퀴벌레를 퇴치할 수 있는 천연 살충제이다. 약국에서 파는 붕산을 사서 물로 반죽해 바퀴가 들어오는 부근에 놓아두면 효과적이다. 함정을 만들어 잡는 방법도 있다. 빈병 안에 김 빠진 맥주나 단 음료를 약간 넣어 놓으면 바퀴벌레가 병 속에 들어가서 나오지 못한다.

바퀴벌레나 개미 퇴치에는 은행잎도 효과적이다. 가을에 은행잎을 주워 양파망 등에 많이 담아 바퀴벌레나 개미가 다니는 통로에 놓아두면 벌레들이 많이 줄어든다. 개미 퇴치에는 박하나 고춧가루, 설탕과 붕산을 반씩 섞어서 집안으로 들어오는 통로에 두면 효과적이다. 그러나 어린이나 애완동물이 접근할 수 있는 장소에는 붕산을 두지 말아야 한다. 애완동물에게 있는 벼룩을 없애려면 먹이에 마늘 가루를 1/2 큰술 정도 넣어 먹이면 효과가 있다.

두통을 부추기는 방향제

요즘은 합성방향제가 다양하다. 방이나 화장실, 소파 등에 뿌리는 것, 액체 용기에 담아 증발하게 만든 것, 전기 플러그식으로 만든 것, 장식품에 섞어 향기가 나게 만든 것 등 여러 가지다. 거의 모든 방향제에 들어 있는 에

합성방향제를 계속 쓰면 신경 장애를 일으키기도 한다

탄올의 경우 우리 몸에 유해성이 적어 허용하고 있지만 장시간 밀폐된 공간에서 사용할 때에는 흡입으로 인한 피해를 입을 수 있다. 일부 제품에 포함되어 있는 메틸알코올이나 이소프로판올 등은 사람에 따라 두통, 어지러움 등을 일으킬 수 있으며 우리 몸에 쌓일 경우 더 큰 피해를 줄 수 있다. 발암 물질인 트리클로로에틸렌이 함유된 방향제도 있다.

악취를 흡수하는 합성탈취제에는 암모니아와 포름알데히드 성분이 있다. 암모니아는 미량이라도 계속 마실 경우 신경계통의 장애를 일으켜 우울증, 무기력증을 일으키고 면역기능을 저하시킬 수 있다. 새집증후군을 일으키는 주범 가운데 하나로 알려진 포름알데히드의 유해성은 더 말할 필요가 없을 것이다. 이런 유해물질이 향기로움으로 위장하고 우리의 목을 죄고 있다.

안전한 천연 탈취제, 방향제

집안에서 나는 악취는 자주 환기를 시키는 것이 가장 좋은 대처법이다. 현관이나

창문을 모두 활짝 열어 집안 공기를 바꾸어주면 악취를 제거하고 유해물질을 내보내는 데도 효과적이다. 안전한 천연 재료를 이용해 탈취와 방향을 해보자.

 알아두자! 도움되는 유용 정보

- 냉장고 탈취제로는 빵을 구울 때 쓰는 베이킹소다를 그릇에 담아 뚜껑을 열어 냉장고 안에 두면 효과적이다. 녹차를 마시고 난 뒤 남은 찻잎을 모아 두었다가 냉장고 안에 넣거나, 먹다 남은 식빵을 그대로 넣어두어도 도움이 된다.
- 커튼이나 카펫, 자동차 커버 등의 섬유류는 곰팡이나 음식 냄새가 섬유 올 사이에 깊숙이 배여 악취가 나는 것이므로 정기적으로 세탁을 하는 것이 가장 좋다.
- 숯을 집안 구석구석에 놓아둔다. 탈취 및 습도 조절, 음이온 방출 등의 역할을 한다.
- 모과, 탱자, 솔가지, 향목 등 천연 향이 좋은 자연물을 집안에 놓아 둔다.
- 아로마 정유(에센셜 오일)를 활용한다. 향기요법이라 불리며 우리 몸의 기능 강화와 치유에도 도움이 된다. 식물에서 추출한 방향성 오일인 아로마 정유를 베갯잇이나 커튼 등에 살짝 뿌려 자연스럽게 천연 향을 즐길 수 있다. 스프레이 물병에 아로마 정유를 한두 방울 떨어뜨려 원하는 곳에 뿌려도 향이 은은하게 퍼진다. 아로마 정유를 전용 포트에 담아 서서히 가열하면서 증발하는 향을 즐길 수도 있다. 아로마 정유를 구입할 때는 전문점에서 100% 순수 천연재료인지 확인하고 사야 한다. 합성물질을 섞은 경우 오히려 역효과가 나기도 한다. 품명, 학명, 추출부위, 수입원 등이 정확히 표시된 것을 고르고 향에 따라 효과가 다르므로 자신에게 맞는 것을 선택하자. 특히 임산부나 고혈압 환자 등은 자신에게 맞는 것을 써야 부작용이 없고 사용량을 지키는 것도 중요하다. 정유는 휘발성분이라서 뚜껑을 자주 열면 성분이 날아가므로 가능한 작은 용량을 사서 쓰는 것이 효과적이다. 포트를 이용해 방향을 할 때는 유리 제품이 안전하고 도자기를 이용할 때는 천연 유약을 써서 만든 것인지, 초의 심지가 불량품이 아닌지 확인한다.
- 허브 식물을 기른다. 아로마 정유는 비교적 고가이지만 향이 나는 식물인 허브는 저렴하게 사서 기를 수 있다. 허브 식물을 기르면 자연 향을 즐기고 차나 목욕재료로도 이용할 수 있다.

죽음으로 몰기도 한 합성세제

집 구석구석을 청소하는데 다양한 세제가 이용된다. 욕실용 세제, 부엌용 세제, 바닥 청소제, 변기 청정제, 가구 광택제, 유리 광택제, 곰팡이 제거제, 녹 제거제 등 여러 가지다. 이들 청소용 세제에는 대부분 암모니아, 염소, 포름알데히드를 비롯한 많은 유해 화학 물질이 들어 있다. 변기를 깨끗하게 하기 위해 사용하는 청정제에는 독성이 강한 패러디클로로벤젠이 함유되어 있을 수 있다. 실험용 동물이 암을 일으킨 것으로 보고되는 위험물질이다. 이들 세제는 단지 피부에 닿아 문제가 되는 것이 아니라 발산되는 휘발성 화학물질을 마시게 되므로 문제이다. 합성세제에는 우리 몸을 교란시키는 노닐페놀류의 환경호르몬이 검출되기도 한다.

바닥 청소제나 가구 광택제에 함유된 암모니아에 자주 노출되면 호흡기와 눈이 자극을 받는다. 환기가 잘 안 되는 따뜻한 공간에서 사용할 때는 더욱 문제가 될 수 있다. 천연 소금으로 만든

염소가 든 합성세제는 염색체를 손상시킬 수 있다

다는 락스 역시 소금을 분해하면 나오는 유해 염소가 문제이다. 영국의 한 제약회사에서 발표한 살균제에 대한 보고서를 보면 염소는 발암물질이며, 염색체를 손상시킬 수 있고, 노화를 촉진하며, 신경장애를 일으키고, 면역력을 저하시킨다고 한다. 또 염소 기체를 마시게 되면 호흡기가 손상된다고 알려져 있다. 대부분의 청소용 세제에 염소가 들어 있고, 이들이 복합적으로 작용해 더욱 큰 피해를 주기도 한다. 일본에서는 산성세제와 살균소독제를 함께 쓰다가 사망한 주부까지 있다. 밀폐된 욕실에서 살균소독제의 차아염소산나트륨이 산성세정제의 염산과 만나 화학반응을 일으켜 세포를 파괴할 정도의 유해 가스가 발생한다.

안전한 천연 세제

우리의 지나친 청결의식이 합성세제의 사용을 늘리고 있다. 소비자의 청결의식을 부추기는 각종 세제의 왜곡된 광고도 문제이다. 해로운 합성세제 대신 쓸 수 있는 천연재료를 찾아보자. 집안을 둘러보면 전문 세제 못지 않은 세척력을 가진 천연세제들이 있다. 식초, 소금, 베이킹소다, 버리는 식재료 등이 그것이다. 이들 재료를 적절히 혼합해 사용하면 안전하고 효율적인 청소를 할 수 있다.

□ 욕실 청소는 소금과 식초로 : 목욕탕의 세면대나 욕조에 거뭇거뭇하게 낀 때, 싱크대의 찌든 때를 닦을 때는 물과 소금, 식초를 같은 비율로 잘 섞어 닦으면 효과적이다. 특히 식초는 악취 제거나 탈취 효과가 있는 다재다능한 천연세제이다. 도기류, 금속류 등을 닦을 때도 유용하게 쓸 수 있고, 유리나 거울도 식초물을 종이에 묻혀 닦으면 말끔하게 닦인다.

□ 가구 광택은 식물성 기름, 오래된 우유, 귤껍질로 : 가구에 윤을 낼 때는 식물성

기름을 사용해 닦으면 된다. 식용유와 식초를 3 대 1 비율로 섞어 사용하면 효과적이다. 니스칠이 된 목재가구를 닦을 때는 유통기한이 지난 우유를 이용해도 좋다. 우유를 천에 적셔 닦으면 광택이 나고, 마룻바닥의 얼룩을 지울 때도 사용할 수 있다. 귤껍질도 천연 가구광택제로 좋다. 귤껍질을 물에 넣고 삶은 후 그 물로 가구를 닦으면 말끔해진다.

☐ **가죽소파 광택은 바나나 껍질로** : 가죽소파나 가죽 제품에 광을 내는 데는 바나나 껍질이 제격이다. 껍질 안쪽으로 소파를 문지른 후 마른 천으로 부드럽게 닦아주면 반짝반짝 광이 난다. 또한 천연 코팅 효과를 내어 가죽의 수명도 늘여준다.

☐ **벽지 얼룩 제거는 빵조각으로** : 유통기한이 지나 먹기 곤란한 빵은 벽지에 묻은 얼룩을 지우는 데 쓸 수 있다. 냉장고에 냄새가 날 때도 빵 한조각을 포장하지 않은 채로 넣어두면 탈취 효과가 있다.

☐ **마룻바닥은 홍차티백으로** : 물 1리터에 홍차티백 한두 개를 넣어 끓인 후 식으면 걸레를 적셔 마룻바닥을 닦으면 흠집도 감춰지고 향긋한 냄새도 난다. 홍차물로 닦은 후에는 마른걸레로 물기를 완전히 닦아준다.

☐ **곰팡이 제거는 베이킹소다로** : 베이킹소다나 붕산을 더운 물에 엷게 녹여 곰팡이를 제거할 수 있다. 베이킹소다는 냄새 제거 효과도 뛰어나다. 식초와 함께 사용하면 좋은 천연세제로 두루 쓸 수 있다. 타일 틈이나 은소재 식기를 닦을 때도 물에 탄 베이킹소다 반죽을 이용하면 깨끗해지고 광택까지 난다. 땀냄새로 얼룩진 옷이나 양말도 세탁하기 30분 전 베이킹소다를 물에 반죽해 발라두었다가 세탁하면 말끔해진다. 애완동물의 토사물을 닦고 그 냄새를 없애는 데도 쓸 수 있다.

□ 변기 청소는 더운 물과 붕산으로 : 더러워진 변기는 0.5리터가량의 더운 물에 붕산을 한 작은술 정도 녹여서 쓰면 살균 효과가 있다. 붕산은 약국이나 철물점에서 살 수 있고, 사용하지 않을 때는 어린이 손이 닿지 않는 곳에 보관한다.

□ 막힌 하수구는 소금, 베이킹소다, 식초로 : 하수구가 막히면 먼저 흡입기를 써본다. 꽉 막힌 경우가 아니라면, 뜨거운 물을 부은 후 베이킹소다 반컵 정도를 부으면 대부분 해결된다. 여기에 식초 1/2컵과 소금 1/3컵을 함께 넣으면 더욱 효과적이다. 하수구가 막히지 않도록 평소에 거름망을 잘 점검하는 것은 필수이다.

□ 세탁기 청소는 식초로 : 세탁기에 물을 받고 식초 한 병을 부어 빨랫감을 넣지 않은 상태에서 가동시킨다. 남아 있는 비눗기와 곰팡이를 제거할 수 있다.

□ 설거지는 쌀뜨물로 : 김치를 담았던 플라스틱 그릇은 세제로 닦아도 붉은 얼룩과 냄새가 잘 가시지 않는다. 이럴 때 쌀뜨물에 담가두면 색깔과 냄새가 가신다. 기름기가 묻은 그릇도 미지근하게 데운 쌀뜨물로 씻으면 쌀겨 성분이 기름때를 말끔히 분해하고 손이 거칠어질 염려도 없다. 국수 삶은 물 역시 같은 효과를 낸다.

□ 레몬조각으로 냄비 닦기 : 까맣게 탄 알루미늄 냄비는 레몬 한 조각을 넣고 끓인 후 씻으면 깨끗해진다. 생선을 다듬고 난 도마의 비린내도 레몬껍질로 문지르면 싹 가신다. 레몬조각은 각종 냄새와 찌든 때 제거에 두루 쓸 수 있다.

□ 오븐 청소는 베이킹소다로 : 오븐의 오래된 얼룩은 베이킹소다를 물에 개어 기름때가 묻은 부분에 바르고 3분가량 지난 후 철수세미와 뜨거운 물로 벗겨 내면 효과적이다. 오븐이 따뜻할 때 얼룩에 소금을 뿌려도 때가 벗겨진다.

□ 가스레인지 청소는 과일껍질로 : 가스레인지에 튄 기름때는 뜨거운 물을 조금 떨어뜨려 레몬껍질이나 귤껍질을 뒤집어서 문지르면 때가 벗겨진다.

□ 유리병 세척은 달걀껍질로 : 속이 깊은 유리병에 물때가 끼면 솔로 씻기가 힘들다. 이때 계란 껍질을 모아두었다가 잘게 부순 후 유리병에 넣고 흔들면 구석의 물때까지 없어진다.

□ 그릴 청소는 양배추 겉잎으로 : 조리할 때 떼어내어 버리는 양배추 겉잎을 접어서 그릴이나 석쇠의 구이망에 긁어내듯 문지르면 더러움은 물론 생선 기름기와 냄새가 없어진다.

□ 무껍질로 개수대 청소 : 무껍질을 버리지 말고 모아두었다가 개수대 주변의 찌든 때를 닦는다. 옷에 피가 묻었을 때에도 얼룩 위에 무즙을 바르고 비빈 다음 물로 헹구면 말끔히 지워진다.

□ 싱크대 청소는 술로 : 먹다 남은 술을 모아두었다가 마른행주에 묻혀서 싱크대 주변이나 바닥을 닦아주면 찌든 때가 잘 벗겨진다. 김빠진 맥주도 키친타월에 묻혀 주방의 벽을 닦으면 큰 힘을 들이지 않고 깨끗해진다.

진드기와 곰팡이를 제거하는 청소법

진드기, 곰팡이, 세균 등은 우리 집을 오염시키는 생물성 오염원이다. 천식이나 아토피 등 알레르기 질환을 일으키는 원인 물질 가운데 하나로 알려진 집먼지진드기의 경우 작아서 육안으로는 보이지 않지만, 1g의 먼지 속에 수십 마리에서 수백 마리가 살고 있으며 종류도 30여 종에 이른다. 집먼지진드기는 온도 22~25도, 습도 70~80%인 고온 다습한 곳을 좋아한다. 사람의 비듬이나 섬유 등 먹이가 있고 숨을 만한 곳이면 쉽게 번식을 한다. 집먼지진드기는 15도 이하, 35도 이상의 온도와 60% 이하의 습도에서는 살지 못한다. 특히 습도가 50% 이하가 되면 2주 안에 거의 자취를 감출 만큼 건조한 환경에 약하다. 따라서 집안에 햇볕이 잘 들도록 하고, 자주 환기를 시켜 습기를 몰아내는 것이 좋다. 이중창의 반투명유리는 늘 열어 놓아 햇볕이 잘 들게 하자. 집먼지진드기의 온상이라고 할 수 있는 카펫은 가능한 쓰지 않는 것이 좋고 소파, 신발장, 욕조 등을 깨끗히 관리할 필요가 있다. 침구류나 의류도 자주 세탁한 후 일광소독을 하고 자주 털어주는 것이 좋다.

곰팡이는 눈에 보이는 것과 보이지 않는 것이 있다. 욕실이나 부엌, 가재도구, 카펫에 생기는 곰팡이는 발견하기 쉽지만 침구에 생기는 곰팡이, 냉방장치나 가습기에 생기는 곰팡이, 실내의 먼지 속에 숨어 있는 곰팡이 등은 눈에 잘 보이지 않는다. 일반적으로 곰팡이는 비염이나 천식을 악화시키고 냉방장치에서 나오는 곰팡이는 폐렴을 일으키기도 한다. 곰팡이가 자라지 못하게 하려면 환기를 잘 시키고 습기가 차지 않도록 해야 한다. 곰팡이와 집먼지진드기는 거의 같은 조건에서 번식하기 때문에 진드기에 대한 대책만 완벽하게 세운다면 곰팡이도 함께 제거할 수 있다.

집을 청소할 때는 온 집안의 문을 활짝 연 후에 진공 청소기로 구석구석의 먼지를 빨아들여야 한다. 구석진 곳의 먼지를 제대로 없애기 위해서는 청소기의 다양한 흡입구를 최대한 활용하면 효과적이다. 헤파필터가 달린 청소기의 경우 먼지나 오염물질을 걸러주는 기능이 뛰어나다. 청소기 관리는 먼지 봉투가 70~80% 정도 찼을 때 교환하는 것이 좋다. 청소기의 먼지 봉투가 가득 차면 흡입이 잘 되지 않고 필터가 더러워져 배기구로 먼지가 다시 배출되기 때문이다. 청소기로 먼지를 빨아들인 후에는 물걸레질을 한다. 걸레질은 집안에 먼지가 날리지 않으면서 깔끔하게 먼지를 없애는 방법이다. 특히 모서리와 틈새에 있는 먼지를 잘 닦고, 먼지가 잘 쌓이는 TV,

오디오, 전등갓 등도 꼼꼼히 닦아낸다. 물걸레를 사용하고 난 후에는 깨끗하게 삶는다. 제대로 빨지 않고 다시 사용할 경우 걸레에 있는 먼지와 세균이 오히려 묻어날 수 있다.

 알아두자! 도움되는 유용 정보 집안 구석구석 꼼꼼 청소법

- 침대, 이불 : 자면서 흘리는 땀 등으로 이불이나 베개는 진드기의 온상이다. 침구는 햇볕에 말려 일광소독을 하고 탕탕 두드리는 것이 진드기 제거에 효과적이다. 햇빛이 안 들고 습기가 많으며 청소를 게을리하게 되는 침대 밑은 특히 진드기와 곰팡이의 서식지가 되기 쉽다. 3개월에 한 번 정도 침대의 위치를 바꿔주는 것도 침실 오염을 줄이는 한 방법이다.

- 옷장, 서랍장 : 가구의 앞부분은 물걸레로 깨끗하게 닦는다. 손이 잘 닿지 않는 가구 위쪽은 청소기로 먼지를 빨아들인 후 먼지떨이에 스타킹을 씌워 닦아내면 미세한 먼지까지 해결할 수 있다. 신문지나 넓은 달력을 깔아 먼지가 쌓일 때마다 새것으로 교체해주는 방법도 있다. 옷장이나 서랍장은 자주 환기를 시키는 것이 좋다. 가끔씩 보관 중인 옷을 모두 꺼내 일광소독을 한다. 장마철에 이불을 꺼내 말리기 힘들 때는 옷장 문을 열어 선풍기를 틀어 환풍과 건조를 하면 효과적이다.

- 텔레비전, 오디오 : 텔레비전, 오디오 등의 전자제품은 정전기 때문에 먼지가 많이 쌓인다. 물걸레로 깨끗이 닦은 후, 남은 먼지는 마른걸레로 제거한다.

- 커튼 : 천커튼은 정전기로 인해 먼지가 많이 붙어 있어 커튼을 열 때마다 먼지가 날린다. 매일 청소기를 이용해 먼지를 빨아들이고, 한 달에 한 번은 커튼을 걷어 세탁한 후 일광소독을 한다.

- 블라인드 : 면장갑을 끼고 블라인드 사이사이를 꼼꼼하게 닦아낸다. 아니면 가제수건에 물을 묻혀 앞뒤를 한꺼번에 잡고 닦아준다. 가끔씩 떼어내어 샤워기 물줄기를 강하게 틀어 먼지를 씻어낸 후 말린다.

- 조명기구 : 방 한가운데 있는 전등갓은 먼지투성이인 채로 오래 방치되는 경우가 많다. 손이 닿지 않는다면 기다란 봉에 물걸레를 묶어 먼지를 닦아낸다. 형광등 갓 안쪽도 먼지가 많이 쌓이므로 떼어낸 후 안쪽을 깨끗하게 닦아준다.

- 천장, 벽 : 청소를 잘 안 하게 되는 천장과 벽에는 먼지가 많다. 긴 자루에 타월이나 헝겊을 두르고 먼지를 닦아내면 좋다. 나일론 스타킹을 씌워 사용하면 정전기로 인해 먼지가 잘 붙는다.

- 카펫 : 카펫 속에는 1㎡당 약 10~20만 마리의 집먼지진드기가 살고 있다. 곰팡이도 번식하기 쉽다. 가능한 사용하지 않는 것이 좋고, 쓸 때는 제대로 청소를 하자. 매일 털어주고, 정기적으로 세탁한 후 햇볕에 말린다.

- 욕실 : 욕조나 세면대를 사용한 후에는 마른 천으로 남은 물기를 제거하고, 창문을 열어 유해물질과 수증기를 나가게 해서 곰팡이가 피는 것을 막는다. 2~3일에 한 번씩 하수구를 열어 물때를 제거한다. 욕실 구석에 핀 곰팡이는 뜨거운 물에 베이킹소다나 붕산을 태워 단단한 솔로 문지르면 없앨 수 있다.

- 신발장 : 습기가 많고 환기가 안 되어 집먼지진드기가 서식하기 좋다. 신발장은 하루 한 번 정도 환기를 시키고, 숯을 넣어두면 탈취와 제습의 역할을 한다. 신발에 묻은 먼지나 흙은 털어낸 후에 보관하고, 신발이 젖었거나 땀이 배었을 때는 바깥에서 잘 말린 후에 넣는다.

- 도마 : 사용할 때마다 깨끗하게 씻은 후 잘 말리는 것이 세균 번식을 막을 수 있다. 행주 등 주방용품도 소금이나 식초 등을 이용해 깨끗이 씻은 후 말려 사용하는 것이 좋다.

🏠 휴지와 종이의 독

발암물질이 검출된 하얀 휴지

　새하얀 휴지는 깨끗해 보이고 위생용품의 대명사이다. 그러나 휴지가 만들어지는 과정에서 들어가는 화학물질이 우리를 괴롭힐 수 있다. 일반적으로 휴지나 종이는 나무를 원료로 이용해 제조한 펄프로 만들어진다. 나무를 작은 조각으로 분쇄하고 많은 화학물질과 섞어 끈적한 반죽을 만든 후 여러 차례 세척과 표백과정을 거쳐 납작하게 눌러 종이와 휴지를 만들어낸다. 휴지가 만들어지는 과정에서 과산화수소, 염소, 포름알데히드 등의 화학물질이 들어간다. 종이나 휴지를 하얗게 만들기 위해 대부분 염소로 표백을 한다. 염소는 다른 화학물질과 반응해 우리의 건강과 환경에 위협적인 합성물을 형성할 수 있다. 대부분의 염소 화합물은 독성이 강하고 잔류성이 높으며, 잘못 처리시 2차 오염물질을 발생하기도 한다. 발암물질인 다이옥신도 염소 화합물이다.

　한국소비자보호원은 올 4월 수도권 76개 주유소에서 공급한 판촉용 화장지를 검사한 결과, 절반의 화장지에서 형광증백제가 검출되었다. 형광증백제는 빛을 받으면 보다 희게 보이는 효과를 내는 물질로 피부질환이나 피부암을 일으킬 수 있는 유해물질이다. 또한 검사 제품 모두에서 포름알데히드가 5~31ppm씩 검출되었다. 이런 휴지로 입을 닦은 소비자가 입술 주위가 가렵고 빨갛게 부풀어오르는 피해를 보기도 했다. 이번 검사 외에도 그동안 휴지, 종이냅킨, 종이키친타월에서 형광증백제, 수은, 카드뮴, 포름알데히드 등의 유해물질이 검출되어 사회 문제가 된 적이 적지 않다. 우리가 음식을 먹고 입을 닦는 휴지에 유해물질이 있다면 결국 입을 통해 유해 성분이 들어올 수 있다는 말이다. 주요 생필품인 휴지 역시 오늘날 우리의 안전을 위협하는 존재가 되고 있다.

몸을 교란시키는 녹차 티백과 물휴지

휴지도 점점 다양해지고 있다. 두루말이 휴지, 미용티슈, 종이타월 등 여러 종류이다. 물수건 대용으로 쓸 수 있게 만든 물휴지까지 등장해 소비가 늘고 있다. 화장을 지우거나 옷에 흘린 얼룩을 닦고, 대변을 본 아기의 엉덩이를 닦아주는 등 다양한 용도로 쓰이고 있다. 그러나 사용하기 편리한 물휴지에는 미정제 세제 성분과 알코올 등이 함유되어 있어 우리의 피부를 자극하고 유해물질이 피부에 잔류할 수 있다. 얼룩과 오물을 쉽게 닦을 수 있다는 것은 그만큼 화학적인 처리를 했기 때문에 가능하다는 말이다. 일반 휴지보다 해로운 물휴지는 사용하지 않는 것이 좋다. 물로 씻거나 수건에 물을 묻혀 사용하는 것이 보다 안전하다. 아기와 함께 외출을 할 때는 얇은 거즈 수건에 물을 묻혀 용기에 담아 갖고 다니면서 아기가 변을 보거나 음식을 흘린 경우 이용하면 된다.

종이제품도 다양해지고 있고 여러 용도로 쓰이고 있다. 녹차를 담은 티백 포장 역시 종이제품이다. 녹차 등의 천연 차에는 항산화성분이 풍부해 공해로 인해 급증한 활성산소를 막아주는 효과가 있다. 특히 녹차는 해독작용이 뛰어난 항산화 식품이다. 그러나 이들 차를 보다 쉽게 먹기 위해 종이에 싼 티백포장의 경우는 문제가 된다. 티백을 만들기 위해 화학적으로 표백한 펄프가 이용되기 때문이다. 영국에서는 홍차 티백에서 맹독성 환경호르몬인 다이옥신이 소량 검출되기도 했다. 건강을 위해 먹는 차가 오히려 건강을 해칠 수 있다는 말이다. 녹차 등을 마실 때는 유기농으로 재배된 천연 차잎을 그대로 우려내어 먹는 것이 가장 좋다. 쉽고 간편하게 하려는 생각에서 만들어진 제품은 대부분 그만큼 유해물질이 들어간다고 보아야 한다.

아이에게 자극적인 새 책

종이로 만든 책이나 신문도 문제가 될 수 있다. 나무 펄프를 화학적으로 처리해 만든 종이도 문제지만 인쇄 잉크에서 나오는 유해물질이 더욱 문제이다. 인쇄 잉크에는 포름알데히드, 페놀, 크실렌 등 독성이 강한 화학물질이 들어가는데, 컬러 인쇄가 독성이 훨씬 강하다. 콩기름 인쇄를 한다는 신문류의 경우는 중국에서 수입한 콩기름을 30~60% 정도 쓰고, 석유 화학물로 이루어진 용제와 안료를 10% 정도 이용한다. 예전보다 나아지긴 했지만 여전히 안전하다고는 할 수 없다.

인쇄물의 유해물질은 인쇄한 지 얼마 되지 않은 새 책이나 새 신문에서 더 많이 나온다. 새로 산 책이나 인쇄물에서 잉크냄새를 바로 느낄 수 있는 경우도 있다. 아침에 배달된 신문은 휘발성 화학물질을 어느 정도 날려보내고 읽은 후 바로 바깥으로 치우는 것이 좋다. 책도 마찬가지다. 새로 산 책은 바람이 잘 통하는 바깥에서 어느 정도 유해물질을 날려보내고 읽자. 특히 인쇄한 지 얼마 되지 않은 새 책을 밀폐된 방에서 아이가 코앞에 대고 읽는다면 책장을 넘길 때마다 휘발성 유해물질이 아이의 눈, 코, 입으로 들어갈 수 있다. 면역기능이나 해독력이 떨어지는 아이들에게는 큰 위협이 될 수 있다.

휴지, 종이 피해 줄이기

휴지 대신 면수건을 쓰는 것이 가장 안전한 대안이다. 이용할 때는 일반 휴지보다는 재생지를 쓰는 것이 좋다. 나무에서 종이를 만들 때 힘든 공정 가운데 하나가 목재의 딱딱한 성분인 니그린을 제거하는 것이다. 그러기 위해 수산화나트륨을 이용하는데 일반 휴지에서는 수산화나트륨의 농도가 16%이고 재생지는 1% 정도이다. 하얗게 보이게 하기 위한 표백 처리도 재생지는 하지 않는다. 그만큼 안전하다는 말이다.

갈색 재생 휴지와 하얀 휴지를 비교해 하얀 휴지가 더 안전하고 위생적일 것이라고 생각하는 것은 단지 '하얀색'이 가진 이미지일 뿐이다. 그 흰색을 내기 위해 표백제를 쓸 수밖에 없다. 오늘날 생산되는 대부분의 제품이 그렇다. 더 하얗고, 더 광택이 나고, 더 매끈하고, 더 선명한 제품을 원하는 소비자들의 기호를 맞추기 위해 더 많은 유해 화학물질이 사용된다. 세상을 공해천국으로 만든 것은 악덕기업이나 병든 상혼이라기보다는 안전성을 무시하고 좀 더 깔끔해보이고, 번듯하고, 화려하고, 편리한 것만을 선호해온 소비자, 즉 바로 우리이다.

 알아두자! 도움되는 유용 정보

● 휴지 대신 면수건을, 키친타월 대신 행주를 쓴다. 특히 향기나 무늬가 있는 휴지는 피한다.

● 휴지를 고를 때는 유해물질이 상대적으로 적은 갈색 재생지를 이용한다. 우유팩을 재생해 만든 흰색 재생 휴지도 시판되고 있다. 친환경 품질 인증을 받은 제품이 보다 안전하다.

● 녹차 등 티백 포장된 차류를 피한다.

● 여러 화학처리가 된 물휴지 대신 물수건을 이용한다.

● 새 책이나 인쇄한 지 얼마 되지 않은 신문은 바람이 잘 통하는 곳에서 여러 번 넘겨서 휘발성 물질을 어느 정도 날려보내고 읽는다. 새 책은 환기가 잘 되는 방에서 읽는다.

● 아이가 자는 방이나 침실에 새 책이나 새 인쇄물을 놓지 않는다. 책을 두는 방을 따로 두는 것이 좋다.

● 무조건 새 책을 사기보다는 도서관 등에서 빌려 보는 것이 좋다.

🏠 집안 공기를 깨끗이

실내 오염원을 줄이자

집안 공기를 깨끗이 하기 위해 가장 먼저 해야 할 일은 실내 오염원을 줄이는 것이다. 그러나 공해천국이 된 오늘날 오염원이 아닌 것을 찾기가 힘들 정도이다. 건축자재부터 벽지, 바닥재, 가구, 가전, 의류, 식기, 화장품, 세제, 살충제, 방향제 등 생활용품 전반에서 오염 물질이 발산되고 있다. 집을 가능한 단순하게 꾸미고, 한번 산 물건은 오래 쓰는 것이 실내 오염원을 줄이는 지름길이다. 건축자재나 가구처럼 바꾸기 쉽지 않은 것은 접어두더라도 우선 당장 실천할 수 있는 것부터 찾아보자.

⫶⫶⫶ 자동차 매연만큼 무서운 가스레인지 연소 가스를 내보내자

주방의 필수품인 가스레인지가 연소할 때 발생하는 유해물질은 심각한 실내 오염원이다. 미국 환경청(EPA)의 조사에 따르면 일반 가정 내에서 가장 오염물질이 많이 나오는 곳이 주방이라고 한다. 평균적으로 전체 오염물질의 37%가 주방에서 나오고, 주방 오염물질의 85% 이상이 가스레인지와 가스오븐에서 나온다고 한다. 가스레인지의 연료인 천연 가스나 프로판 가스는 타고 있는 동안 일산화탄소, 이산화질소, 이산화황, 포름알데히드 등의 유해물질을 방출한다. 이산화질소에 계속 노출되면 만성 폐질환을 일으키고, 일산화탄소는 과거 연탄가스 중독의 주원인이 된 물질

가스레인지 연소가스는 위협적인 실내오염원이다

로 혈액의 산소운반 기능을 떨어뜨려 대뇌 손상을 일으킬 수 있다. 일산화탄소, 이산화질소, 포름알데히드는 공통적으로 신경계 장애를 주고 우울증, 의욕저하, 신경과민 등을 일으키는 유해물질이다. 자동차 매연만큼이나 위협적인 것이 바로 집안의 가스레인지 연소 가스이다.

가스레인지를 사용할 때는 반드시 레인지 후드를 작동하고 창문을 열어 환기를 시켜야 한다. 가능한 성능 좋은 레인지 후드를 쓰는 것이 좋고, 자주 청소를 해야 때가 끼지 않는다. 기름때나 먼지가 굳은 채 있으면 환기가 제대로 이루어지지 않는다. 레인지 후드를 새로 설치할 때는 스테인리스나 알루미늄 필터로 된 것을 선택하자. 정기적으로 필터를 떼어 물에 씻어 다시 끼워 쓰면 된다. 음식을 조리할 때는 레인지 후드만으로는 충분치 않으므로 창문도 열어두자. 가스레인지의 배기가스 위험성이 알려지면서 전기레인지의 사용이 늘고 있다. 일반적으로 전기레인지는 가격이 비싸고 전기요금이 많이 나오며 화력도 약해서 조리시간이 많이 드는 단점이 있지만 배기가스의 위험이 없어 문을 열어두기 어려운 겨울철에 이용하면 도움이 된다.

▥ 무심히 쓰는 합성화학물질 일용품 소비를 줄이자

우리가 무심히 쓰는 생활용품 가운데 특히 심각한 오염원이 되는 것이 많다. 모기약, 파리약, 합성방향제, 악취를 제거하는 탈취제, 세탁이나 청소용 합성세제, 헤어스프레이, 향수, 플라스틱 제품 등이 그것이다. 우리가 매일 일상 속에서 쓰는 것이기 때문에 그 피해가 더욱 크다. 사용하지 않아도 생활에 큰 불편이 없다면 당장 사용을 자제하는 것이 가장 좋다. 안전한 생활을 우선으로 생각한다면 쓰지 않아도 되는 것이 상당히 많을 것이다. 꼭 써야 한다면 안전한 대체물을 찾아 쓰자.

최고의 발암물질 담배연기를 밀어내자

담배연기는 가정에서 반드시 밀어내야 할 오염원이다. 담배에는 중독성이 매우 강한 니코틴, 카드뮴, 일산화탄소, 청산가리, 암모니아, 포름알데히드를 비롯하여 4천여 종에 이르는 유해물질이 들어 있다.

이런 유해물질이 두통, 피로, 기관지염, 폐렴, 기관지 천식, 폐암 등을 일으키며, 부모 옆에서 간접 흡연을 하는 자녀에게도 큰 피해를 준다. 담배연기에서 나오는 카드뮴 등의 중금속은 아이의 몸에 쌓이기도 한다. 아무리 안전한 생활용품을 쓰고 공기청정기를 가동한다고 해도 담배를 피우는 한 공해물질로부터 영원히 자유로울 수 없다.

미생물성 오염물질을 없애자

곰팡이, 집먼지진드기, 박테리아 등은 집안을 오염시키는 미생물성 오염원으로, 알레르기 질환이나 호흡기 질환 등을 일으키는 유해물질이다. 곰팡이나 집먼지진드기는 고온 다습한 환경을 좋아하므로 집안에 햇볕이 잘 들게 하고, 자연 환기를 통해 습기를 몰아내는 것이 중요하다. 태양광은 안전하고 효과적인 살균제이므로 이중창문의 반투명유리는 항상 열어 놓아 햇볕이 잘 들도록 하는 것이 좋다. 특히 욕실, 신발장, 소파 등은 습기를 없애도록 신경을 쓰고, 침구나 의류는 세탁 후 일광소독을 하자. 집안 구석구석을 꼼꼼히 청소해 미생물성 오염원의 서식을 막아야 한다.

냉난방기, 가습기 관리를 철저히 하자

냉난방기를 사용하면 실내 온도를 유지하기 위해 환기에 소홀하게 된다. 그러다 보면 자연히 집안에 오염물질이 쌓인다. 에어컨을 가동할 때 천식이나 비염, 두통 증상을 보이는 이들이 늘고 있고, 겨울철 난방기를 가동할 때도 환기를 제대로 하지 않아 유해물질의 피해를 입고 있다. 가스를 연료로 사용하는 가스 난방기구라면 더욱 문제가 된다. 가스레인지처럼 유해 연소가스가 발생해 우리 몸에 악영향을 준다. 에어컨이나 가습기도 관리를 제대로 하지 않아 실내 오염을 가중시키는 경우가 많다. 에어컨 필터는 먼지 집합 장소가 되기 쉽고, 가습기 역시 곰팡이나 세균 등으로 오염된 증기를 방출하는 경우가 많다. 열심히 청소를 하고, 제대로 관리를 할 자신이 없으면 쓰지 않는 것이 오히려 현명하다. 환기 기능을 갖춘 에어컨을 쓰는 것이 실내 오염을 줄일 수 있는 방법이며 냉난방기를 가동할 때는 자주 환기를 시키자.

환기를 제대로 하자

건축 자재, 가구, 생활용품, 가스레인지 등에서 방출되는 오염물질이 나날이 늘고 있는 오늘날 환기를 적극적으로 하는 것이 실내오염을 막는 최선의 방법이다. 미국에서는 창문을 꼭 닫으려고 해도 환기를 위해 5cm 정도 열려 있게 만든 장치를 권장하고 있기도 하다. 환기를 시킬 때는 그냥 문을 잠깐 열었다가 닫는 정도가 아니라 집의 구조와 실내 오염원 등을 감안해 제대로 환기를 해야 한다. 집을 짓는다면 설계를 할 때부터 환기개념을 적극적으로 도입하고, 가구를 들여놓을 때도 환기를 고려해야 한다. 원활한 환기를 위한 단계적인 유의점을 알아보자.

▥ 환기가 잘 되는 구조의 집을 고른다

방의 구조부터 환기가 잘 되는 집을 선택한다. 방문과 창문, 혹은 창문과 창문이 약간 비켜서 서로 마주보고 있는 형태가 가장 좋다. 약간씩만 열어 두어도 맞바람이 통해 방 전체의 공기가 바뀐다. 방문과 창문이 90도 각도로 마주보고 있는 것도 좋다.

⦀⦀⦀ 가구를 들여놓을 때부터 환기를 고려한다

가구가 벽에 너무 붙어 있으면 구석진 곳의 공기소통이 어렵고 습기가 차서 곰팡이가 생기기 쉽다. 벽에서 5cm, 바닥에서 2cm 정도 떨어뜨려 놓는 것이 좋다. 너무 가구가 많아서 구석진 공간이 많다면 역시 환기를 방해한다.

⦀⦀⦀ 매일 아침, 저녁 전체 환기를 한다

매일 아침, 저녁으로 20~30분 간 전체 환기를 한다. 도시의 오염 물질은 밤이 되면 지표 아래로 낮게 가라앉았다가 아침이 되면 상층으로 떠오른다. 대개 밤 9시 이후에 가라앉고 아침 10시 이후에 다시 상층으로 떠오른다. 오염물질이 가라앉아 있는 시간대를 피해 오전 10시 이후, 오후 9시 이전에 집안의 문을 열어 전체 환기를 하는 것이 좋다. 전체 환기를 할 때는 집 전체에 바람이 통하도록 창문, 현관문, 옷장문, 신발장문 등 집안에 있는 모든 문을 열어놓는 것이 원칙이다. 한쪽 편의 문만 열어놓으면 공기의 순환이 제대로 이루어지지 않으므로 집안의 오염된 공기가 빠져나가기 어렵다. 맞바람이 쳐서 자연스럽게 공기가 바뀔 수 있도록 집안의 모든 문을 열어 놓는 것이 중요하다. 추운 겨울에도 환기를 게을리해서는 안 된다. 실내 온도가 떨어지는 것이 걱정된다면 시간을 5분 정도 줄여준다. 전체 환기 외에도 3~6시간마다 부분 환기를 하는 것이 좋고, 가스레인지를 가동할 때나 외출 후 귀가해서도 환기를 해야 한다. 문을 조금이라도 계속 열어놓는 것이 가장 좋은 환기방법이다.

⦀⦀⦀ 가스레인지, 냉난방기 가동 중에는 더욱 철저히 환기한다

냉난방기를 가동하면 연소가스 등으로 유해물질이 나온다. 그런데도 실내온도를 유지하기 위해 문을 닫고 있는 경우가 많다. 그러다 보면 실내 오염이 더욱 심해지므로 환기를 철저히 해야 한다. 가스레인지를 가동할 때도 마찬가지다. 가스레인지 연소가스는 집안을 오염시키는 주요 오염원이다. 음식을 조리할 때는 레인지 후드를 작동해 인공 환기를 시키고 자연 환기에도 신경을 써야 한다.

▦ 꽃가루, 황사가 날리는 시간을 피해 환기를 한다

봄철 꽃가루가 날릴 때도 환기를 해야 한다. 비교적 바람이 잠잠해 꽃가루가 덜 날리는 아침 시간을 이용해 문을 열고 환기를 시킨다. 유해 중금속이 함유된 황사바람은 가능한 맞지 않는 것이 좋다. 황사가 심한 날은 환기를 피하고, 비교적 덜해질 때를 이용해 환기를 시키자. 황사철에는 북서쪽 문보다는 남동쪽 문을 열어놓고, 선풍기를 이용해 집안의 오염된 공기를 내보내는 방법도 있다. 선풍기를 창문 반대편에서 천장을 향해 틀어놓으면 공기를 대류시켜 천장에 모인 열기와 먼지가 밖으로 빠져나간다. 주방의 레인지 후드나 욕실의 환기팬을 가동시키는 것도 도움이 된다. 황사철에는 물걸레로 집안 청소를 더욱 꼼꼼히 해서 피해를 줄여야 한다. 장마철에도 환기를 철저히 하자. 곰팡이나 세균 등 미생물성 오염이 심해지는 때이므로 한번씩 난방을 하고 실내 청소에도 신경을 써야 한다. 장마철에는 비가 잠깐 그쳤을 때 전체 환기를 하자.

▦ 자연 환기가 어려운 곳은 환기시설을 설치한다

유해가스가 많이 나오는 가스레인지 위에는 가능한 성능 좋은 환기장치를 설치하고 음식을 조리할 때 반드시 가동해야 한다. 욕실도 환기시설을 하면 유해물질의 피해를 줄일 수 있다. 집의 구조가 자연 환기가 어렵다면 창문 등에 환기팬을 달아 공기 소통을 원활히 하는 방법이 있다. 겨울에는 바깥 냉기, 여름에는 바깥 열기가 들어와서 실내온도를 유지할 수 없다는 자연 환기의 단점을 보완한 환기시설도 있다. 전열환기시스템을 설치하면 실내의 적정 온도를 유지하면서 오염된 실내 공기를 바꾸어준다. 자연 환기가 어려운 집에 설치하면 효과적이다.

공기청정기, 알고 쓰자

공기청정기는 실내의 오염된 공기를 정화해주는 것으로 공기 중에 떠다니는 유해 화학물질, 미생물, 먼지 등을 제거해 주는 역할을 한다. 일반적으로 공기청정기는 정화 방식에 따라 전기집진식과 기계식으로 나누고, 기계식은 다시 습식과 건식(필터식)으로 나눈다. 여러 방식을 혼합한 복합식 청정기도 있다.

전기집진식 청정기는 전기적인 방전원리를 이용한 것으로, 강력한 집진력을 가진 집진판에서 오염된 공기를 정화한다. 양극과 음극 사이에 강한 전류를 흐르게 해서 미생물이나 먼지를 태워 없애는 방식이다. 장점은 전기 집진판을 정기적으로 세척만 해주면 되기 때문에 필터교체 등의 부가비용이 들지 않고, 소음도 거의 없으며 습하고 곰팡이가 많은 곳에 효과적이다. 반면 단점은 미세 화학물질의 제거능력이 떨어지고, 고압 전류발생 과정에서 오존이 만들어진다는 것이다. 오존량이 많을 경우 우리 몸에 해로울 수 있다. 이용할 때는 집진기를 자주 청소해 깨끗하게 관리해야 한다.

기계식 청정기 가운데 습식은 물을 필터처럼 사용하는 것이다. 기계 속의 물과 원반이 천천히 돌면서 빨아들인 공기를 물로 씻어내는 과정을 반복해 오염물질을 제거한다. 장점은 물의 정화능력이 비교적 뛰어나고, 필터교체 등의 부가비용이 들지 않으며, 소음도 없다. 건조한 장소나 계절에는 따로 가습기를 설치할 필요가 없어 아주 효과적이다. 단점은 습도가 높은 장소나 계절에는 쓰기가 곤란하고, 필터로 사용하는 물에 세균번식을 막기 위해서는 매일 물을 갈고 자주 청소를 해야 하는 번거로움이 따른다. 이용할 때는 하루 두 번씩 정수된 물을 채우고 2주일에 한 번 저수조를 깨끗이 씻어 세균 번식을 막아야 한다. 숯가루나 아로마 정유를 물에 넣으면 살균 등의 작용과 함께 인체에 좋은 음이온이나 향기를 발생해 효과적이다.

기계식 청정기 가운데 건식은 요즘 가장 많이 쓰는 필터식 청정기이다. 오염된 공기를 팬으로 빨아들이고 필터로 유해물질을 제거한 후 정화된 공기를 내보내는 방식이다. 필터는 기본적으로 입자가 큰 섬유먼지 등을 걸러주는 1단계 프리필터, 초극세

섬유를 이용해 강한 정전기로 미립자를 걸러주는 헤파 필터, 냄새를 제거하는 활성탄 필터, 유해 화학물질을 효율적으로 제거하는 화학필터 등 여러 단계의 필터가 있다. 필터식의 장점은 화학물질, 미생물, 먼지 등을 비교적 고루 걸러준다. 반면 단점은 필터의 단계에 따라 고가의 제품이 많고, 주기적으로 필터교체 비용이 들며, 소음도 있다. 이용할 때는 필터 관리에 소홀하면 오히려 해로울 수 있으므로 필터 교체를 제대로 해야 한다.

복합식 청정기는 필터 방식과 집진 방식을 결합한 것으로, 오염물질을 걸러내는 필터가 있고 고전압 발생기를 통해 양이온과 음이온을 발생시켜 세균, 곰팡이 등의 오염물질을 정화·살균하는 방식이다. 필터식과 집진식의 장점을 복합해 가격이 다소 비싸다.

집안의 실내오염에 대한 우려가 커지면서 공기청정기의 사용이 늘고 있다. 자연 환기가 어려운 집이나 새집의 경우 이용하면 도움이 된다. 그러나 공기청정기의 효능을 너무 과신하지 말고 보조적인 수단으로 생각해야 한다. 공기청정기를 설치했다고 해서 모든 오염물질이 100% 제거되는 것은 아니다. 아무리 성능이 좋다고 해도 실내 공기에는 어느 정도의 유해물질이 항상 존재한다. 또 공기청정기가 산소까지 만들어내지 않으므로 공기청정기를 설치했다고 문을 닫고 지내서는 곤란하다. 자연 환기를 우선으로 하고, 공기청정기는 보조수단으로 생각하자.

■ 오염물질 정화 성능을 파악한다 : 요즘 공기청정기는 다양한 부가기능을 자랑하지만 무엇보다 공기 정화 성능이 어떤지를 점검하는 것이 가장 중요하다. 즉 어떤 필터를 사용했는지, 몇 단계의 필터를 적용했는지를 확인해야 한다. 예컨대 휘발성 유기화합물, 담배연기, 황사, 박테리아 및 미생물, 가스레인지에서 발생하는 일산화탄소 등의 오염물질을 어느 정도 제거하는지 성능을 우선적으로 점검하자.

■ 내 집에 맞는 부가기능을 선택한다 : 습도조절, 살균, 음이온 발생 등 다양한 기능을 갖춘 제품이 많다. 이런 부가기능은 우리 집 환경에 맞게 선택해야 한다. 집안이 유난히 건조한 집이라면 가습 기능이 있는 청정기를, 컴퓨터와 많은 전자제품을 계속 가동해 공기 중에 양이온이 많은 집은 음이온 발생 청정기를 선택하는 등 자신의 상황에 맞는 부가기능을 선택한다.

■ 오존 발생량을 점검한다 : 전기집진 방식의 청정기나 음이온 발생 기능이 있는 청정기는 작동과정에서 필연적으로 오존이 발생한다. 오존은 공기 중의 악취나 세균을 제거하는 효과가 있지만 밀폐된 실내에서 과다할 경우 오히려 호흡기 질환 등을 일으킬 수 있다. 오존발생 농도가 최대 0.05ppm 이하인 제품을 선택하자. 일반적으로 냄새를 맡아서 비린내가 심하게 나면 인체에 해로운 수준의 오존이 발생하는 것이다. 음이온 발생 장치가 있는 공기청정기는 인체에서 가급적 멀리 떨어진 곳에 두고 사용하는 것이 좋다.

■ 소음, 부대 비용을 점검한다 : 소음에 민감한 사람은 공기청정기를 가동할 때 생기는 소음을 점검하고 선택한다. 특히 작은 소음에도 잠을 이루지 못하는 이들은 반드시 미리 확인해야 한다. 또 처음 구입 비용이 저렴하더라도 사용하면서 추가로 계속 경비가 든다면 경제성이 떨어지는 제품이다. 부품이나 필터 교체 비용이 얼마나 드는지도 꼭 알아보자.

■ 실내공간에 맞는 크기를 선택한다 : 생활 공간의 크기에 맞는 제품이나 실제 공간보다 약간 큰 용량의 제품을 사는 것이 좋다. 실내 평수보다 처리 용량이 작으면 공기 정화 기능이 떨어지고, 기계에도 무리를 준다. 또한 한번 구입한 공기청정기는 오래 사용하게 되는데 나중에 넓은 평수의 집으로 이사할 것을 대비하는 것도 좋다.

- **AS, 제품 보증기간을 확인한다** : 제품의 보증기간과 사후 관리 범위, 교환과 환불 등을 미리 확인한다. 공기청정기의 구입 일자를 알 수 있도록 계약서나 품질 보증서는 보관하도록 하자.
- **품질 인증 마크를 확인한다** : 집진, 탈취, 소음, 오존 발생 등을 모두 점검해 품질을 인증해 주는 공기청정기 품질 인증인 'CA마크'나 '환경마크'를 확인하고 제품을 선택하면 비교적 믿을 수 있다.

식물을 이용한 공기 정화

식물을 이용해 집안 공기를 정화할 수 있다. 광합성을 하는 식물은 잎 뒷면의 작은 기공을 통해 이산화탄소를 흡수하고 산소와 수증기를 배출해 자연스럽게 집안 공기를 정화해준다. 미우주항공국(NASA) 월버톤 박사는 식물이 유해 화학물질을 흡수하고 실내 공기를 정화한다는 사실을 실험을 통해 입증하기도 했다. 실내 공기 정화 외에도 온도와 습도 조절, 냄새 제거, 음이온 발생, 전자파 차단, 소음 차폐, 심신 안정 등 다양한 기능을 한다.

공기 정화 효과가 큰 식물은 대체로 잎이 두껍거나 많으며 늘 푸른 관엽식물이다. 산세베리아, 관음죽, 벤자민, 야자나무, 고무나무, 스킨답서스, 접란, 파키라, 네프로레피스, 스파티필름, 디펜바키아, 아이비 등이 공기 정화 작용이 뛰어나다. 이들 식물을 이용해 공기 정화를 할 때는 실내 면적의 10% 정도를 두는 것이 효과적이라고 알려져 있다.

식물 가운데 꽃이 피는 식물은 꽃가루 독성 때문에 집안에 두기에 적합하지 않다. 꽃가루가 실내 화학물질과 결합하면 눈이나 코, 기관지 등의 점막을 자극하고 면역 기능을 저하시키기도 한다. 바람이 잘 통하지 않고 햇볕이 잘 들지 않는 곳에서 식물을 기르는 것도 주의해야 한다. 햇볕이 들지 않는 화분에서는 곰팡이가 생기기 쉬우므로 자칫 실내오염원이 될 수 있다. 반그늘에서 자라는 음지식물이라고 해도 가끔 자연광을 받게 해서 곰팡이 등이 생기지 않게 관리해야 한다.

재주 많은 숯의 활용

집안 공기를 정화하는 데 숯도 도움이 된다. 숯은 살충, 방부, 정화, 탈취, 습도조절 효과가 있다. 숯의 이런 작용은 무수히 많은 구멍에서 비롯된다. 숯 1g에 있는 작은 구멍을 모두 펼치면 약 8~9평이나 될 만큼 넓다. 이 구멍이 유해물질을 빨아들이고 정화하는 일을 한다. 또한 악취를 흡착하고, 습도를 자동으로 조절함으로써 실내 공기를 쾌적하게 만들어 준다. 탄소로 이루어진 숯은 물질의 산화, 부패도 막아주고 음이온을 발생해 대개 양이온인 집안의 공해물질을 중화하기도 한다. 오염물질로 스트레스를 받으면 우리 몸에는 질병과 노화의 근원 물질로 알려진 활성산소가 많아진다. 활성산소는 매우 불안정한 형태로 세포에서 전자를 빼앗기 위해 우리 몸을 공격한다. 이렇게 불안정한 활성산소가 음이온을 만나면 바로 안정되어 피해를 막을 수 있다. 숯에서 다량 방출되는 음이온이 활성산소의 피해를 줄이는 역할을 한다.

실내 공기를 정화하기 위해 숯을 이용할 때는 집안 곳곳에 넉넉히 놓아두면 된다. 한 평당 1kg 정도의 숯을 두는 것이 가장 효과적이라고 알려져 있다. 구입한 숯은 우선 물로 씻어 사용하면 좋은데 까맣고 탁한 물이 나오지 않을 때까지 씻어 물기를 빼고 햇볕에서 잘 말린다. 숯에 묻은 먼지가 제거되면 효능을 높일 수 있고, 숯가루도 날리지 않아 효과적이다. 숯은 공기가 잘 통하는 바구니나 종이상자에 담아 컴퓨터, 텔레비전, 옷장, 신발장 등 집안 구석구석에 두면 된다. 일본에서는 집을 지을 때 시멘트나 나무바닥 아래 숯을 깔기도 한다. 숯이 아래 위로 3층까지 영향을 미친다고 한다. 강한 파동을 가진 숯은 상자 안에 있어도 영향을 주지만 아무래도 노출시켜 놓는 것이 가장 효과적이다. 3~6개월마다 햇볕에 잘 말린 후 사용하면 반영구적으로 쓸 수 있다. 먼지가 끼는 것이 거슬린다면 면주머니에 넣거나 작은 종이가방에 담아 이곳 저곳에 걸어놓아도 좋다. 냉장고나 싱크대 안에 넣으면 냄새제거, 옷장이나 서랍장 안에 넣으면 습기제거의 역할을 한다. 식물이 자라는 화분 위에 숯을 올려두면 식물의 성장을 돕고, 수돗물에 숯을 넣으면 유해물질을 흡착해 물을 정화해준다.

좋은 숯 고르기

숯의 품질은 재료가 되는 나무와 생산지, 생산법 등에 따라 결정된다. 일반적으로 수액이 풍부한 나무로 만든 숯이 좋으며 국내산 참나무로 만든 숯을 제일로 친다. 건강한 생태계에서 잘 자란 나무로 만든 숯일수록 음이온이 많이 발생하므로 어디서 자란 나무를 쓰는지도 중요하다.

숯은 생산방법에 따라 크게 흑탄과 백탄으로 나눈다. 흑탄은 나무 토막을 숯가마에 넣고 400~700℃의 온도에서 구워 생산한 것이다. 흑탄은 불이 잘 붙고 타다가 꺼지는 일이 적어 제련이나 대장간 등에서 철을 단련할 때 많이 쓴다. 반면 백탄은 온도를 800℃ 이상 올려 빨갛게 된 숯을 열이 있는 채로 흙을 덮어 만든 것이다. 숯 표면에 미세한 구멍이 훨씬 많고 희뿌옇게 보이기 때문에 백탄이라고 부른다. 백탄은 생산 과정에서 유해 성분을 완전히 연소시켜 흑탄보다 안전할 뿐 아니라 미세 구멍도 10배 이상 많아 유해물질 흡착력이 뛰어나고, 음이온도 많이 발생한다.

국내산 참나무로 만든 백탄이 가장 질이 뛰어난 좋은 숯이다. 일반적으로 백탄은 미세 구멍이 많고, 무겁고, 검은 윤기가 적고, 하얀 재가 묻어 있기도 하며, 두드리면 탕탕 맑은 쇠소리가 난다. 특히 참나무로 만든 백탄은 강도가 커서 잘 부서지지 않고, 숯 표면에 일자로 결이 살아 있

다. 반면 초벌구이한 흑탄은 질이 떨어진다. 흑탄은 미세구멍이 적고 두드리면 둔탁한 소리가 난다.

최근 까맣게 반짝반짝 윤이 나는 수입 숯을 이용한 인테리어 장식품들이 많이 생산되는데, 이 것은 대개 질이 낮은 흑탄을 이용한 것이다. 수입 숯은 일정한 크기로 절단이 되어 있거나 부서진 것이 많고, 구멍이 큰 경우가 많다. 이 외에도 건축 폐기물로 만든 숯이나 톱밥, 왕겨, 석유를 정제하고 난 찌꺼기를 섞어 만든 육각형 불탄은 해로운 숯이다. 건축 폐기물로 만든 숯은 나무 모양을 유지하고 있지 않고 작은 입자 형태가 많다. 시중에서 유통되는 숯의 80~90%가 수입 숯이기 때문에 국내산 참숯을 사려면 믿을 만한 유기농 매장 등을 이용하는 것이 좋다. 숯을 직접 굽는 생산업체에 주문해 사는 것이 비교적 저렴하다. 숯은 질에 따라 가격 차이가 나고, 같은 참나무 숯이라도 크기에 따라 가격대가 다양하다. 깨진 것이 없고 크기가 클수록 비싸다.

 국산 참숯을 생산, 판매하는 곳

- 강원 참숯 : 강원도 횡성군 갑천면. 한 박스(15kg) 1만5천~6만원 ☎ 033-342-4508
- 제일 참숯 : 강원도 원주시 지정면. 한 박스(20kg) 2만5천~6만원 ☎ 033-732-5761
- 백운 참숯 : 충북 제천시 백운면. 한 박스(20kg) 2만5천~8만원 ☎ 043-853-8043

🏠 공기 정화 식물 기르기

식물의 공기 정화 작용

식물은 끊임없이 광합성을 하면서 우리에게 해로운 이산화탄소를 흡수하고, 이로운 산소와 수증기를 배출한다. 그 교환과정에서 공기 중의 유해물질을 흡수하고 분해하며 중화한다. 일반적으로 식물은 잎의 기공을 통해 오염물질을 흡수하고 집안의 공기를 맑게 정화한다. 미우주항공국(NASA) 월버톤 박사는 실내에 있는 식물이 포름알데히드, 벤젠, 트리클로로에틸렌 등의 유해물질을 제거한다는 사실을 연구 결과를 통해 증명하기도 했다.

식물은 우리에게 없어서는 안 되는 산소를 공급하기도 한다. 또한 증산작용을 통해 물을 방출해 더울 때는 온도 상승을 막고, 추울 때는 열을 방출해 온도 저하를 막으며 집안의 온도와 습도가 적절히 유지되도록 도와준다. 식물은 음이온을 방출해 양이온인 공해물질을 중화하고, 활성산소의 피해를 줄여주기도 한다. 집안에 식물을 기르는 것은 유해물질로 가득한 집을 정화하는 효과적이면서 부작용 없는 대처법이다. 녹색식물은 스트레스 해소에도 그만이다. 식물과 인간의 뇌파 변화에 대한 실험 결과 식물을 보고 있을 때 알파파가 증가하는 것으로 나타났다. 알파파는 눈을 감고 있거나 안정된 상태에서 주로 나타나는 뇌파이다. 집중력 증가, 정서안정 등의 효과로 인해 '원예치료'라는 심리치료에도 이용되고 있다.

공기 정화 기능이 뛰어난 식물

　식물의 유해물질 분해 능력은 대체로 잎의 크기에 비례하므로 잎이 넓고 큰 식물이 공기 정화 기능이 뛰어난다. 잎이 두껍거나 많고 푸른 관엽식물이 특히 공기 정화 작용이 뛰어난다. 산세베리아, 아이비, 관음죽, 벤자민, 고무나무, 스킨답서스, 야자나무, 접란, 파키라, 네프로레피스, 스파티필럼, 디펜바키아 등이 공기 정화 기능이 뛰어나다고 알려져 있다. 이들 식물을 전체 실내 면적의 10% 정도 배치하면 공기 정화에 효과적이다.

접란

　산세베리아는 다른 식물과 달리 밤에도 어느 정도 산소를 발생하고 이산화탄소를 흡수하며 공기 정화 작용이 뛰어난 편이다. 야자나무는 휘발성 유해물질을 분해하는 효소가 있다고 알려져 있고, 채광량이 많은 곳에서 잘 자란다. 접란은 밀폐된 공간에서 포름알데히드를 줄여주는 공기 정화식물로 거실 벽에 걸어두기에 적합하다. 네프로레피스는 담배 냄새를 없애주며 음지식물이기에 채광량이 적어도 잘 자란다. 파키라 역시 음지에서도 잘 자라며 마음을 안정시키는 식물로 알려져 있다. 유해물질을 잘 흡착한다고 알려진 스파티필럼은 생명력이 강해 어떤 환경에서도 잘 자란다. 관음죽은 암모니아 가스를 정화해 화장실에 두기에 적합하다. 이 외에도 벤자민, 고무나무, 디펜바키아 등이 공기를 잘 정화한다. 아이안탐, 피토니아 등 공기 중에 습도가 높아야만 잘 자라는 것을 제외한다면 관엽식물은 대체로 집에서 기르기도 쉽다.

스킨답서스

산세베리아(식물사진제공.그린존21)

관음죽

고무나무

네프롤네피스

화원에서 관엽식물을 살 때는 일교차가 심한 이른 봄은 피하는 것이 좋다. 대개 열대나 아열대 식물인 관엽식물이 큰 일교차와 저온으로 시달릴 때 사게 되면 제대로 성장하지 못하는 경우가 많다. 같은 종류의 식물과 비교해 지나치게 잎이 큰 것은 웃자라서 부실한 것이므로 피하고, 지나치게 녹색이 짙은 것도 피하는 것이 좋다. 이런 경우 대개 질소비료를 많이 준 것이다. 잎에 반점이 없고 해충이 없는지도 살펴본 후 구입하자. 산소를 발생하고 이산화탄소를 흡수하는 식물도 햇볕이 없는 밤에는 산소를 흡수하고 탄소가스를 내뿜는다. 잠을 자는 침실에 지나치게 많은 식물을 두는 것은 좋지 않다.

자연 향이 좋은 허브 식물

향기나는 식물 허브는 천연 향을 즐길 수 있을 뿐 아니라 차, 목욕제, 향신료 등 다양하게 이용할 수 있다. 집에서 직접 길러보면 공기 정화와 천연 방향, 그린 인테리어 소재로 그만이다. 허브 식물은 잎, 줄기, 꽃 등에 향의 근원인 정유(에센셜 오일)가 있다. 이것이 바람이 스치거나 접촉을 할 때 사방으로 퍼져 향을 낸다. 향은 성분에 따라 진정, 항균, 피로회복 등 다양한 효능을 내기도 한다. 허브는 종류가 1천여 종에 달하며 로즈마리, 향 제라늄, 라벤더, 타임, 레몬밤, 나스타치움, 바질 등이 집에서 키우기 쉽다. 캐모마일, 스피아민트 등은 저온에서도 비교적 잘 자란다.

허브는 지중해 연안, 열대나 온대 지역이 원산지인 식물이므로 대체로 햇빛을 충분히 주어야 잘 자란다. 아주 낮은 온도에서는 제대로 자라지 못하는 것이 많으므로 겨울철에는 실내 온도에 신경을 써야 한다. 하루에 4~5시간 정도 햇볕이 잘 드는 집이라면 허브를 키울 수 있다. 자랄 때 잎이 무성하면 줄기와 줄기 사이를 잘라서 통풍이 잘되게 하면 튼튼하게 자란다. 물주기는 봄, 가을에는 2~3일에 한 번, 여름에는 매일, 겨울에는 1주일에 한 번 오전에 주는 것이 좋다. 허브는 대개 습한 것을 싫어하므로 화분의 흙이 마른 후에 물을 주고, 한번 물을 줄 때는 화분 밑까지 물이 흘러나오도록 충분히 주어야 한다. 허브는 자체에서 방충과 살균작용을 하는 것이 많으므로 비교적 튼튼하게 잘 자란다. 무성하게 자랐을 때 분갈이만 제때 하면 병충해 없이 쉽게 기를 수 있다. 부분적으로 응애나 진딧물이 발생하는 경우가 있는데, 이때는 물을 듬뿍 뿌려 습도를 높여 주면 효과적이다. 현미식초를 물에 섞어 뿌려도 도움이 된다.

식물을 기를 때 주의점

식물이 잘 자라기 위해서는 적당한 햇볕, 물, 공기가 필요하다. 이 원칙만 잘 지키면 초보라도 쉽게 기를 수 있다. 식물을 구입할 때는 우선 겨울철 최저 생육온도를 알아보고, 햇볕을 직접 필요로 하는 양지식물인지, 반그늘에서 키워야 하는 음지식물인지 파악한 후 거기에 맞게 키워야 한다. 양지식물이라면 햇볕이 잘 드는 창가에 두고 태양광을 충분히 받게 한다. 음지식물은 주택의 남향 베란다의 그늘에 두고 기르고, 한번씩 창가로 내어 자연광을 받게 하는 것이 좋다. 베란다에서 식물을 기를 때는 가끔 화분의 방향을 바꾸어준다. 식물은 빛을 따라 기울어지므로 화분을 돌려주면 균형있게 자란다. 환기가 잘 되어야 건강하게 성장하므로 공기소통에도 신경을 써야 한다.

초보들이 식물을 기를 때 실패하는 요인 가운데 하나가 물주기를 제대로 못하는 경우이다. 물주기의 기본 원칙은 아침에 화분 상태를 점검해 '흙 표면이 마른 듯하면 화분의 배수구에 물이 흘러나올 정도로 듬뿍 준다'이다. 물을 필요 이상으로 많이 주면 화분 속에 항상 물이 고여 뿌리가 호흡하지 못하고 썩게 된다. 물주기는 오전에 하는 것이 좋으며 더운 여름에는 낮 시간을 피하고 아침이나 저녁에 주는 것이 좋다. 강한 햇빛 아래서 물을 주면 뿌리가 물러지거나 잎이 탈 수 있다. 햇볕이 강할 때는 물방울이 렌즈 현상을 일으켜 빛이 그 부위에 집중되므로 잎이 타버리거나 시들어 떨어지는 수가 있다. 고층 아파트의 베란다에서 식물을 기를 때는 여름에 쉽게 건조해 잘 마르므로 평지에서보다 물을 자주 주는 것이 좋다. 겨울에는 따뜻한 날을 골라 3~4일에 한 번 정도 주면 되고 아주 추울 때는 물을 주는 것보다 마른 채로 두는 것이 더 효과적이다. 너무 찬 물을 주면 뿌리가 썩거나 병에 걸릴 수 있으므로 외기 온도와 비슷한 물이 적당하다. 화분 근처 물통에 물을 받아 놓고 2~3시간이 지난 후에 주면 된다. 화분에 물을 준 후에는 물이 잘 빠지게 해야 한다. 화분 받침대에 물이 고여 있으면 모세작용으로 화분의 흙이 항상 축축해 산소공급을 방해하므로 뿌리가 잘 썩는다.

간혹 물을 제때 주지 않아 식물이 시드는 경우가 있는데 이때는 화분을 그늘로 옮겨 충분히 물을 주면 다시 회복하는 경우가 많다. 만약 끝 부분이 시들거나 말라서 회복되지 않는다면 그 부분은 잘라낸다. 겨울에는 공기가 건조해 흙의 건조도 빠르고 잎이 시들어 떨어지는 현상도 나타난다. 그럴 경우 젓가락이나 포크 등으로 마른 흙의 표면을 쑤셔 흙을 부드럽게 해서 물이 뿌리까지 잘 스며들게 한다. 화초가 심하게 말랐을 때는 분무기에 미지근한 물을 넣어 잎에 뿌리면 생기를 되찾는다. 물을 흠뻑 준 후에는 화분 밑으로 물이 빠져나가게 하고 식물의 잎은 깨끗한 걸레로 자주 닦아주면 좋다. 잎에 먼지가 쌓이면 병충해가 생기기 쉽고 광합성 작용을 방해하기 때문이다. 먼지가 많이 쌓인 경우에는 샤워기 물줄기로 말끔히 씻어주자. 공기가 건조할 때는 잎이 마르지 않도록 분무기에 물을 담아 살짝 뿌려주면 좋다.

화분의 흙은 부엽토, 마사토, 모래, 밭흙을 적절히 섞어 사용하는 것이 가장 일반적이다. 일반 가정에서는 영양이 풍부하고 배수가 잘 되는 원예용 흙을 화원에서 사서 쓰는 것이 편하다. 식물을 심을 때는 화분의 아래층 1/5 정도는 굵은 자갈 등을 깔아 물이 잘 빠지도록 배수층을 만들고 배합토를 넣는다. 화분의 배양토는 1년에 한 번씩 바꾸어주면 식물이 더욱 건강하게 자란다. 합성화학성분이 들어 있지 않은 유기질 발효 퇴비를 사서 화분 흙에 뿌려도 건강한 성장을 돕는다. 식물의 성장을 돕는 퇴비는 식물이 성장하는 시기에 한 달에 1~2차례 주는 것이 좋다.

가정원예 정보를 제공하는 인터넷 사이트

- 그린존 21 (www.greenzone21.com) : 초보자도 쉽게 이해할 수 있는 식물 기르기 정보가 많다.
- 한국원예연구소 (www.nhri.go.kr) : 관엽, 화훼, 화목 등 다양한 원예 식물의 재배 정보가 풍부하다.

식물 병충해의 자연 퇴치법

식물을 기르다보면 난감할 때가 갑자기 시들거나 진딧물이 끼는 등 병충해를 입을 때이다. 이런 경우에도 대처법을 알아두면 쉽게 이겨낼 수 있다. 우선 병충해를 입지 않게 미리 예방하는 것이 중요한데 햇볕이 잘 드는 곳, 통풍이 잘 되는 환경에서 식물이 자라게 해야 건강하게 성장한다. 일반적으로 병충해는 잎이 부드러운 새싹일 때, 고온일 때, 습도가 높을 때, 잎에 먼지가 쌓여 있을 때, 잎이 너무 촘촘해 햇빛이 부족할 때 잘 발생한다. 갑자기 잎의 한 부분이 시들거나 반점이 생기면 주의를 기울여야 한다. 특히 햇빛이 차단되어 병이 잘 생기는 잎 뒷면은 주의 깊게 살펴보자.

병충해가 생기면 우선 화분을 다른 곳으로 옮겨 격리시키고, 손상된 부분만 제거하고, 벌레는 잡아내야 한다. 병충해를 없애기 위해 살충제를 쓰는 것은 절대 금물이다. 집안의 공기 정화를 위해 기르는 식물에게 농약을 쓴다면 오히려 그 부작용 피해만 입을 수 있다. 식물에 흔히 볼 수 있는 잎 진딧물이 생기면 우선 환기를 잘 시키고, 부드러운 미술용 붓으로 문질러 떨어뜨리거나, 진딧물이 물에 약하므로 분무기에 물을 담아 세게 분사해 없애는 방법이 있다. 작은 화분일 때 손쉬운 방법은 큰그릇에 물을 담고 화분 채 넣어 벌레를 질식시켜 없앨 수 있다. 물 1리터에 현미식초 2~3큰술 정도를 넣어 며칠 간 뿌려주어도 효과적이다. 우유나 요구르트를 200배 정도 희석시킨 물을 뿌려도 도움이 된다. 단, 식초나 우유의 농도가 너무 진하면 식물체에도 피해를 줄 수 있으므로 묽게 만들어 사용한다.

식물이 건강하게 자라도록 유기질 발효 퇴비를 조금씩 주는 것도 병충해를 막는 방법 가운데 하나이다. 화학 합성비료는 식물의 건강한 성장을 방해할 수 있으므로 유기질 발효 퇴비를 사서 쓰는 것이 좋다. 일반 퇴비와 달리 발효시킨 퇴비는 고약한 냄새도 나지 않는다. 집에서 음식물찌꺼기를 이용해 천연 거름을 만들 수도 있다. 음식물 찌꺼기 중에 달걀 껍질, 채소 남은 것 등 소금기가 없는 것을 항아리에 넣고 물을 부은 뒤 한지로 덮고 고무줄로 묶어서 집안 한 구석에 놓아둔다. 시간이 지나 발효가 되면 그 윗물만 떠서 화분에 물을 줄 때 조금씩 섞어 주면 식물이 잘 자란다. 발효가 완전히 이루어지지 않은 상태에서는 역겨운 악취가 나지만 발효가 완전히 된 거름은 냄새가 순하다. 달걀껍질을 모아두었다가 빻아 조금씩 주어도 좋다.

🏠 환경친화적인 집짓기

집을 지을 때 유의점

　보다 안전한 집을 만들기 위해 직접 집을 짓는 방법이 있다. 이때는 집을 지을 부지 선정에 신중해야 한다. 우선 주변에 공장이나 상습 정체 구역, 대규모 물류센터, 쓰레기 소각장 등이 있으면 주택 부지로 적합하지 않다. 대단위 공사장이 있어도 방사능과 중금속이 섞인 분진이 날아들 수 있으므로 피한다. 농촌도 안전하지만은 않다. 농약을 많이 뿌리는 넓은 농지가 있다면 농약 피해를 입을 수 있다. 공기 소통을 고려할 때 움푹 패인 지형에 집을 짓는 것도 좋지 않다. 공기 순환이 제대로 되지 않아 오염물질이 머물러 쌓이기 쉽다. 집 인근에 전탑, 고압선 등 강력한 전기가 흐르는 곳도 피해야 한다. 백혈병과 같은 질병이 고압 전선처럼 낮은 주파수의 전자파에 노출되는 것과 관련이 있다고 알려져 있다. 미국에서는 고압 전선에서 115~123m 거리 이내에 집을 짓는 것이 불법이다. 인근에 보전된 녹지, 특히 산이 있으면 주택 부지로 좋을 것이다.

　부지가 선정되면 어떤 집을 지을 것인가를 생각해야 한다. 환경친화적인 주택도 다양하다. 황토집, 통나무집, 전통 한옥 등 개인의 취향과 효율성, 건축비, 건축기간 등을 고려해 적합한 주택을 정하자. 전통주택 형식에 현대 건축을 접목한 친환경 주택도 눈길을 끌고 있다.

훌륭한 생태주택, 한옥

세계 어디서나 전통 주택은 자연자재를 이용하고, 인근의 자연을 최대한 활용하며, 기능을 다하면 자연으로 돌아가는 생태주택이다. 우리의 전통건축인 한옥 역시 마찬가지다. 한옥은 흙과 나무, 돌이 어우러져 언제든지 자연으로 환원될 수 있고, 자연의 일부인 사람을 건강하게 하는 숨쉬는 건축물이다. 또한 햇빛과 비, 바람을 십분 활용하고, 부족하면 덧대어 지을 수 있는 유기적 건축물이다. 한옥은 자연에서 얻은 재료로 만들어지기 때문에 콘크리트 덩어리인 현대주택과는 차원이 다르다. 기둥과 서까래, 문, 대청 바닥은 나무를 쓰고, 벽은 짚과 흙을 섞어 만들고, 방바닥과 창에는 한지를 바른다. 그리고 기와로 지붕을 올린다. 지붕에서 바닥에 이르기까지 모두 자연 재료가 들어가는 전통 한옥은 자연의 일부라고 할 수 있다. 사람과 자연을 이어주는 매개체인 셈이다. 바람이 통하는 문의 배치, 햇살이 비치는 한지의 창, 빗물이 스며들지 않고 땅에 떨어지도록 한 처마, 자연의 경치를 감상할 수 있는 누마루 등 집안으로 자연을 최대한 끌어들이고 있다.

한옥의 우수한 개방성은 오염물질이 실내에 쌓일 여지를 주지 않는다. 안전성은 물론 기능을 다한 후에는 폐기물을 남기지 않고 자연으로 다시 돌아갈 수 있는 빼어난 생태주택이다. 우수한 친환경주택인 전통 한옥의 단점은 열효율이 떨어지고 동선이 길다는 것이다. 전통과 현대 공법을 접목해 내부공간 배치와 열효율을 높인 흙집이 대안으로 관심을 모으고 있다. 한옥의 평균 건축비는 평당 3백만~6백만 원대이다.

해독력이 뛰어난 황토집

건강에 대한 관심이 커지면서 황토집에 대한 관심이 높아지고 있다. 흙은 건축재료로써 보온성, 열전도성, 습도조절 능력이 탁월하다. 흙벽이 스스로 들숨과 날숨을 반복해 여름의 고온다습과 겨울의 저온건조를 막아 쾌적한 실내공간을 만든다. 무엇보다 건축재료로 황토가 눈길을 끄는 것은 생활 속의 유해물질을 분해해 우리 건강에 이롭다는 장점 때문이다.

황토는 살아 있는 생명체라고 불릴 만큼 많은 미생물이 살고 있다. 이 미생물은 유기물을 분해하는 역할을 하며 다양한 효소를 갖고 있다. 황토 속에 있는 카탈라아제, 프로테아제, 디페놀 옥시다아제, 사라카제 등의 분해효소가 유해물질을 흡수, 분해, 정화하는 역할을 한다. 주거재료로써 바닥에 까는 황토는 겨울철 땅 속의 지열을 흡수하고 여름철 땅 속의 한기를 머금어 사계절 외기와 상관없이 쾌적한 실내환경을 만들어준다. 또한 가열된 황토는 우리 몸에 잘 흡수되는 원적외선을 방출해 신진대사와 생리작용, 세포활성을 돕는다.

황토는 우리나라 국토의 30~40% 정도가 덮여 있을 정도로 풍부한 자원이다. 장석, 석영, 운모, 방해석 등과 같은 여러 가지 광물입자를 포함하는 황토는 0.02~0.05mm 크기의 세립자로 광물질의 함유량에 따라 황색, 적색, 자색 등의 색상을 낸다. 목재주택과 비교하면 건물을 높게 짓는 것이 어렵다는 단점이 있다. 황토집의 평균 건축비는 평당 3백만~4백만 원대이다.

자연친화적인 통나무집

친환경 건축자재로써 흙과 더불어 가장 주목받는 것이 목재이다. 목재는 아주 오래 전부터 쓰여온 자연 건축자재로 우리 주변에서 쉽게 구할 수 있고 촉감이 좋으며, 그 비중에 비해 강도가 큰 건축재료이다. 특히 목재는 공사에 큰 어려움이 없는 가장 일반적인 건축재료로 여름에 시원하고 겨울에 따뜻하다. 목재는 주택의 골격으로 사용할 수도 있고, 주택 전체를 목재로 지을 수도 있다. 목재 주택은 사용하다가 허물고 옮겨 지을 수도 있기 때문에 폐건축물에서 나오는 쓰레기의 양이 매우 적다. 불에

자연친화적인 건축자재인 나무를 이용하여 만든 통나무집

타고 난 후에 생기는 재는 땅을 비옥하게 만들어 주는 유기질 비료가 되기 때문에 환경을 오염시키지 않는다. 여러모로 친환경적인 주택이다.

일반적으로 목재는 수입산과 국내산이 이용된다. 국내산 육송은 사계절이 뚜렷한 우리나라의 기후에 가장 잘 적응된 토종 수종으로서 기후에 대한 저항성이 뛰어나 쉽게 트거나 틀어지지 않는다. 또한 무늬가 아름답고 가벼우면서 강도가 뛰어나 건축 재료로는 최상의 수종이다. 목재 주택은 크게 서양식 통나무집과 한국식 나무집으로 나눌 수 있다. 어떤 목재와 내장재를 사용하느냐에 따라 다양한 분위기를 연출할 수 있다. 한옥이나 황토집보다 외기에 약하고 목재가 부식할 수 있다는 것이 단점이다. 반면 한옥이나 황토집보다 건축비는 조금 적게 들고, 시공기간은 조금 빠른 편이다. 통나무집의 평균 건축비는 평당 2백50만~4백만 원대이다.

내 손으로 집을 짓자, '생태집짓기 강좌'

내 손으로 직접 친환경 주택을 지을 수도 있다. 친환경 주택 짓기 강좌를 통해 건축의 기초를 배워 실제 집을 짓는 이들도 많다. 생태건축을 가르치는 교육센터는 주로 통나무집이나 황토집, 한옥 건축을 가르치고, 직장인을 위한 주말반을 운영하는 곳도 많다.

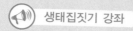 생태집짓기 강좌

– 한옥문화원(www.hanok.or.kr)

서울시 종로구에 위치한 이곳은 한옥의 문화를 알리고 다양한 한옥 관련 강좌를 운영한다. 한옥 전문가 과정과 함께 일반인을 대상으로 '내 집을 지읍시다' 강좌를 주 1회 8~9주 간 운영한다. 교육비는 30만원 내외이며 '아파트를 한옥처럼' 강좌에서는 아파트를 보다 친환경적인 주택으로 꾸미는 방법을 가르친다. ☎ 02-741-7441

– 한국전통초가연구소(www.koreachoga.co.kr)

울산시 울주군 상북면에 위치한 전통 흙집 연구 및 교육소로 경성대학교 한국학연구소와 함께 흙집의 전통 기술에 현대식 기술을 보완한 미래형 흙집을 교육한다. 주택의 내부구조를 효율적으로 배치하고, 축열의 기능을 높인 흙집짓기의 전반을 가르친다. 교육은 주 2회 15주 과정으로 연 2회 학기별로 운영한다. 교육비는 150만원. ☎ 052-263-3007

– 한옥학교(www.hanokschool.net)

경북 청도군 화양읍에 위치한 이곳은 한옥 목수양성 과정과 스스로 집을 지을 초보를 위한 '스스로 집짓기 강좌', 한옥 체험 등을 운영한다. 스스로 집짓기 강좌는 주 2회 1개월 과정으로 교육비는 40만원. ☎ 054-373-8557

– 한국통나무학교(www.logschool.net)

강원도 횡성군 강림면에 위치한 이곳은 10년의 역사를 가진 통나무집 교육센터이다. 통나무집 강좌는 3주 과정으로 연 5회 강좌를 운영한다. 교육비는 150만원. ☎ 033-342-9596

– 우림통나무학교(www.logschool.co.kr)

경기도 포천군 내촌면에 위치한 이곳은 통나무집 전문 교육센터이다. 교육기간은 입문과정 8일, 프로과정 16일이며 교육비는 입문과정 33만원, 프로과정 66만원. 일요반도 운영한다. ☎ 031-531-9850

– 정병규통나무학교(www.jlogschool.co.kr)

경남 진주시 대곡면에 위치한 이곳은 통나무집과 황토집 교육을 함께 받을 수 있다. 교육은 4주 과정으로 주말 강좌도 운영한다. 교육비는 120만원. ☎ 055-746-7690

– 산마을풍경(www.sanmaul.co.kr)

강원도 평창군 용평면 노동리에 위치한 이곳은 산간지역 고유의 전통 집인 귀틀집짓기를 가르친다. 귀틀집 외에도 흙집, 전통 구들 놓기 등을 교육한다. 교육과정은 2박 3일, 3박 4일, 1주일 과정 등 다양하다. 1주 과정의 교육비가 70만원. ☎ 033-333-4412

새집, 새 제품은 신중히

우리의 생활 속에서 석유화학제품이 광범위하게 쓰이고 있는 오늘날 유해물질이 나오지 않는 제품을 찾기가 힘들 정도이다. 특히 현대식으로 생산된 신제품은 대부분 휘발성 유기화합물이나 포름알데히드가 방출된다고 보아야 한다. 그렇기 때문에 너무 새것에 집착하지 말고, 가능한 재활용을 하고, 소비를 줄이는 것이 보다 안전한 집을 만드는 길이다. 집안의 인테리어도 불필요한 장식품은 과감히 치우는 것이 현명하다. 예쁘게 꾸미기 위한 장식품은 합성화학물질을 함유한 제품이 대부분이기 때문이다. 단순하고 소박하게 집을 꾸미는 것이 건강 인테리어의 기본 수칙이다. 특히 침실은 단순해야 한다. 환기에 소홀할 수 있는 밤시간에 방출되는 유해물질을 그대로 마실 수 있으므로 침실은 보다 단순하게 꾸미는 것이 좋다.

집안에 새 물품을 들여놓은 후에는 환기에 신경을 써야 한다. 작은 물품은 햇볕이나 바람이 잘 통하는 곳에 내놓아 유해물질을 충분히 발산시킨 후에 이용한다. 햇볕에 두면 변색하거나 뒤틀리는 것은 바람이 잘 통하는 그늘에서 유해물질을 어느 정도 날려보낸 후에 쓰자.

합성화학용품 사용 줄이기

　우리는 셀 수 없이 많은 인공 합성화학물질에 둘러 싸여 살고 있다. 환경호르몬이라는 이름으로 그 유해성이 구체적인 윤곽을 드러내기 시작한 것도 있지만 아직도 많은 화학물질이 베일에 쌓인 채 우리를 공격하고 있다. '안전하다' 고 말하는, 혹은 '안전한 수준의 허용치' 라고 말하는 제품마저 신뢰할 수 없는 것은 우리가 너무 많은 화학물질에 장기간 노출되고 있기 때문이다. 안전하다고 말하는 그 어떤 검사도 공해천국이 된 우리의 현실을 제대로 반영하지 않고 있다. 이를테면 여러 화학물질에 한꺼번에 노출될 경우 어떤 해를 입고, 장시간 노출될 경우 얼마나 유해성이 커지는지를 제대로 검사하고 있지 않다. 그저 아주 단편적인 검사일 뿐이다. 더욱 위험한 것은 이들 물질이 서로 섞여 새로운 독성을 가진 유해물질을 만들기도 한다는 것이다. 청소용 세제와 가정용 살충제가 만나 새로운 유해물질을 만들 수 있다는 말이다.

　사용되는 화학물질이 너무 많고, 인체에 미치는 영향을 장기간 검토한다는 것이 쉽지 않으므로 그 유해성을 총체적으로 알아내는 데는 적지 않은 시간이 걸릴 것이다. 아마 오랜 세월이 흐른 후에 이들 물질의 유해성이 제대로 밝혀질 것이다. 유해성을 온전히 알 수 없는 현재의 상황에서 할 수 있는 최선의 대처법은 가능한 유해 화학물질을 쓰지 않는 것이다. 우리가 일상 속에서 많이 쓰는 인공 합성화학물질, 즉 합성세제, 방향제, 탈취제, 살충제, 화장품, 합성섬유, 식품첨가물, 플라스틱 등을 밀어내는 노력을 해야 한다. 쓰지 않아도 생활에 큰 지장이 없는 것이라면 당장 사용을 자제하고, 꼭 필요한 생필품이라면 보다 안전한 대체물을 찾아야 할 것이다.

물건을 살 때 유해성부터 점검

　공해제품이 범람하는 오늘날 쇼핑의 기본 수칙은 안전성과 친환경성이다. '얼마나 좋은 원료가 들어간 제품인가' 보다 '얼마나 유해 성분이 없는 제품인가' 를 보아야 한다. 대부분의 제품은 일부 들어간 좋은 원료를 과장하여 광고를 해서 소비자를 현혹한다. 이를테면 천연 성분을 약간 넣고 마치 원료 모두가 천연제품인 것처럼 홍보를 한다. 아무리 좋은 건강 성분이 들어간 제품이라고 해도 유해한 원료가 들어갔다면 두말 할 것 없이 공해제품이라고 할 수 있다. 오히려 몸에 좋다는 특별한 건강 원료가 없더라도 나쁜 원료가 전혀 없는 제품이 바로 안전한 제품이다. 공해시대를 사는 소비의 키워드는 바로 '안전성' 이다. 그러기 위해 제품을 만드는데 쓰인 원료를 모두 소비자가 꼼꼼히 점검하는 자세가 필요하다. 그런 정보가 제대로 없는 제품이라면 사지 말아야 한다. 제품의 원료를 제대로 밝히지 않은 상품을 사지 않는 것도 원료를 명시하게 만드는 소비자 운동의 첫걸음이 될 수 있다. 유해물질이 전혀 들어있지 않은 제품이 없다면, 보다 적게 든 제품을 이용해야 한다. 유해성을 꼼꼼히 점검하여 보다 안전한 제품을 사는 것이 공해천국을 사는 현명한 소비자이다.

무엇보다 중요한 환기

오늘날 우리의 집은 건축자재부터 가구, 가전, 생활용품에 이르기까지 유해물질을 내뿜지 않는 것이 드물 정도이다. 석유화학물을 원료로 만드는 대부분의 제품에서 우리를 병들게 하는 휘발성 유기화합물, 포름알데히드 등을 방출하고 있다. 가정의 필수 조리기인 가스레인지에서도 자동차 매연 같은 유해물질이 나온다. 우리의 노력에 따라 유해물질의 사용을 줄일 수는 있어도 완전히 없앤다는 것은 현실적으로 불가능하다. 그렇다면 철저하게 환기를 하는 수밖에 없다. 그냥 문을 잠깐 열었다가 닫는 정도가 아니라 집의 구조와 실내 오염원 등을 감안해 제대로 환기를 해야 하고, 24시간 환기 개념을 가져야 한다. 언제나 공기가 조금씩 소통되게 해놓는 것이 가장 좋다.

집안의 유해물질에 대한 심각성이 알려지면서 고가의 공기청정기와 음이온 발생기, 광촉매 코팅 등 관련 분야 제품이 날개 돋친 듯 팔리고 있다고 한다. 그러나 이런 제품이 문제를 완전히 해결해 줄 수는 없고, 잘못 사용할 경우 부작용의 피해를 겪을 수도 있다. 생활 속에서 유해물질의 사용을 줄이고, 어쩔 수 없이 생긴 공해물질은 집안에 공기 소통을 원활하게 해서 내보내도록 한다. 매일 아침 저녁으로 온 집안의 문을 활짝 열어 전체 환기를 시키고, 가스레인지를 가동할 때나 냉난방기구를 가동할 때, 외출 후 귀가해서도 환기를 잊지 말자. 새 제품을 들여놓은 후에도 환기에 더욱 신경을 써야 한다. 이미 공해천국이 된 집에서 지켜야 할 으뜸 생활수칙이 바로 철저한 자연 환기이다.

환경친화적인 제품을 쓰자

시장에서 소비자는 큰 힘을 가지고 있다. 소비자는 제품에 대한 쇼핑이라는 일종의 투표 행위를 통해 기업의 제품 생산에 큰 영향을 준다. 소비자가 외면하는 제품을 만들 기업은 없기 때문이다. 소비자의 힘은 기업의 생산을 변화시키고 나아가 세상을 변화시킬 수 있다. 실제로 그동안 사용이 금지된 맹독성 유해물질은 소비자의 끊임없는 요구가 있었기에 사용이 금지된 것이 많다. 석면, DDT, 수은 농약 등이 바로 그 예이다.

소비자가 구매력을 이용해 시장과 세상을 변화시킬 수 있다면 보다 환경친화적인 제품을 쓰는 노력을 게을리하지 말아야 한다. 얼마나 환경친화적인 제품인가는 곧 얼마나 안전한 제품인가와 동일한 개념이다. 제품의 생산 과정에서 환경을 배려하고 공해물질을 덜 배출하는 제품이 바로 나와 내 가족의 건강을 배려한 제품이기도 하다. 생산 과정에서 환경을 오염시키는 제품이라면, 결국 우리 집을 오염시키는 제품이라고 보아야 한다. 중금속을 실은 중국의 황사가 내 집 안방으로 불어들고, 지구 반대편에서 오염된 어류가 동해에서 잡히는 시대를 살고 있다.

환경친화적인 제품에는 크게 재활용품, 재활용이 가능한 제품, 에너지를 적게 써도 되는 고에너지 효율제품, 친환경 품질 인증을 받은 '환경표시(마크)제품' 등이 있다. 간혹 환경친화적인 제품인 것처럼 소비자를 현혹하는 경우도 있는데 기업의 녹색광고가 그것이다. 환경을 파괴하면서도 자연보호나 환경살리기에 동참하는 이미지를 앞세워 녹색상품인 것처럼 홍보하고 있다. 기업의 이런 속임수 광고에 현혹되지 말자. 제품에 명시된 성분과 정보, 품질 인증 등을 통해 얼마나 환경친화적인 제품인가를 판단해야 한다.

새롭게 바뀐 환경표시(마크)

새롭게 바뀐 환경마크

환경표시(마크) 제도는 동일 용도의 제품 가운데 생산, 소비, 사용, 폐기 등 제품의 전과정에서 오염을 상대적으로 적게 일으키거나 자원을 절약할 수 있으며 우수한 품질의 제품에 대해 환경표시를 인증하는 제도이다. 지난 92년에 시행되어 2004년 5월 무세제 세탁기, 무세제 식기세척기, 유해물질 방출량이 적은 벽지 및 건축자재, 저수은 형광등, 재활용 비누 등 95개 품목 1,063개 제품이 환경마크를 획득하고 친환경상품으로 등록되어 있다. 환경표시 인증 제품은 소비자가 알아볼 수 있게 환경마크를 달고 있다. 그동안 사용되어온 환경마크의 도안이 2004년 6월부터 새롭게 바뀌었다. 환경마크협회 홈페이지(www.kela.or.kr)를 통하여 새로 환경표시 인증을 받는 제품의 정보를 바로 알 수 있다.

고에너지 효율제품을 쓰자

전자제품을 구입할 때는 고에너지 효율제품을 이용하자. 에너지 소비효율 등급표시란 제품의 에너지 소비효율 또는 사용량에 따라 등급을 표시하는 제도이다. 지난 92년부터 시행되어 소비효율에 따라 1~5등급으로 나누고 있고, 대상품목은 현재 냉장고, 냉방기, 세탁기, 가정용가스보일러, 백열전구, 형광램프, 안정기내장형램프, 형광램프용안정기, 식기세척기, 전기냉온수기, 김치냉장고, 전기냉동고, 전기밥솥, 진공청소기, 자동차까지 모두 15개 품목이다. 국산품은 물론 수입품에도 등급표시가 된다. 소비효율이 가장 높은 1등급 제품은 가장 낮은 5등급 제품보다 30~40%의 에너지가 절감된다.

에너지를 절약하는 것은 당장 우리 집의 경제에 도움이 되고 나아가 지구의 환경을 지키는 일이며 내 가족의 안전을 지키는 일이기도 하다. 더 많은 에너지를 써야 한다는 것은 곧 지구의 한정된 에너지 자원을 고갈시키는 일이며, 에너지 생산에서 공해물질을 배출한다는 말이기도 하다. 현대의 생산 시스템에서는 필연적으로 공해물질이 배출되기 때문이다. 그 공해물질이 공기를 타고 내 집으로 흘러든다. 아니면 강과 바다로 흘러들어, 그곳에 사는 어류를 병들게 하고 우리의 먹거리를 오염시킨다. 이것이 바로 에너지 절약이 지구 환경이나 우리 집의 안전과 무관할 수 없는 이유이다.

안전한 집을 만드는 밑거름, 절약과 재활용

우리의 생활은 그 자체가 자원을 고갈시키고, 쓰레기를 배출하는 과정이라는 환경학자들의 말은 인정하기 서글프지만 분명 맞는 말이다. 대량 생산과 대량 소비라는 체제 위에 형성된 오늘날 사회는 겉으로는 화려해 보이지만 이미 내일을 기약할 수 없는 상황에 이르렀다. 지구의 자원은 한정되어 있고, 대량 생산 체제에서 배출된 오염물질과 대량 소비로 쌓여가는 폐기물은 인류에게 더 이상 미래가 없을 것임을 암시한다. 그러기에 소비를 줄이고, 자발적인 가난을 실천해 지속 가능한 지구를 만드는 것이 오늘날 환경운동의 핵심 이슈가 되고 있다.

우리 집도 예외가 아니다. 공해물질을 내뿜는 각종 생활용품으로부터 나를 지키기 위해서는 결국 소비를 줄이고, 한번 산 물건을 오래 써야 한다. 적게 쓰고, 아껴 쓰고, 다시 쓰는 재활용과 절약이 '새집증후군'과 '화학물질 과민증'을 줄이는 대처법이다. 안전한 집을 만드는 밑거름이자, 지구의 미래를 위한 자양분이기도 한 생활 속 절약법을 알아보자.

 생활 속 절약법

- 냉장고 : 냉장고는 내부의 열을 밖으로 발산해 음식물의 온도를 낮추는 전자제품이다. 따라서 음식물에서 빨아올린 열을 빨리 발산해야 효율이 높다. 열을 효율적으로 제거하기 위해서는 냉장고를 직사광선이 들어오는 곳을 피해 통풍이 잘 되는 곳에 두어야 한다. 냉장고 뒷면의 검은 코일은 열을 외부로 뿜어내는 일을 한다. 통풍이 잘되게 하기 위해 냉장고 후면의 코일을 깨끗이 하자. 특히 냉장고를 뒷벽에서 10cm 정도 거리를 두고 놓는 것이 통풍이 잘 되고 열을 발산할 수 있다. 또한 냉장고는 내부에 일정한 빈 공간이 있어야 효율적인데 가득 차 있으면 공기순환이 잘 이루어지지 않아 열을 쉽게 빨아들일 수 없다. 냉장고 공간을 60% 정도 채울 때, 공기순환이 가장 잘 되는 것으로 나타났다. 적어도 1년에 한 번은 냉장고 후면의 코일을 청소하고 온도계를 이용해 내부온도를 조사하는 일도 에너지 낭비를 줄이는 길이다.

- 조명기구 : 형광등은 백열전구가 쓰는 전기량의 1/3만으로도 같은 밝기를 낼 수 있을 뿐 아니라 수명도 훨씬 길어 전기 요금이 백열등보다 3배 정도 저렴하다. 기존의 백열전구의 소켓을 그대로 사용할 수 있게 한 전구식 형광등(콤팩트 형광등)도 시판되고 있다. 전구식 형광등은 전구 속에 안정기가 내장되어 백열전구보다 값이 비싼 것이 단점이지만 전력을 1/3 정도로 절약할 수 있어 장기적으로는 오히려 득이다. 조명기구는 빛으로 인해 먼지를 끌어들이므로 전구를 자주 닦아주는 것도 조명의 효율을 높이는 방법이다.

- 컴퓨터 : 컴퓨터는 자주 껐다 켰다 하면 기계에 부담이 된다고 알려져 있지만 이것은 잘못

된 상식이다. 사용하지 않을 때에는 컴퓨터의 전원을 차단하는 것이 오히려 좋다. 개인용 컴퓨터는 주로 열로 인한 기계적 스트레스 때문에 고장이 난다. 따라서 컴퓨터의 전원을 내려 과열을 막는다면 컴퓨터의 수명을 연장시키고 에너지를 절약할 수 있다. 컴퓨터를 업그레이드 할 때는 전체를 교환하는 대신 메모리나 마더보드를 교체하는 것이 좋다.

■ 보일러 : 보일러에서 연료가 연소할 때는 그을음이 발생한다. 이것이 보일러 내부에 누적되면 열전달이 제대로 되지 않아 열효율이 떨어진다. 그을음의 두께와 연료소비 증가율을 비교해보면 쉽게 알 수 있다. 매년 한두 차례 보일러 청소를 하는 것이 열효율을 높일 수 있는 방법이다.

■ 밥솥 : 일반 밥솥보다 압력밥솥이 에너지를 절약한다. 압력밥솥은 압력이 70~90% 이상 증가하므로 끓는 온도가 115~170℃까지 올라가 조리 시간을 1/3로 줄일 수 있다.

■ 다리미 : 다리미는 자체 흡수열이 크기 때문에 적은 양의 옷을 자주 다리면 에너지를 많이 낭비하게 된다. 다림질을 할 옷가지를 모았다가 옷감에 따라 종류별로 온도조절을 하면서 다리는 것이 경제적이다.

■ 빨래 건조 : 요즘 많이 쓰는 회전식 전기 건조기는 에너지의 낭비가 크고 섬유의 손상도 심하다. 가능한 옷은 햇볕에 말리자. 태양광을 이용한 살균 소독효과까지 얻을 수 있다.

■ 헌 옷 : 헌 시트와 셔츠 등은 행주나 가구를 닦는 수건으로 활용한다. 단추, 지퍼 등은 떼어 보관해두면 비상시에 이용할 수 있다.

■ 폐품을 이용한 인테리어 : 버려지는 생활 소품을 이용해 독특한 개성을 표현하는 정크 스타일이 새로운 인테리어 트랜드로 떠오르고 있다. '정크(Junk)'는 쓰레기나 폐품이라는 뜻으로, 세월의 흔적과 삶의 자취가 묻어나는 물건을 활용해 낡은 것도 아름다울 수 있다는 것을 표현한다. 너무 새것만을 고집하지 말고 폐품을 이용해 집안 단장을 해보자. 희끗희끗 칠이 벗겨져 버려지기 십상인 가구, 할머니들이 사용했음직한 촌스러운 문양의 소품 등을 이용해 낡고 오래된 것이 자아내는 친숙하고 독특한 멋을 연출할 수 있다.

눈길을 끄는 재활용 매장

– 아름다운 가게 (www.beautifulstore.org)
'나눔과 순환'의 정신으로 중고품이나 쓰지 않는 새 물건을 기증받아 새것처럼 손질해 필요한 사람에게 싼값에 팔아 재사용하게 하는 재활용품 매장이다. 수익 전액을 자선과 공익을 위해 쓰는 나눔운동이자 생활환경운동의 장터이다. 취급 제품은 유아용품부터 의류, 주방그릇, 헌책, 음반, 유명인의 그림 등 다양하다. 토요 장터와 움직이는 가게를 운영하고 있기도 하다. 안국점, 삼선교점, 독립문점, 서초점, 휘경점, 신대방점, 홍대점, 동대문점, 동교점, 명동점, 양재점, 일산점, 방학점, 논현점, 안산 상록수점, 부천 상동점, 부천 송내점, 광주 청담점, 동인천점, 부산점, 대구점 등 전국 25개 상설매장이 있다. ☎ 02-3676-1004

– 라이프 샵 (www.rety.co.kr)
가구, 가전, 의류, 책, 음반, 아동용품, 레포츠용품, 생활잡화 등 새것 같은 생활용품이 다양한 재활용 매장이다. 한번도 사용하지 않은 중고품, 이른바 '신고품'도 있다. 문정동, 석촌동, 성내동, 고덕동에 각 매장이 있다. ☎ 1588-8425

– 하드오프 (www.hardoff.co.kr)
전자제품, 컴퓨터, 카메라, 악기, 게임소프트, 골프용품 등을 판매하는 고급 재활용 매장이다. 중고품 매입시 3~12개월까지 A/S를 해주는 중고품보증서도 발급한다. 암사동, 분당, 경기도 광주에 매장이 있다. ☎ 1588-8420

Chapter 3 >
의생활을 바꾸자

아토피를 부추기는 옷

옷은 추위나 더위 등으로부터 몸을 보호하는 중요한 기능을 한다. 그러나 오늘날 옷은 오히려 우리 몸을 공격하기도 한다. 오염된 옷에서 방출되는 유해물질이 피부를 통해 흘러들고 있다. 호흡은 코나 입을 통해서만 하는 것이 아니라 피부를 통해서도 한다. 만약 우리 몸의 피부 전체에 페인트를 발라두면 피부가 호흡작용과 노폐물 배설작용을 제대로 하지 못해 죽게 될 것이다. 유해물질을 내뿜는 옷을 입고 있으면 바로 피부를 통해 우리 몸으로 유해물질이 흘러들 수밖에 없다. 피부에 밀착된 옷일수록 그 위험성이 더욱 크다.

옷에 쌓여 있는 유해물질은 다양하다. 우선 섬유 자체부터 안전하지 않다. 농약을 다량 사용해 생산한 면섬유는 옷에 남아 있는 잔류농약이 문제이다. 석유를 원료로 만들어지는 합성섬유는 우리 몸을 교란시키는 환경호르몬

의류매장 : 새 옷은 새 집만큼이나 해로운 화학물질을 발산한다

116

을 방출할 수 있다. 생산된 실은 다시 직물을 만들고, 염색을 하고, 특별한 가공처리 과정을 거치면서 더 많은 유해 화학물질이 들어간다. 옷을 세탁할 때 사용하는 세제나 세탁보조제가 옷에 남아 피부를 괴롭히기도 한다. 이 외에도 드라이클리닝 용제나 옷을 보관할 때 쓰는 방충제 등도 모두 우리의 건강을 위협한다.

옷이 내뿜는 유해물질의 피해는 사람에 따라 다르다. 예민한 사람이라면 두통이나 불면 등의 증상이 나타나고, 아토피 피부염 같은 난치병을 부추기는 경우도 있다. 건강한 사람이라고 해도 옷의 유해물질에 계속 노출되면 문제가 된다. 유해물질로 가득한 옷은 아주 서서히 우리의 건강을 흔들어놓는다. 모든 공해물질이 그렇듯이 우리가 미처 알아차리지 못할 뿐이다.

맹독성 살충제로 생산한 면섬유

섬유에는 크게 천연섬유, 재생섬유, 합성섬유가 있다. 천연섬유는 자연에서 얻은 원료로 만든 것으로 면, 마, 모, 견 등이 있다. 합성섬유는 석유나 석탄의 부산물로 만든 것으로, 플라스틱을 가늘게 쪼개 만든 섬유라고 보면 된다. 나일론, 폴리에스테르, 아크릴, 폴리우레탄 등이 있고, 우리 몸을 교란시키는 환경호르몬을 발산할 수 있다. 재생섬유는 천연 원료를 화학적, 기계적으로 가공해 사용하기 편하게 재생산한 섬유로 아세테이트, 레이온, 비스코스, 테실 등이 있다. 섬유를 만드는 과정에서 많은 유해 화학물질이 사용된다.

재생섬유나 합성섬유보다는 낮지만 천연섬유도 안전하지만은 않다. 일반적으로 하얀 면섬유는 깨끗한 자연의 이미지를 갖고 있다. 그러나 면섬유를 만드는 목화는 다량의 살충제와 제초제를 이용해 생산된다. 세계에서 면화 생산이 가장 많은 나라는 중국, 인도, 미국이다. 이들 나라에서 생산된 면화가 세계 각지로 유통되고 있고, 면화가 생산되지 않는 우리나라도 수입에 의존하고 있다. 북아메리카 살충제 행동

네트워크(Pesticide Action Network North America)의 연구 자료에 따르면, 목화 농업은 연간 세계 살충제 소비의 10% 이상을 차지할 만큼 농약 사용량이 많다고 한다. 세계보건기구(WHO)는 파라티온과 다이아지논 등 면화 생산에 쓰이는 대부분의 살충제가 아이들의 신경체계를 위협하고 우리의 건강을 해치는 물질로 분류하고 있다. 목화를 생산하는 나라에서는 이런 맹독성 살충제를 목화 재배 과정에서 평균 다섯 번가량 살포하고 있고, 하얀 목화 솜에 얼룩이나 반점이 생기는 것을 막기 위해 수확하기 직전에 다시 다량의 농약을 뿌리고 있다. 그 많은 농약은 목화에 잔류해 우리를 괴롭히게 된다.

발암물질이 들어가는 가공과정

잔류농약이 문제가 되는 목화는 면섬유가 되는 과정에서 많은 유해물질이 더해진다. 면사를 생산하는 과정에서 희게 만드는 염소 표백과정, 합성염료를 사용하는 염색 과정, 염료가 섬유에 잘 착색되어 오래 보존되게 하는 고착제 처리, 방부소독용으로 사용하는 포름알데히드 처리 등 면섬유 제품을 만들기까지 보통 20여 단계의 가공과정을 거친다.

흔히 속옷이나 유아옷, 와이셔츠 등은 염색을 하지 않는 것으로 생각하기 쉽다. 그러나 이것은 대부분 자연적인 흰색이 아니라 발색제나 형광제를 사용해 만든 것이다. 발색제는 우리 피부에 강한 자극을 주고, 형광제는 발암성이 알려진 물질이다. 섬유가공에서 특히 문제가 되는 것은 포름알데히드이다. 주택의 벽지나 바닥재, 페인트, 접착제, 가구 등 생활 전반에서 주요 실내오염원이 되고 있는 포름알데히드가 의류에서도 역시 문제가 된다. 섬유를 직물로 짤 때, 염색을 할 때, 신축성이 있도록 가공할 때 광범위하게 쓰이는 포름알데히드는 두통, 천식, 안구 출혈, 호흡기 질환, 발진, 가려움, 불면증에서부터 암을 일으킬 수 있는 위협적인 물질이다. 영국의 한 소비자단체의 실험 결과에 따르면 새로 산 면제품을 일곱 번이나 세탁했는데도 포름알데히드가 남아 있었다고 한다.

여러 물질을 잘 섞어주고, 방부 기능을 가진 포름알데히드는 우리의 생활용품 전반에서 사용되고 있다. 현대식으로 생산되는 거의 대부분의 신제품에서 포름알데히드가 방출되고 있다고 해도 과언이 아니다. 결국 우리는 너무 많은 양의 포름알데히드에 노출된 채 살고 있다.

몸 전반을 교란시키는 합성섬유

면섬유보다 더욱 문제가 되는 것은 나일론, 폴리에스테르, 아크릴, 비닐론, 폴리우레탄, 폴리프로필렌 등의 합성섬유이다. 우리가 일상에서 쓰는 섬유의 80% 이상이 합성섬유이다. 합성섬유는 원료 자체부터 우리 몸을 공격하는 유해물질이다. 석유나 석탄의 부산물로 얻어지는 합성수지를 가는 실처럼 만들어 합성섬유를 생산한다. 쉽게 말하면 가늘게 쪼갠 플라스틱이라고 할 수 있다. 플라스틱은 환경호르몬의 대명사가 될 만큼 유해성이 크다. 우리가 합성섬유 옷을 계속 입고 있으면 환경호르몬에 끊임없이 노출되는 것이고, 코나 피부 호흡을 통해 우리 몸으로 유해물질을 들여보내는 것이다.

유해물질을 발산하는 합성섬유는 정전기를 발생해 우리 몸을 교란시키기도 한다. 정전기는 전기를 띠지 않는 물체끼리 마찰하는 순간 일시적으로 생기는 전기이다. 주로 합성섬유, 특히 표면이 건조하고 매끄러운 소재에서 많이 발생한다. 정전기도 전기이므로 일시적으로 전자파를 형성한다. 전자파를 체내 전자기의 정상적인 흐름을 방해해 불안정하게 만들고, 집중력을 저하시키고, 면역력을 떨어뜨리는 등 정신적, 신체적 문제를 일으킨다. 우리 몸에 가까울수록 유해성이 크기 때문에 피부에 밀착하는 옷에서 발생하는 전자파는 가볍게 여길 수 없다. 요즘은 천연섬유 옷이라고 해도 안감은 대개 합성섬유인 경우가 많다. 그런 만큼 섬유에서 빈번히 발생하는 정전기도 건강을 해치는 요인이 된다. 정전기가 많이 생기다 보니, 이것을 막기 위해 세탁보조제나 차단제품을 이용한다. 이들 제품은 대부분 합성 화학물질이며 옷의 유해성을 더해주는 결과를 낳는다.

결국 오늘날의 옷은 원료 자체의 문제와 가공과정에서 배가되는 유해 화학물질과 잦은 정전기와 정전기를 막기 위한 세탁보조제 등이 모두 문제가 된다. 유해성이 눈덩이처럼 불어나 우리의 건강한 의생활을 가로 막고 있다.

천식을 부추기는 의류 가공

현대는 기능성 시대로 옷에도 다양한 기능을 갖춘 제품이 등장하고 있다. 그 대표적인 것이 구김방지 가공이다. 옷의 구김살을 방지하기 위한 방축가공에는 대개 합성수지가 사용된다. 합성수지란 쉽게 말해 플라스틱을 녹여 액체화한 것이다. 합성수지에 섬유를 넣었다가 다림질을 해놓으면 플라스틱 풀을 먹인 것과 같은 효과를 낸다. 뜨거운 물에 삶거나 빨지 않는 이상 쉽게 구김이 가지 않는다. 이렇게 방축가공된 옷은 대부분 뜨거운 물에 빨지 말라고 표기되어 있다. 방축가공을 한 옷은 플라스틱 풀이 발산하는 환경호르몬을 피할 수 없다. 다림질이 필요 없게 영구 가공하는 과정에서도 포름알데히드가 들어간다. 다림질을 하지 않아도 되는 편리함을 얻는 대신 옷을 입을 때마다 환경호르몬이나 포름알데히드에 노출되는 셈이다. 그로 인해 천식이나 피부염을 얻기도 하고 그보다 더 큰 질환에 시달릴 수도 있다. 방수가공 등의 다른 가공처리도 마찬가지다. 옷에 기능을 부여하기 위해서는 화학처리를 해야 하고 그 화학물질이 우리 몸을 병들게 한다.

최근 들어 관심을 끌고 있는 것이 항균처리를 한 옷이다. 세균을 막기 위한 방법으로 살균제를 처리하는 방법이 있고, 섬유를 아주 미세하게 쪼개 진드기 같은 미생물이 아예 침투하지 못하게 만든 극세사 섬유제품도 있다. 이 가운데 옷을 만드는 과정에서 살균제를 입힌 항균가공처리의 경우 문제가 된다. 살균제가 피부에 닿아 우리 몸으로 흘러들 수 있기 때문이다. 안전하다고 말하는 어떤 화학약품도 장시간 계속 노출될 때는 우리 몸에 악영향을 준다.

의류 피해 줄이기

의류 피해를 줄이기 위해서는 가능한 유해물질이 적게 방출되는 것을 입어야 한다. 천연섬유가 유해성이 적고, 다음은 재생섬유, 합성섬유가 가장 해롭다고 볼 수 있다. 천연섬유에는 면, 마, 모, 견 등이 있고 면섬유가 가장 많이 쓰인다. 면섬유 제품을 고를 때는 여러 가공처리가 되지 않은 것을 이용하자. 아무리 천연 소재의 옷이라고 해도 새로 산 후에는 여러 번 빨아서 생산 과정에서 쌓인 화학물질을 제거하고 입자. 물빨래가 쉽지 않은 옷일 때는 가능한 생산된 지 오래된 이월상품을 사는 것도 피해를 줄이는 방법이다.

옷을 물려 입거나 재활용 의류를 이용해도 피해를 줄일 수 있다. 특히 유해물질에 예민한 어린 아이일수록 신제품보다는 형제나 친지로부터 물려받은 옷을 손질해 입는 것이 좋다. 새 옷일수록 유해성이 크다는 것을 감안한다면, 재활용 매장을 이용하는 것도 좋은 대안이다.

최근에는 유기농법으로 생산한 면제품이 시판되고 있다. 미국 등 유기농 면화를 생산하는 나라에서 수입하는 것으로 일반 면제품보다 8배 정도 가격이 높다. 수입에 의존해야 하는 우리 입장에서는 너무 비싸다는 것이 흠이다. 미국의 경우 1989년 4ha에 불과했던 목화 유기 재배가 유기농 운동이 활성화되면서 1994년 720ha로 늘어났고 소비량도 꾸준히 늘고 있다고 한다.

알아두자! 도움되는 유용 정보

- 가능한 천연섬유로 된 옷을 입는다. 그러기 위해 옷 설명 라벨을 제대로 확인하자.

- 안감도 주의 깊게 살핀다. 합성섬유인 폴리에스테르 안감보다는 재생섬유인 레이온 안감이 더 통기성이 좋고 정전기도 적게 발생한다.

- 구김방지, 방수 등 가공 처리된 옷을 피한다.

- 새로 산 옷은 충분히 세탁한 후 입는다.

- 새로 사는 것보다 물려 입거나 재활용 매장 옷을 이용한다.

- 생산된 지 오래된 의류를 사는 것도 피해를 줄이는 방법이다. 아울렛 매장을 이용하면 이월 상품이나 매장에 진열되었던 의류를 싼값에 살 수 있다.

- 피부질환자 등은 유기농법으로 생산된 면섬유를 이용하면 도움이 된다.

 중고 의류를 살 수 있는 곳

– 아름다운 가게 (www.beautifulstore.org)
'나눔과 순환'을 지향하며 기부받은 중고제품을 싸게 파는 중고매장으로 안국점, 상동점, 서초점, 부산점, 대구점, 광주점 등 전국 25개 매장이 있다. ☎ 02-3676-1004

– 라이프 샵 (www.rety.co.kr)
각종 의류, 아동용품, 가구, 생활잡화 등 새것 같은 중고품이 다양한 중고 전문매장. 문정동, 석촌 동, 성내동, 공덕동에 각 매장이 있다. ☎ 1588-8425

- -

 유기농 의류를 살 수 있는 곳

– 오가닉 피플 (www.organic-people.com)
오가닉 코튼 전문 쇼핑몰. 여성용 팬티 4만8천원. ☎ 02-419-7048

– 유기농 하우스 (www.uginong.com)
유기농 전문점. 유기농 베이비 파자마 6만6천원. ☎ 031-460-7860

– 올가 (www.orga.co.kr)
유기농 전문점. 유기농 면기저귀 3장 2만원. ☎ 080-596-0086

🏠 잠을 방해하는 침구

인체의 야간대사를 막는 침구

우리는 대개 일생의 1/3을 잠을 자면서 휴식과 재충전을 한다. 그러기에 침실은 어느 곳보다 편안하고, 침구는 무엇보다 안전해야 한다. 그러나 실제 우리가 사용하는 침구는 편안한 잠과 건강을 방해하는 경우가 많다. 침대 커버로 주로 사용되는 섬유는 면, 면 혼방, 합성섬유, 실크 등이다. 예전에는 흡습성과 통기성이 나쁜 합성섬유가 침구로 잘 쓰이지 않았지만 요즘은 면보다 오히려 많이 이용되는 추세이다. 합성섬유 옷이 유해물질을 내뿜듯이 합성섬유 침구 역시 마찬가지다. 침구는 옷처럼 자주 세탁을 할 수 없다는 점을 감안한다면 그 유해성을 가볍게 볼 수 없다.

특히 문제가 되는 것은 침구의 커버보다는 속이다. 이불의 속은 주로 목화 솜, 양모 솜, 합성섬유 솜, 오리털, 거위털 등이 이용된다. 양모 솜은 가볍고 따뜻하지만 좀이 잘 쓸고 곰팡이, 진드기 번식이 쉬워 생산과정에서 살균, 방부 처리를 많이 한다. 오리털이나 거위털 이불 역시 대부분 방부 처리를 하고, 깃털이 빠져 나오는 것을 막기 위해 합성섬유 커버를 씌우는 경우가 많다. 천연 목화 솜도 재배 과정에서 쓰이는 농약과 유통 과정에서 들어가는 방부제가 문제가 된다. 가장 좋지 않은 것은 역시 합성섬유 침구이다. 석유를 원료로 만드는 합성섬유는 플라스틱으로 만든 이불이라고 보면 되고, 덮고 있는 동안 계속 유해 화학물질을 발산한다. 베갯속 역시 요즘은 캐시미어 솜이 많이 쓰인다. 캐시미어 솜은 합성섬유와 같은 위험이 있다. 플라스틱의 일종인 폴리우레탄 기포로 속을 채운 베개도 있다. 폴리우레탄은 동물에게 암을 일으킨 물질로 알려져 있다.

건강소재로 만든 침구도 무조건 믿어서는 안 된다. 숯이나 옥, 게르마늄 등을 이용한 건강베개의 경우 잘 살펴본 후 이용해야 한다. 숯가루를 입힌 작은 플라스틱 파이프를 넣어 만든 숯베개의 경우, 숯가루가 들어가긴 했지만 환경호르몬이 방출되는 폴리염화비닐(PVC)이 주성분이므로 인체에 해로울 수 있다. 합성수지와 혼합 가공해 만든 옥베개나 게르마늄베개도 마찬가지다. 아무리 좋은 건강 재료를 넣었다고 해도 유해물질이 있다면 안전한 침구로써의 자격이 없다.

침구 피해 줄이기

천연소재 침구가 가장 유해성이 적다. 천연소재 가운데서도 물세탁이 쉬운 면섬유가 가장 무난하다. 면은 공기가 잘 통하고 땀을 잘 흡수한다. 공기 소통이 원활하면 피부호흡을 제대로 할 수 있어 건강에 도움이 된다. 자고 있는 동안 피부가 제대로 호흡을 하면 체내로 산소가 충분히 공급되어 유해물질의 분해를 돕는다. 그러나 공기소통이 원활하지 못한 침구는 피부호흡을 방해해 야간의 인체 대사에도 악영향을 준다. 그러다 보면 숙면을 취할 수 없고, 또

세탁한 이불 : 새로 산 침구는 세탁한 후에 쓰자

자고 나도 몸이 개운하지 않다.

이불 속은 목화 솜을 이용하는 것이 좋다. 솜을 고를 때는 탄력성이 있고, 푹신한 감을 주어야 한다. 탄력성이 있는 솜은 꾹 눌렀다가 놓았을 때 곧 제자리로 돌아온다. 솜을 조금 떼어 집었을 때 짧게 끊어지는 것보다 길게 이어지는 것이 좋다. 색상은 너무 흰 것은 탈색했을 우려가 있으므로 약간 누런 빛이 나는 것을 고른다. 목화 솜을 사서 햇볕에 쬐고 바람이 잘 통하는 곳에서 말렸다가 쓰거나, 오래된 솜을 틀어가며 사용할 경우 가장 안심할 수 있다. 목화 솜은 흡습성이 좋아 오래 사용하면 솜이 딱딱해지므로 자주 햇볕에 널어 말리는 것이 좋다.

또한 침구를 고를 때 주의할 점은 세탁하기 쉬운 것을 골라야 한다는 것이다. 의류처럼 자주 빨 수 없으므로 세탁이 불편한 소재나 디자인이라면 문제가 될 수 있다. 얇은 면 소재 커버에 지퍼로 된 잠금식 침구가 적당하다. 두꺼운 이불은 진드기의 온상이 될 우려가 크므로 가능한 얇은 이불을 여러 장 겹쳐 사용하는 것이 좋다.

 알아두자! 도움되는 유용 정보

- 침구는 세탁이 쉬운 순면 소재를 이용한다.
- 진드기의 온상이 될 수 있으므로 두꺼운 이불보다 얇은 이불을 여러 장 사용한다.
- 이불 속은 목화 솜을 햇볕에 잘 말리거나 틀어서 사용한다.
- 새로 산 침구류는 세탁한 후 쓰고, 세탁이 쉽지 않은 것은 햇볕과 바람을 이용해 유해물질을 날려보낸 후 이용한다.
- 건강침구는 원료와 제조과정을 꼼꼼히 알아본 후 이용한다.

천연 소재를 이용한 건강 베개 만들기

숙면을 취하기 위해서는 수면 중의 자세가 중요하다. 베개를 잘 선택해야 수면 중의 자세를 바르게 유지할 수 있다. 일반적으로 베개의 높이는 6~8cm가 적당하다. 마른 체형은 1~2cm 낮게, 뚱뚱한 체형은 1~2cm 높게 하는 것이 좋다. 베개가 너무 높으면 목을 자극해 혈액 흐름을 방해한다. 높은 베개를 계속 사용할 경우 신경성 두통이 나타나기도 하고 심한 경우 뇌출혈, 뇌졸중 등을 일으킬 수도 있다. 베개의 크기는 어깨 폭 이상으로 충분히 몸을 뒤척일 수 있어야 한다. 강도는 너무 푹신하거나 반대로 딱딱한 것은 좋지 않다. 너무 딱딱하면 신경을 자극하고 혈관이 좁아져 혈액 순환을 방해한다. 반대로 너무 부드러우면 경추를 지탱하지 못해 목에 부담을 준다. 쌀자루를 베는 느낌의 강도가 적당하다.

침구처럼 베개도 그 속이 중요하다. 머리는 체내의 열을 내보내는 주요 통로역할을 한다. 베개의 통기성이 좋으면 머리가 내보내는 열을 효율적으로 처리한다. 또한 땀을 흘릴 경우를 대비해 흡습성이 좋은 것을 고른다. 솜, 스펀지, 털류 등 따뜻한 소재는 통기성이 좋지 않다. 일반적으로 메밀껍질, 왕겨, 나무조각 등의 소재가 통기성이 좋아 머리를 차고 맑게 유지해준다. 순면 커버에 국내산 메밀껍질 등으로 속을 채워 사용하는 것이 가장 무난하다. 요즘은 한약재, 허브 등 몸에 좋은 천연 재료로 베갯속을 채워 쓰는 경우도 있다. 이런 베개는 재료의 약효가 피부와 호흡기를 통해 자연스럽게 온 몸으로 전해져 편안한 잠을 잘 수 있게 도와준다.

아로마 베개는 향기 있는 식물을 이용해 신경안정 등의 효과를 얻을 수 있고, 아로마 향기와 함께 불면증 개선에 도움이 된다. 진정효과가 뛰어난 라벤더, 로즈우드, 마조람 등의 허브가 주로 이용된다. 허브는 식물을 사다가 말려서 사용해도 좋고 말려서 나오는 포푸리 제품을 이용해도 된다. 향이 좋은 향나무 토막이나 쑥 등 쉽게 구할 수 있는 재료를 함께 넣어도 좋다.

국화 베개는 동의보감에도 기록이 나오는 것으로 눈을 밝게 하고 어지럼증을 없애고 기억력 증진에 도움을 준다. 한방에서는 국화가 두통, 종기, 풍증 등에 쓰이는 약재이기도 하다. 식용이나 약용으로 쓰는 국화는 주로 줄기가 붉고 향긋하면서 단맛이 나는 감국(甘菊)이다. 국화가 한창인 10월에 꽃잎을 떼어 잘 말려두었다가 이용하면 된다. 국화꽃잎만으로 속을 채우기가 어렵고 베개에 힘이 없어 불편하다면 메밀껍질 등을 깔고 국화꽃잎을 베개 윗 부분에 넣어 만들어도 좋다. 이 외에도 눈을 밝게 한다는 결명자 베개, 중풍에 도움이 된다는 녹두 베개, 아이들에게 부드러워 좋다는 좁쌀 베개, 머리를 맑게 한다는 차잎 베개, 유해물질 흡착력이 뛰어나다는 숯 베개 등 다양한 건강 베개를 만들 수 있다. 무명천으로 속주머니를 만들어 숯, 차잎 등 원하는 재료를 넣고 솜으로 감싸는 방법으로 만들 수도 있다.

세포 재생을 막는 합성세제

우리가 주로 사용하는 세탁용 세제는 고형 세탁비누와 가루형 합성세제이다. 세탁비누는 동물이나 식물에서 나온 유지를 가성소다와 같은 응고제와 반응해 만든다. 요즘에는 가성소다가 아닌 다른 화학물질을 사용해 응고시키기도 하며, 향이나 표백효과를 위해 다양한 합성물질을 첨가한다. 세탁비누는 응고제로 사용되는 화학물질이 의류에 잔류해 피부를 괴롭힐 수 있다.

그러나 세탁비누보다 더 해로운 것이 합성세제이다. 합성세제는 석유화학물로 만든 것이다. 계면활성제, 암모니아, 벤젠, 포름알데히드, 인산염, 염소 등으로 구성되어 있다. 지방을 분자 차원으로 분해해 지방이 아닌 성질로 바꾸는 원리로 때를 뺀다. 합성세제도 옷에 잔류할 가능성이 아주 높다. 세탁 후 다섯 번이나 헹구어도 옷에 합성세제 찌꺼기가 남아 있었다는 실험 결과도 있다.

우리 피부는 항상 수분과 유분이 적절히 섞여 막을 형성하고 있다. 그래서 피부가 매끄럽고 윤기 있게 보이는 것이다. 그러나 세제를 많이 사용하게 되면 피부막에 있는 지방을 분해하기 때문에 피부가 거칠어지고, 외부의 세균에 대한 저항력이 떨어지므로 피부질환을 일으킬 수 있다. 합성세제를 많이 쓰는 주부에게 피부습진은 흔한 병이기도 하다. 속옷에 남아 있는 잔류 세제는 더욱 문제가 된다. 땀을 흘릴 경우 속옷에 남아 있던 세제 찌꺼기가 녹아서 그대로 피부에 흡수된다. 특히 합성세제에 많이 들어 있는 계면활성제는 세포벽을 절단하는 성질이 있어 체내로 들어오면 신경과 조직을 약화시키고 세포막의 재생을 방해한다. 세포가 왕성히 분열하면서 성장하는 아이의 경우 잔류 합성세제의 영향을 계속 받으면 성장 장애를 일으킬 수도 있다.

우울증을 부추기는 세탁보조제

세제 못지않게 우리 몸을 괴롭히는 것이 세탁보조제이다. 살균표백제, 섬유유연제, 다림풀, 정전기방지제, 섬유탈취제 등 그 종류도 다양하다. 섬유에 코팅을 하는 원리로 효과를 내는 이들 제품은 대부분 옷을 마지막으로 헹굴 때 넣거나 옷 표면에 그대로 처리하기 때문에 잔류 문제가 더욱 심각하다.

섬유유연제는 합성섬유 옷의 사용이 늘면서 문제가 된 정전기를 막기 위해 등장했다. 천연섬유보다 해로운 합성섬유 옷을 입고, 합성섬유 옷의 정전기 문제를 해결하기 위해 역시 해로운 섬유유연제를 쓰는 것이 우리가 사는 공해천국의 현실이다. 섬유유연제에는 암모니아와 알데히드류 등의 유해물질이 들어 있고, 옷에 잔류해 우리의 건강을 위협한다. 섬유유연제에 계속 노출될 경우 눈, 코 및 호흡기 등에 만성 자극을 주고 신경계통에 손상을 줄 수도 있다.

섬유표백제는 산소계와 염소계가 이용된다. 우리가 흔히 사용하는 표백제는 산소계이다. 염소계 표백제보다는 독성이 덜하지만 헹구고 난 뒤에 찌꺼기가 남아 피부에 손상을 줄 수 있다. 섬유탈취제는 암모니아, 포름알데히드, 방향제 등을 넣어 만든다. 암모니아는 미량이라도 계속 노출되면 우울증, 무기력증 등 신경계 장애를 일으키고, 면역기능을 저하시킨다. 다림풀에도 역시 포름알데히드가 포함되어 있다. 세탁을 보다 쉽게 하려는 편의주의와 지나친 청결의식이 세제와 세탁보조제의 사용을 부추기고 있다. 더 하얗고, 더 선명하고, 더 부드럽고, 더 향긋한 옷을 만들기 위해 사용하는 화학물질로부터 우리 몸이 공격당하고 있다는 것도 모른 채 말이다.

세제 피해 줄이기

합성세제보다는 세탁비누나 가루비누를 사용하는 것이 세제 피해를 줄이는 길이다. 부득이 합성세제를 쓸 때는 염소, 형광제 등이 함유되어 있지 않은 것을 이용하자. 요즘은 천연 소재를 이용한 세탁용 세제도 시판되고 있다. 어떤 세제를 쓰더라도 빨래를 충분히 헹구어 잔류 세제가 남아 있지 않게 하는 것이 중요하다. 세탁 후에는 빨래를 실내에 널지 말고, 햇볕이 있고 바람이 잘 통하는 바깥에서 말리자. 합성세탁보조제도 가능한 쓰지 말고 대처할 만한 안전한 천연 재료를 찾아야 한다. 세탁보조제로 이용해볼 만한 천연 재료를 알아보자.

□ **무즙, 양파즙, 소금, 레몬주스로 얼룩제거** : 무즙을 거즈에 싸서 혈액 얼룩이 묻은 부위에 두드리면 얼룩이 제거된다. 김치 국물이 묻었을 때는 얼룩 안팎에 양파즙을 발라 하룻밤 지난 후 물로 씻으면 얼룩이 사라진다. 식탁보에 쏟은 간장은 즉시 소금을 듬뿍 뿌리면 더 이상 번지지 않는다. 그 뒤 얼룩 부분에 뜨거운 물을 끼얹어 비비면 쉽게 지워진다. 옷에 묻은 과일 얼룩이나 녹물은 레몬주스를 뿌려 두드리면 사라진다.

□ **소금으로 살균** : 빨래를 할 때 소금물에 담구었다가 빨면 살균과 표백효과를 얻을 수 있다. 흰 속옷이나 수건을 삶을 때도 물 1리터에 소금 한 큰술을 넣은 후 빨랫감이 공기와 접촉하지 않도록 뚜껑을 덮고 삶으면 한결 깨끗해진다.

□ **달걀껍질, 귤껍질로 표백** : 속옷이나 행주 등이 누렇게 되었을 때는 달걀 껍질을

물에 씻은 후에 거즈에 싸서 빨래 속에 넣고 함께 삶으면 깨끗
해진다. 바짝 말린 귤껍질을 물에 끓인 다음 세탁한 속옷을
5분쯤 담그면 역시 표백효과를 얻을 수 있다. 누런 와이셔
츠 깃은 베이비파우더를 뿌린 후 다리면 깨끗해진다.

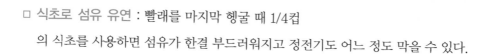

□ 베이킹소다로 탈취 : 세탁비누를 물에 풀고 베
　이킹소다를 함께 넣어 빨래를 하면 냄새를 제
　거하고 옷을 깨끗하게 빨 수 있다.

□ 식초로 섬유 유연 : 빨래를 마지막 헹굴 때 1/4컵
　의 식초를 사용하면 섬유가 한결 부드러워지고 정전기도 어느 정도 막을 수 있다.

□ 옥수수가루로 다림용 녹말풀 : 한큰술의 옥수수 분말을 1리터의 물에 녹여 흔든
　다음 스프레이 물병에 넣어두면 다림질용 풀로 사용할 수 있다.

폐식용유로 비누 만들기

집에서 쓰고 버리는 폐식용유를 이용해 재활용 세탁비누를 만들 수 있다. 만드는
방법은 먼저 물 0.7리터에 가성소다 160g을 조금씩 넣어 충분히 녹인다. 이때 플라
스틱 용기를 사용한다면 두꺼운 것을 써야 한다. 용기가 얇을 경우 가성소다를 견디
지 못하고 뚫어지기도 한다. 또 가성소다와 물의 넣는 순서가 바뀌면 순간적으로 반
응해 고열을 내면서 용액이 밖으로 튀는 수가 있다.

가성소다가 녹으면 여기에 폐식용유 0.9리터를 천천히 부으면서 나무주걱을 사
용해 한 방향으로 저어준다. 식용유와 물, 가성소다의 양은 정확하게 조절해주어야

하며, 가성소다를 취급할 때는 면장갑이나 고무장갑을 끼고 피부나 옷에 튀지 않도록 주의한다. 30분 정도 저으면 빡빡해지는데 이것을 빈 우유팩 등에 부어 30일 정도 굳힌다. 굳힐 때 큰 덩어리로 굳으면 작게 잘라내기가 어려우므로 처음부터 작은 크기로 굳히는 것이 좋다. 폐식용유로 비누를 만드는 것은 재활용 차원에서 환경오염을 줄이는 길이다. 물론 합성세제보다 안전한 비누이기도 하다.

유해물질 피해를 줄이는 세탁, 보관법

세제는 최소한으로

우리는 세제를 적정량보다 많이 쓰는 경향이 있다. 비누 거품이 많이 나야만 세탁이 잘 된다고 생각하기 때문이다. 우리나라 주부들은 정량의 3~15배까지 세제를 쓰고 있다는 소비자 단체의 조사 결과도 있다. 눈대중으로 세제를 부어 넣기 때문에 더욱 그런 결과를 낳는다.

세제를 적정량 이상 넣는다고 해도 세척력은 높아지지 않는다. 헹굴 때 거품을 빼느라 물을 더 쓰게 되고 옷감이 상하고 세제 찌꺼기가 옷에 남아 문제를 일으킬 뿐이다. 옷에 잔류한 세제 찌꺼기는 피부를 거칠게 만들고, 습진이나 피부질환을 일으키게 하고, 계속 노출될 경우 신경계와 면역계에 이상을 줄 수도 있다. 그러기에 가능한 세제의 사용량을 줄여 필요한 만큼 사용해야 할 것이다.

세제의 적정 사용량은 물의 0.2~0.3%가량 넣는 것이 가장 효과적이다. 전문가들은 물 30리터당 세제 10g 정도를 쓰는 것이 좋다고 권한다. 용기에 표시되어 있는 표준 사용량을 지키고, 눈대중으로 쏟아 붓게 되면 정량을 초과하는 경우가 많으므로 세제포장 속의 측정 컵을 사용하는 습관을 들이자. 세제를 옷에 직접 붓는 일도 피해야 한다.

충분히 헹구고 햇볕에 말리자

세제나 세탁보조제의 피해를 줄이기 위해서는 빨래를 충분히 헹구어야 한다. 부득이 섬유유연제를 이용한다면 마지막 헹굼물에 넣어 사용할 것이 아니라 그 전에 사용해서 두세 번 헹군다. 세탁기를 사용한다면 마지막 헹굼 전에 사용하고 헹굼 시간을 조금 늘려 잡자. 미지근한 물을 사용하는 것도 잔류 세제를 줄이는 방법이다.

빨래를 말릴 때는 실내보다는 바깥이 좋다. 태양은 안전하고 뛰어난 살균제이자 표백제이다. 또한 태양 에너지를 한껏 받은 옷은 우리 몸에 태양의 기운을 전해준다. 빨래를 오전에 넣어서 낮에 햇볕을 충분히 받도록 하는 것이 가장 좋다. 바람은 유해 물질을 효과적으로 날려보낸다. 간혹 방안이나 밀폐된 실내에 빨래를 걸어두는 경우가 있는데, 잔류 세제 등으로 인해 실내 공기를 오염시키는 원인이 되기도 한다.

드라이클리닝을 피하자

의류가 손상되기 쉬운 모직물이나 견직물 등은 건식 세탁, 즉 드라이클리닝을 한다. 드라이클리닝은 물 대신 석유 화학 제품인 유기 용제를 사용한다. 암모니아, 벤젠, 사염화에틸렌, 솔벤트, 나프탈렌, 퍼클로로에틸렌, 톨루엔, 트리클로로에틸렌, 크실렌 등 여러 용제를 혼합해 쓰고 있다. 모두 발암성과 신경 교란 작용 등이 입증된 유해 화학물질이다. 드라이클리닝을 한 옷에서 강하게 나는 냄새가 모두 이런 화학물질 때문이다.

사염화에틸렌은 유럽공동체(EU)가 지정한 위험 화학물질의 하나로 두통과 구토, 언어 장애를 일으키고, 솔벤트는 피부 염증과 호르몬 계통의 이상을 일으킬 수 있다. 벤젠은 현기증, 피로감, 두통, 재생 불량성 빈혈, 백혈병 등의 원인이 될 수 있고, 기형을 일으키는 유전 인자를 만들거나 암을 유발할 수 있다. 트리클로로에틸렌은 미량이라도 계속 마시면 피로와 무력감, 피부염을 일으키며 장기간 흡입하면 면역기능

약화, 간 손상, 정신 손상, 기억력 저하, 우울증을 일으키고 암이나 심장마비의 원인이 되기도 한다. 이런 위험물질로부터 우리 몸을 보호하기 위해서는 드라이클리닝을 가능한 피하는 것이 최선의 방법이다. 그러기 위해서는 옷을 살 때부터 물세탁이 가능한 것을 사야 한다. 부득이 드라이클리닝을 한 옷은 비닐 커버를 벗겨서 바람이 잘 통하는 곳에 걸어 두고 화학 물질을 충분히 날려보낸 후에 입자.

좀약, 습기제거제를 피하자

옷장이나 이불장에 습기제거제를 넣어두는 집이 많다. 철이 지난 옷을 보관할 때는 좀약 등의 방충제를 넣어 보관하기도 한다. 이렇게 우리가 무심코 사용하는 좀약이나 습기제거제, 곰팡이제거제 등은 유해물질을 내뿜는다. 유해물질이 옷에 스며들면 결국 코나 피부를 통해 체내로 들어온다. 습기제거제로 많이 쓰는 톨루엔은 피부와 눈을 자극하며 오래 노출될 경우 중추신경계의 장애를 일으켜 정신 이상, 우울증을 일으키고 간과 신장에도 장애를 줄 수 있다. 방충제인 좀약도 마찬가지다. 발암성이 있으며 두통, 멀미, 구토 등을 유발하는 나프탈렌과 포름알데히드가 들어간다. 합성화학물질을 원료로 한 습기제거제나 좀약을 쓰지 않는 것이 우리 집을 보다 안전하게 지키는 방법이다.

곰팡이, 좀 등의 번식을 막으려면 우선 옷이나 침구를 잘 세탁한 후 보관해야 한다. 옷장이나 이불장을 자주 환기시켜 습기를 제거하는 것도 중요하다. 장롱 속에 숯을 넣어두면 습기나 유해물질을 흡착하므로 습기를 효과적으로 제거할 수 있다. 미세한 구멍이 많은 참숯을 사서 먼지를 잘 씻어 낸 다음 햇볕에 말려 사용하면 된다. 3~6개월마다 햇볕에 말리기만 하면 반영구적으로 사용할 수 있다. 옷에 먼지가 쌓이는 것을 막기 위해 커버를 씌울 때는 환경호르몬을 방출하는 비닐이나 폴리우레탄 커버 대신 천연 광목에 적당히 구멍을 뚫어 옷을 싸두는 것이 보다 안전하다.

옷장, 이불장의 환기

집안의 공기를 깨끗하게 하기 위해 환기가 중요하듯이 옷장과 이불장도 환기가 필요하다. 가구에서 방출되는 유해물질과 옷에서 나오는 유해물질을 옷장 속에 가두고 있으면 문을 열 때마다 우리의 코와 입으로 유해물질을 마시게 된다.

옷장이나 이불장의 환기가 중요한 것은 습기를 제거하고 곰팡이, 좀 등의 번식을 막기 위해서이기도 하다. 청소를 할 때는 옷장의 문을 활짝 열어 충분히 환기를 시키는 것이 좋다. 장마철처럼 습도가 높을 때는 선풍기를 이용해 옷장 안으로 직접 인공 바람을 넣어주는 것도 좋다. 장마가 끝난 후에는 장롱 속에 보관된 옷이나 이불을 모두 햇볕에 내다 말리면 살균과 함께 습기를 제거할 수 있다. 옷장 속에 오래 보관한 옷을 꺼내 입을 때는 한번 세탁을 한 후에 입는 것이 보다 안전하다.

옷장 환기 : 옷장 속의 습기와 유해물질을 내보내기 위해 자주 환기를 시키자

진드기를 없애는 침구 관리

우리가 밤새 흘린 땀의 80%를 흡수하는 이불은 진드기의 온상이나 다름없다. 습기가 차면 솜도 단단해져서 포근함이 없어진다. 세탁이 쉽지 않은 침구는 일광소독을 자주 하는 것이 좋다. 이불을 말릴 때는 햇볕이 좋은 오전 11시에서 오후 2시 사이가 좋으며, 먼지와 진드기가 떨어지도록 탕탕 두들겨 준다. 햇볕은 침구에 들어 있는 수분을 날려보내고 솜 사이 공간에 공기를 충분히 넣어주며 포근한 느낌을 되살려준

다. 세균을 없애는 천연 소독 효과도 얻을 수 있다. 꽃가루가 날리는 봄철에는 바람이 잔잔한 아침 시간을 이용해 이불을 널어 말리자. 세탁이 쉬운 이불 커버나 베개 커버는 자주 세탁을 하는 것이 진드기를 막는 방법이다.

침구의 일광 소독이 쉽지 않으면 청소를 할 때 청소기로 이불의 앞뒷면을 꼼꼼하게 빨아들이는 방법도 있다. 청소기에 이불 전용 흡입구를 달면 훨씬 수월하다. 청소후 흡입구는 물로 깨끗이 씻어 말려 사용하는 것이 보다 안전하다.

건강한 멋, 천연 염색

천연 염색의 다양한 재료

천연 염색은 자연 염료를 이용해 섬유에 색을 내는 것으로 건강한 의생활을 위한 좋은 대안이다. 천연 염색을 한 의류나 침구 등이 다양하게 시판되고 있기도 하다. 일반적으로 천연 염료는 크게 식물성 염료, 동물성 염료, 광물성 염료로 나눈다. 식물성 염료는 식물의 잎과 줄기, 꽃, 열매, 뿌리 등을 이용하는 것으로 전통 염색 재료로 많이 쓰는 쪽, 홍화, 치자, 오배자, 소목, 개망초, 달맞이꽃 등이 있다. 집에서 쉽게 구할 수 있는 양파껍질, 포도껍질, 밤, 도토리, 쑥 등 식물성 염료는 매우 다양하다. 동물성 염료는 동물에게서 얻는 재료로 오배자, 피나즙, 코치닐, 커미즈, 보라조개 등이 있고 광물성 염료에는 황토, 숯, 화산재 등이 있다. 해독력이 뛰어난 황토는 흙의 구성성분에 따라 붉은색의 강도가 조금씩 차이를 보인다.

천연 염색의 장점은 무엇보다 화학염색과 비교해 안전하다는 것이다. 게다가 요즘은 건강 성분의 천연 재료를 이용해 다양한 효능을 내기도 한다. 항균 성분의 약초를 이용해 색깔을 내면서 항균 효과도 얻고 있다. 전통 천연 염색의 대명사가 되고 있는 쪽 염색의 경우 항균과 제독 기능이 뛰어나다. 일본에서는 무좀퇴치용 양말에 쪽 염색을 이용하고 있기도 하다. 한약재인 황백이나 치자도 항균, 항염 효과가 있어 피부염 치료에 도움을 준다. 아토피 피부염 등 피부질환자들에게 특히 주목을 받고 있다. 시중에서 판매되는 천연 염색 의류를 구입할 때는 합성화학염료 성분이 없고, 안전한 매염제를 사용한 것을 고른다.

기본 염색 과정과 유의점

천연 염색을 하는 과정은 염료나 섬유에 따라 조금씩 차이가 난다. 가장 일반적인 방법은 염료에서 색소를 추출해 염액을 만들고, 천과 친숙해지도록 15~20분 간 염색을 한 후 물로 씻고, 그런 다음 염액이 천에 남아 있도록 매염 처리를 한다. 매염제로는 잿물, 백반, 소금, 식초 등 여러 종류가 있는데, 일반 가정에서는 쓰기 편하고 안전한 식초나 소금 등을 이용하면 된다. 15~20분 간 1차 매염을 하고 물세탁한 후 다시 30분 이상 염색을 하고 물세탁을 한다. 이후 매염, 수세, 염색, 수세를 여러 번 반복해 원하는 색깔을 얻는다. 천연 염색을 할 때는 염색하는 중간에 물세탁을 계속 반복한다. 그러다 보면 섬유에 들어 있는 농약이나 유해 화학물질 등이 자연스럽게 빠지게 되고, 우리 몸에 좋은 천연 재료로 고운 색을 낼 수 있으니 더욱 좋은 셈이다.

천연 염색 전문가들은 염료나 섬유, 염액의 온도, 매염제 처리 등을 전문적으로 조절하고, 염색 과정도 여러 차례 반복해서 한 가지 염료로도 다양한 색상을 낸다. 그러나 일반 가정에서는 곱고 다양한 색상을 내기 위한 목적보다는, 우리 몸에 좋은 건강 재료를 이용해 직접 염색을 해본다는 데 의미를 두는 것이 좋다. 색상이 다소 옅게 나올 수도 있고, 세탁할 때 염액이 어느 정도 빠지기도 한다. 화학염색처럼 쉽게 색을 내고, 염액이 섬유에 잘 고착되기를 바랄 수는 없다.

집에서 염색할 때 주의점은 천이나 옷을 반드시 깨끗이 빨아 말린 다음 먼지를 털어 내고 염색을 해야 한다는 것이다. 새로 산 옷이나 깨끗하지 못한 옷은 불순물로 인해 염색이 잘 되지 않는다. 식초, 백반, 소금 등 염색이 잘 되도록 도와주는 매염제는 염색할 천의 3~5% 정도 쓰는 것이 일반적이다. 천연 염색을 한 옷은 태양광을 받으면 잘 바래기 때문에 그늘에서 말리는 것이 좋다.

아토피에 좋은 황백 염색

황백은 황벽나무의 속껍질로 혈압강하, 항염증 치료에 주로 쓰는 약재이다. 포도상구균 등의 활동을 억제하고 살균작용이 뛰어나 세안 소독용으로 쓰기도 한다. 아기의 기저귀 발진이나 아토피 피부염 등 피부질환 치료에도 효과적이다. 염색을 하면 노란색을 내는 황백은 한약재상에서 구할 수 있으며 실크 소재가 가장 염색이 잘된다. 실크 스카프의 경우 특별히 매염 처리를 하지 않아도 염색이 된다.

❖ **황백 염색 하는 법**

– **재료** : 황백 32g, 백반 5g, 물 2리터

❶ 물에 황백을 넣고 20~30분 간 끓여 우려낸 후 걸러 황백 염액을 만든다.

❷ 매염제 역할을 하는 백반을 물에 풀어 염색할 천을 넣어 잘 저어준다. 염색이 잘 되도록 먼저 매염처리를 하는 것이다.

❸ 매염한 천을 90~100℃의 황백 염액에 담구어 30분 간 염색을 한 후 꺼내 물에 씻는다.

❹ 70~80℃의 백반수용액에 천을 30~40분 간 담구어 다시 매염처리를 한다.

❺ 물세탁한 후 건조하면 노란색으로 염색이 된다. 염색과 매염을 반복하면 더 진한 색깔을 얻을 수 있다. 면 티셔츠의 경우 한 장 정도 염색할 수 있다.

해독력이 뛰어난 황토 염색

황토에는 유기물을 분해하는 다양한 효소가 있어 유해물질의 분해, 정화, 해독 효과가 뛰어나다. 원적외선을 방사해 신진대사 기능을 강화하기도 한다. 황토는 염료가 아니라 안료이기 때문에 고운 황토 입자가 섬유 사이에 박혀 색을 낸다. 염색하기 다소 까다로운 재료이고, 염색한 뒤에 황토 흙이 떨어져 나오기도 한다.

❖ 황토 염색 하는 법

– 재료 : 황토 5리터(황토 염액 0.4리터), 천일염 15~20g(한 큰술), 물 5리터

❶ 굵은 체로 황토를 걸러 입자를 잘게 부순다.

❷ 양동이에 물을 3/4 정도 부은 다음 황토를 넣어 잘 저으면서 덩어리를 잘게 풀어준다.

❸ 1~3분 정도 지나면 황토물 윗쪽에 맑은 물이 1~2cm 정도 생긴다. 다른 용기에 윗물만 따라내어 이용한다.

❹ 따라낸 황토물을 하룻밤 정도 두면 다시 층이 생긴다. 위쪽 맑은 물은 천천히 부어 버리고 남은 것을 황토 염료로 쓴다. 이 과정이 번거롭다면 시판되는 항토 염액을 사서 이용해도 된다.

❺ 섭씨 60℃로 데운 물 5리터에 황토 염액 0.4리터와 천일염을 넣고 잘 저어 충분히 풀어준다.

❻ 염색할 천을 한쪽 끝부터 천천히 염액에 적셔 완전히 젖으면 잘 주물러준다. 황토 염액이 잘 스며들도록 빨래하듯 오래 주무른 후 30분 정도 염액에 담가둔다.

❼ 천을 가볍게 짜서 빨래줄에 짝 펴서 말린다. 말린 천은 물세탁을 5회 이상 반복해 말린 후 다시 1~2회 염색을 되풀이하면 황토색을 얻을 수 있다. 면 티셔츠 한두 장 정도 염색할 수 있다.

식재료를 재활용한 양파껍질 염색

집에서 쓰다 남은 음식 재료를 이용해 천연 염색을 할 수도 있다. 양파껍질이 그 대표적인 예이다. 마른 껍질은 변하지 않기 때문에 망자루에 모아두었다가 양이 어느 정도 모이면 염색 재료로 쓰면 된다. 항산화 물질이 풍부하고 특유의 향이 강한 양파는 냄새가 배인 작업복 등을 염색하면 효과적이다.

❖ 양파껍질 염색 하는 법

– 재료 : 마른 양파껍질 600g, 식초 10g(1/2큰술), 물 18리터

❶ 찜통에 양파껍질을 절반 정도 채운 뒤 물을 넉넉히 붓고 끓기 시작하면 중간 불로 낮춰 30분쯤 끓여 염료를 우려낸다.

❷ 고운 체로 걸러 얻은 물을 그릇에 담아둔다.

❸ 찌꺼기에 다시 물을 붓고 처음과 같은 방법으로 끓여 두 번째 염액을 얻는다.

❹ 처음과 두 번째 염액을 합친 뒤 염색할 천을 넣어 20~40분 간 골고루 뒤적여준다.

❺ 천을 건져내어 꼭 짠 다음 염액이 천에 잘 배여 있도록 식초 수용액에 담구어 매염 처리를 한다.

❻ 다시 천을 양파 염액에 담그고 잘 주무른 다음 10분쯤 두었다가 짜서 말리면 갈색이 나온다. 염색과 매염 처리를 몇 번 반복하면 더 진한 색을 얻을 수 있다. 옷을 한벌 정도 염색할 수 있다. 양파껍질 외에도 포도껍질을 이용해 같은 방법으로 염색을 할 수 있다.

🏠 위험한 목욕용품

피부를 거칠게 하는 비누

우리가 쓰는 일반 비누는 대개 지방과 가성소다로 이루어져 있다. 여기에 향을 내는 향료와 색을 내는 염료, 방부제, 인 등의 화학물질이 추가된다. 비누는 대개 피부의 모든 것을 깨끗하게 빼앗아 알칼리성으로 만들고 피부를 약하게 한다. 염료나 향료는 피부를 자극해 건조하게 만들고 피부염 등을 일으키기도 한다. 또한 비누 성분은 깨끗하게 씻어내지 않으면 박테리아나 세균의 먹이가 되어서 피부습진의 원인이 되기도 한다.

보다 안전한 비누를 쓸 필요가 있다. 일반적으로 무색, 무향, 무첨가제의 비누를 쓰는 것이 화학물질에 노출을 줄이는 방법이다. 산도는 우리의 피부가 같은 약산성의 비누가 좋다. 자극이 적은 순한 비누라고 해도 너무 자주 사용하는 것은 좋지 않다. 물로만 씻어도 웬만한 더러움은 씻어낼 수 있다. 아침, 저녁으로 세안을 할 때마다 꼭 비누를 써서 뽀득뽀득 소리가 나게 씻어야 한다는 것은 잘못된 생각이다. 단지 기분만 개운하게 할 뿐이지 피부에는 좋지 않다. 피부에 오염물질이 별로 없거나 아침에 일어나 세수를 할 때는 물로만 마사지하듯 씻는 것이 좋다.

천연 미용비누 만들기

 쌀겨, 녹두가루, 녹차 등은 비누 대용으로 쓸 수 있는 좋은 재료이다. 유기농으로 생산된 쌀겨를 면 주머니에 넣어 세안이나 목욕할 때 비누처럼 닦아주면 좋다. 쌀겨에 함유된 비타민E는 피부와 우리 몸에 해로운 과산화지질을 없애는 효과가 있고, 쌀겨의 유분은 피부를 촉촉하게 해준다. 쌀겨를 비누처럼 사용하면 따로 보습을 해주지 않아도 된다.

 예부터 미용제로 널리 쓰여온 녹두도 좋은 세안제이다. 녹두를 비누처럼 쓸 때는 씻어 말린 후에 분말로 갈아서 세안할 때 얼굴에 사용하면 된다. 손바닥에 녹두가루를 한 스푼 정도 덜어 다른 손으로 물을 묻혀 잘 섞어 얼굴에 바른다. 특히 지방이 많은 코 주위, 턱, 이마 등은 마사지하듯 닦아낸다. 목욕할 때도 비누 대신 쓰면 좋다.

 녹차도 좋은 피부 세안제이다. 항산화 성분인 카테킨이 풍부해 지친 피부에 수렴, 진정, 피부노화 방지효과가 있다. 항염작용과 진정작용이 뛰어나 여드름 피부나 칙칙한 피부에 효과적이다. 세안용으로 녹차를 이용할 때는 한번 우려 마시고 난 녹차잎을 모았다가 쓰면 된다. 뜨거운 물을 부어 차성분이 어느 정도 우러나면 세안시 마지막 헹굴 때 사용한다. 쌀겨가 건성이나 민감성 피부에 좋다면, 녹차는 지성이나 복합성 피부에 좋다.

 요즘은 천연 오일이나 아로마 오일을 이용

천연재료로 만든 미용비누(사진제공. 퓨어메이드)

해 비누를 직접 만드는 이들도 많다. 피부를 괴롭히는 유해 첨가물이 들어 있지 않은 천연 미용비누를 직접 만들어보자. 가장 일반적인 비누는 베이스 오일과 가성소다를 이용해 만든다. 베이스 오일로는 올리브 오일, 코코넛 오일, 팜 오일, 포도씨 오일, 동백유, 현미유 등이 있다. 특별한 기능을 내기 위해서는 어성초, 녹차, 솔잎, 쑥, 율무, 다시마 등의 천연 재료와 자신의 피부 타입에 맞는 아로마 에센셜 오일을 첨가하면 고기능의 천연 비누를 만들 수 있다.

❖ 어성초 동백유 비누 만들기

어성초는 메밀 잎과 비슷하지만 약용식물로 쓰인다고 해서 한방에서 '약모밀' 이라고 부른다. 항균 및 해독작용이 뛰어나고 염증질환에 주로 쓰는 약재이다. 동백나무의 종자에서 추출한 동백유는 우리 피부와 친화력이 강하며 보습작용이 뛰어나다. 피부 건조증이나 아토피 피부에도 효과적이다.

– 재료 : 생수 280g, 동백유 800g, 가성소다 108g, 어성초 10~20g, 아로마 오일 10ml,
비타민 오일 2~3g, 스틱 블랜더, 주걱, 스테인리스 용기, 온도계

❶ 빈 커피병 같은 두꺼운 용기에 생수 280g(맥주잔으로 1과 1/4잔)을 넣고 가성소다를 조금씩 부으면서 녹인다. 물에 가성소다를 넣으면 열과 연기가 발생하는데 천천히 넣으면서 45~50℃로 식힌다. 가성소다는 화공약품상에서 살 수 있고, 환기가 잘되는 곳에서 비닐장갑을 끼고 다루어야 한다. 가성소다액이 튀지 않도록 주의하고 아이들의 손이 닿지 않는 곳에 보관한다.

❷ 약재상에 구입한 어성초는 잘 씻어 말린 후 분말로 만든다.

❸ 물기 없는 스테인리스 용기에 동백유 800g을 넣고 불에 올려놓은 후 열을 가한다. 45~50℃가 되었을 때 블랜더로 돌려 잘 섞어준다. 시중에 나와 있는 핸드 믹서기를 이용하면 된다. 이때 어성초 가루를 넣고 잘 섞이도록 저어준다.

❹ 가열한 동백유에 준비한 가성소다액을 부으면서 블랜더로 10초, 주걱으로 1분 간 저어준다. 블랜더와 주걱을 번갈아가며 젓는 과정을 4~5차례 반복한다. 블랜더로만 이용하면 전

체가 골고루 섞이지 않고, 주걱으로만 저으면 시간이 너무 많이 걸린다.

❺ 재료를 넣어 잘 섞은 용액은 일반 세탁비누 냄새가 난다. 자신에게 맞는 아로마 오일을 넣으면 천연 향과 함께 심신을 안정시키는 아로마테라피의 효과를 얻을 수 있다. 아로마 오일은 천연 방부제 역할까지 한다. 비타민E 오일이 있으면 함께 넣어 주걱으로 잘 저어 섞어준다.

❻ 용액이 마요네즈 묽기로 걸쭉해지면서 빈 우유팩에 부어 라면상자에 넣고 이불을 덮어 온도를 유지하면서 24시간 둔다. 그런 다음 우유팩을 벗겨 적당한 크기로 잘라서 통풍이 잘 되는 곳에서 6주 간 숙성시킨다. 완전히 비누화가 된 후에 쓰는 것이 좋다. 보통 크기의 비누를 10장 정도 얻을 수 있다.

탈모를 부추기는 샴푸

비누보다 머리결을 부드럽게 하고 사용하기 간편한 샴푸는 요즘 사람들에게는 일용품이 되었다. 그러나 샴푸를 계속 쓰면 머리카락이 가늘어지고 탈색이 된다. 머릿속에 물집이 생기거나 머리카락이 빠지기도 하는데 머리카락을 부드럽게 하기 위해 화학물질을 넣기 때문이다. 일반적으로 샴푸에는 트리에탈올아민, 에틸렌글리콜에스테르 등의 유해 화학물질이 들어 있다. 또한 합성계면활성제가 50%가량 함유되어 머리 표피와 머리카락을 상하게 한다. 머릿결을 부드럽게 하기 위해 사용하는 화학물질 가운데는 환경호르몬도 포함되어 있다. 특히 비듬제거 샴푸의 경우 더 많은 유해 화학물질이 들어 있다. 샴푸의 화학물질은 피부를 통해 우리 몸에 흡수되기도 하고 눈꺼풀을 화끈거리게 하거나 졸음의 원인이 될 수도 있다. 샴푸와 함께 쓰는 린스도 해롭기는 마찬가지다. 원래 머리카락에 있는 유분은 모발을 보호하기 위해 체내에서 자연 분비하는 것이다. 체내에서 분비되는 천연 유분을 샴푸로 완전히 제거하고 인위적으로 만든 해로운 화학 린스를 다시 바르는 것은 어리석은 일이다.

샴푸나 린스의 피해를 줄이기 위해서는 머리를 미지근한 물로 충분히 씻어낸 후 비누를 이용해 감는 것이 가장 좋다. 샴푸를 사용하던 사람이 비누를 사용하면 처음에는 좀 뻑뻑하다고 느낄 수 있다. 린스 대신 식초를 서너 방울 떨어뜨려 헹구면 머릿결이 한결 부드러워진다. 시금치를 데치고 난 물로 헹구어도 머릿결이 부드러워진다.

❖ 사과 린스 만들기

– 재료 : 붉은 사과 1개, 식초 100cc, 라벤더 에센셜 오일

❶ 사과를 깨끗이 씻은 후 껍질을 얇게 깎는다.

❷ 사과 껍질을 잘게 썰어 100㎖ 식초에 24시간 담가둔다.

❸ 액체만 걸러내어 빈 용기에 담은 후 라벤더 에센셜 오일이 있으면 떨어뜨려 골고루 섞이도록 흔든다. 아로마 오일의 사용량은 재료 총량의 0.5~1% 정도가 적당하다.

❹ 머리를 헹굴 때 사과 린스를 서너 방울 떨어뜨린 후 사용하면 머릿결이 좋아진다.

위험한 치약과 구강청정제

치약도 일종의 세제로 계면활성제가 들어간다. 계면활성제는 세포의 지방질을 빠르게 분해해서 때를 제거한다. 그러나 입안의 점막 세포의 지방분까지도 분해해 오히려 외부 세균에 감염되기 쉽게 만든다. 또한 색과 향, 맛을 내기 위해 에틸 알코올, 포름알데히드, 암모늄, 티탄 이산화물 등의 화학물질이 첨가된다. 불소가 섞인 치약도 문제이다. 불소는 치아를 약하게 만들고 위경련, 설사, 심장 허약, 암, 기형아 출산을 유발한다고 알려져 있다. 이들 유해물질이 양치질을 하는 동안 알게 모르게 우리 몸에 들어오게 된다.

양치질 대용으로 쓰는 구강청정제도 역시 문제이다. 살균, 소독 효과를 높이기 위해 알코올, 항생물질을 사용한다. 또한 물파스에 사용되는 살리실산메칠이나 멘톨 등의 소염 진통제가 들어가기도 하고, 폴리에틸렌 글리콜이라는 합성계면활성제가 사용되기도 한다. 치약이나 구강청정제를 자주 사용하면 입안에 있는 세균이 변화하거나 억제되어 정상적인 보호작용을 하지 못하고, 오히려 세균에 의한 침입을 막기 힘들게 된다. 유해 화학물질이 첨가되지 않은 치약을 쓰거나 소금 같은 천연 재료를 이용해 양치질을 하는 것이 좋다.

천연소금으로 건강 치약 만들기

합성치약이 개발되기 전에는 소금이 치약으로 쓰였다. 완전히 녹지 않은 소금 입자는 치아를 닦는 연마제의 역할을 한다. 또한 염기성 물질이기 때문에 산을 중화시키고 살균, 소독의 역할을 한다. 치약 대신에 써도 손색이 없는 훌륭한 구강청정제이다.

집에서 소금치약을 직접 만들어 이용해보자. 소금치약을 만드는 방법은 적당량의 천연 소금을 작은 그릇에 담은 후 레몬즙을 짜서 너무 묽지 않게 섞는다. 이렇게 하면 미백효과와 함께 짠맛이 약해진다. 소금치약을 이용해 이와 잇몸을 구석구석 닦는다. 처음 사용하면 짠맛이 거슬리기도 하고 잇몸이 부을 수도 있지만 어느 정도 사용하면 적응이 된다. 소금치약을 만들기가 번거롭다면 소금물로 양치를 해도 좋다. 천연 소금 한 작은술을 한 컵의 물에 녹여 입안을 꼼꼼히 헹구어내면 된다. 이때 사용하는 소금은 국내산 천일염이나 볶은 소금이 적당하다.

🏠 불안한 화장품

유해 화학물질 덩어리, 화장품

화장품은 실로 많은 유해 화학물질의 덩어리다. 화장품의 주성분이자 피부를 부드럽게 해주는 지방분은 쉽게 산화, 부패하기 때문에 산화방지제를 넣는다. 화장품의 주요 성분 가운데 하나인 물과 지방을 잘 섞어 크림 상태로 만들기 위해서는 유화제를 사용한다. 색과 향을 내는 색소와 향료도 들어가고, 부패를 막기 위한 방부제도 첨가된다. 아름다움을 상징하는 화장품의 이면에는 이렇게 많은 유해 화학물질이 존재한다.

대부분의 화장품은 몇 년이 지나도 부패하지 않도록 살리실산, 페놀, 크레졸 등을 사용한다. 식품에는 사용하지 못하게 되어 있는 이들 산화방지제는 발암성이 우려되는 물질이다. 유화제로는 계면활성제 성분이 들어 있다. 계면활성제는 피부로부터 지방을 빼앗아 얼굴을 거칠게 만들거나 습진, 피부염을 일으키는 원인이 되기도 한다. 화장품에 사용되는 계면활성제에는 알킬페놀류(Alkylphenols)라는 환경호르몬이 함유되어 더욱 문제이다. 화장품의 색소는 석유에서 분리 합성한 타르색소와 수은, 납, 크롬 등의 중금속이 함유된 안료가 사용되기도 한다. 향을 내는 향료는 알코올계나 알데히드계의 합성향료가 주로 이용되고, 이들 물질 역시 우리 피부를 괴롭히는 물질이다. 피부에 사용하는 화장품은 단지 피부만 자극하는데 그치는 것이 아니다. 피부를 통해 체내로 흘러들어 면역기능을 저하시키거나 여러 기관의 장애를 일으키기도 한다.

머리 퍼머약이나 헤어 제품도 해롭기는 마찬가지다. 일반적으로 머리 퍼머약에는 암모니아, 포름알데히드 등이 들어 있고, 헤어스프레이나 헤어로숀에는 폴리비닐 피로리돈 플라스틱, 포름알데히드 등이 들어 있다. 머리 염색약에는 피라페닐렌디아민, 오르토아미노페놀 등이 함유되어 있고, 오래 사용하면 재생 불량성 빈혈을 일으킬 수 있다. 여름철 여성들이 땀냄새를 막기 위해 사용하는 땀방지제의 경우 알루미늄 클로로하이드레이트, 포름알데히드, 암모니아 등이 함유되어 있다. 이들 물질이 땀구멍을 인위적으로 막거나 냄새를 바꾸는 것으로 장기간 사용하면 건강을 해치게 된다.

피부의 자생력을 기르자

원래 우리 피부는 스스로 피지를 만들고 적당한 유분과 수분으로 얇은 피지막을 형성하고 있다. 피지막은 외부의 유해물질과 세균을 차단해 피부를 보호하고, 자연스럽게 약산성을 유지한다. 그런데 화장을 해서 인위적으로 영양물질을 공급받게 되면 서서히 피지와 수분 배출을 게을리하게 되고 그 기능이 퇴화된다. 결국 피부 스스로 건강한 보호막을 형성하는 역할을 완전히 잊게 되어 화장품에 더욱 의존하지 않을 수 없는 상황에 이른다. 유해 화학물질이 든 화장품을 겹겹이 바르다 보면 그 유해성이 더해지고 피부에 원활한 산소공급이 되지 않아 누렇게 뜬 피부가 되기도 한다. 더 아름다워지기 위해 시작한 화장이 나중에는 화장을 하지 않고 맨 얼굴로는 다닐 수 없을 만큼 피부 상태가 나빠지게 된다.

건강한 피부를 위해서는 로숀이나 크림에 의존하지 말고 피부 스스로 자생력을 기르도록 하자. 로숀 사용을 갑자기 중단하면 당장은 피부가 당기고 거칠어지는 느낌을 받을 것이다. 그러나 얼마 지나지 않아서 서서히 피부의 자생 능력이 되살아난다. 피부 스스로 피지와 수분을 분비해내면 로숀을 바르지 않아도 촉촉한 정상 피부를 되찾을 수 있다.

피부의 피지와 수분 분비는 수면이나 영양, 컨디션에 따라 큰 영향을 받는다. 충분한 수면과 영양 공급, 규칙적인 생활과 운동 등으로 피부를 거칠게 만드는 근본 원인을 바로 잡는 것이 아름답고 건강한 피부를 만드는 최선의 방법이다.

화장품 피해 줄이기

화장품의 독성으로부터 피부를 지키려면 화장을 안 하는 것이 최선이다. 그러나 오염된 공기와 오존층이 파괴되어 강하게 유입되는 자외선으로부터 피부를 보호하기 위해서는 안전한 화장품을 찾아 사용할 필요가 있다. 세계적인 피부 과학자인 앨버트 클리그만 교수는 화장품은 와셀린과 햇볕에 타는 것을 방지하는 자외선 차단 크림만 있으면 된다고 했다. 자외선 차단제가 들어 있는 보습제 하나면 기초 화장으로 충분하다는 것은 많은 피부과학자들의 공통된 주장이기도 하다. 기초화장품으로는 자외선 A와 B를 동시에 차단하고 자외선 차단지수가 15 정도의(UV A/B 차단 SPF 15) 보습제만 있으면 된다. 화장품 회사에서는 여러 종류의 화장품이 든 기초 화장품 세트가 꼭 필요하다고 말하지만 그것은 단지 화장품 회사의 판매 전략일 뿐이다.

□ 가능한 화장품 사용을 자제하고, 부득이 화장을 할 때는 가볍게 한다. 여러 제품을 많이 바를수록 피부는 더 많은 위험물질에 노출된다. 비누로 지워지지 않을 만큼의 두꺼운 화장은 피해야 한다.

□ 보다 안전한 화장품을 찾는다. 합성향료나 색소, 알코올이나 오일 등이 들어 있지

않고 천연재료만을 이용해 만든 자연 화장품을 쓴다. 천연 화장품이라고 광고하는 제품도 화학물질이 들어 있는 경우가 많다. 향료나 색소를 덜 쓰거나 부작용이 적은 방부제를 사용했다는 것이지 방부제, 유화제, 산화방지제를 쓰지 않으면 장기간 대규모로 유통되는 제품을 만들기는 쉽지 않다. 제품의 성분을 제대로 알아보고 이용하자.

□ 머리 퍼머제나 염색제, 헤어 스프레이의 사용도 가능한 피한다. 물에 레몬을 잘라 넣고 물이 반으로 줄 때까지 끓여 물만 받아 식힌 후 스프레이 물병에 담아 머리에 뿌리면 천연 헤어스프레이로 효과적이다. 머리염색제는 천연재료인 헤나 등을 원료로 한 천연 염색제가 시판되고 있다.

□ 합성땀방지제의 사용도 피한다. 탈취효과가 있는 베이킹소다가 어느 정도 도움이 된다. 몸을 자주 씻는 것이 가장 좋은 대처법이다.

내 손으로 만드는 천연화장품

성분 표시가 제대로 되어 있지 않은 시중 화장품을 믿을 수 없다면 집에서 직접 만들어 쓰는 방법이 있다. 요즘은 천연 화장품 만들기 강좌를 하는 곳도 있고, 인터넷에서도 많은 정보를 얻을 수 있다. 일반적으로 화장품은 베이스 오일, 글리세린, 생수를 원료로 만든다. 화장품의 베이스 오일은 피부 타입에 따라 중성 지성피부에는 포도씨 오일이나 호호바 오일이 좋고, 건성 민감성 피부에는 동백유나 스위트 아몬드 오일이 좋다. 노화방지에는 달맞이유 등이 좋다. 화장품 베이스 오일은 아로마 숍에서 쉽게 구입할 수 있다. 집에서 간단하게 화장품을 만들 때는 현미유나 올리브 오일을 이용하면 된다.

화장품의 자연 향을 내고 천연 방부제 역할을 하도록 넣는 것이 아로마 에센셜 오일이다. 아로마 오일을 넣으면 심신을 치료하는 아로마테라피의 효과까지 동시에 얻을 수 있다. 이를테면 스트레스로 불안할 때는 라벤더 오일을, 아토피 피부염이 있다면 캐모마일 오일 등 자신에게 맞는 것을 이용하면 좋다. 아로마 오일의 사용량은 일반적으로 얼굴에 사용할 때는 재료 총량의 0.5~1%, 몸에 사용할 때는 재료 총량의 2~3%가 적당하다. 집에서 핸드메이드 화장품을 만들 때는 도구를 철저하게 소독하고, 만든 화장품이 자외선에 변질되지 않게 차광병에 넣어두어야 한다. 사용할 때는 천연 성분이 자신의 피부에 잘 맞는지 팔 안쪽 등에 시험삼아 발라본 후 쓰는 것이 보다 안전하다.

❖ 로즈마리 스킨 만들기

생명력이 강해 집에서도 쉽게 기를 수 있는 로즈마리는 세포활성과 신경안정, 혈액순환촉진 등의 효능이 있는 허브식물이다. 백포도주 역시 항산화 성분이 풍부하고 혈액순환을 도우며 주름 방지 등의 효과를 낸다. 방부제 역할도 하기 때문에 화장품 재료로 좋다.

- 재료 : 로즈마리잎 15g, 백포도주 0.5리터, 글리세린 25ml

❶ 로즈마리 15g을 백포도주에 넣는다.

❷ 2주 간 숙성한 후 액체만 걸러낸다.

❸ 약국에서 파는 글리세린을 25ml를 넣는다.

❹ 피부에 맞는 아로마 오일을 넣는다. 아로마 오일의 사용량은 재료 총량의 0.5~1%가 적당하다. 벌꿀을 약간 떨어뜨려 섞어도 좋다.

❺ 완성된 화장수는 햇볕이 들지 않는 차광병에 넣어 냉장고에 보관하면서 사용한다.

❖ 장미 마사지 오일 만들기

향의 여왕으로 불리는 장미꽃잎에는 비타민C, 탄닌, 구연산 등이 함유되어 있어 피부를 탄력 있고 부드럽게 해준다. 살균작용도 있어 피부 염증을 억제해주고, 피부트러블을 완화시켜 준다. 대체로 모든 피부에 잘 맞는다.

– 재료 : 장미꽃잎 20g, 현미유(혹은 동백유) 50g

❶ 햇볕이 들지 않는 차광병에 장미꽃잎 10g과 현미유 50g을 넣는다. 장미꽃잎은 농약을 쓰
지 않고 기른 것을 이용한다.

❷ 완전히 밀봉해서 그늘진 곳에 1주일 정도 두고 하루에 한 번씩 흔들어준다.

❸ 장미꽃잎의 성분이 완전히 우러나면 오일만 걸러낸다.

❹ 걸러낸 오일에 장미꽃잎 10g을 다시 채우고 밀봉해 그늘진 곳에서 1주일 정도 둔다. 이 과
정을 3~4회 반복하면 마사지 오일이 된다.

❺ 피부에 맞는 아로마 에센셜 오일이 있으면 함께 넣으면 좋다.

 '천연 화장품 만들기'를 배울 수 있는 곳

– 퓨어 메이드(www.puremade.net)
안전한 천연 재료와 식용 글리세린을 이용한 천연 화장품 만들기를 가르친다. 아토피 피부를 가
진 이들에게 특히 인기가 있으며 천연 비누와 천연 염색 강좌도 함께 운영한다. 교육비 4~6만
원. ☎ 02-2648-5359

– 로얄 네이처(www.royal-nature.com)
다양한 천연 화장품과 피부 타입에 따른 비누 만들기를 가르친다. 교육비 3만5천~6만원, 5주 과
정의 전문가 자격증반도 운영한다. ☎ 02-522-3445

천연섬유가 기본

천연섬유에는 면, 마, 모, 견 등이 있다. 면은 목화씨에 붙은 솜을 원료로 만든 섬유로 흡수성과 착용감이 좋고 세탁하기도 쉽다. 마는 일년생 마 식물의 줄기나 엽맥 등에서 얻는 섬유로 통기성과 내구성이 뛰어나지만 구김이 잘 간다. 모시종류가 여기에 속한다. 모는 면양의 털을 원료로 만든 섬유로 보온성과 탄성이 좋으나 변형이 잘 된다. 겨울 외투나 스웨터 등으로 많이 이용된다. 견은 누에고치에서 뽑아낸 실로 만든 섬유로 광택이나 촉감이 좋으나 물세탁으로 손상되기 쉽다.

공해가 만연한 오늘날 천연섬유라고 해도 안전하지는 않다. 특히 면섬유는 중국, 미국 등에서 많은 농약을 사용해 대량 생산되고 있고 면화가 생산되지 않는 우리나라로서는 농약이 잔류된 면화를 수입할 수밖에 없는 실정이다. 또한 옷이 되는 과정에서 많은 유해 화학물질이 들어가기 때문에 순면 의류라고 해도 안전하지는 않다. 마, 모, 견 등의 천연섬유도 공해가 만연한 오늘날 100% 안전하지는 않다. 천연섬유에 문제가 있기는 하지만 섬유의 원료 자체가 석유 화학물질인 합성섬유보다는 낫다. 통기성이나 흡습성 면에서도 천연섬유가 좋다. 그런데도 저렴하고, 다양하게 추가되는 기능 등으로 인해 합성섬유의 사용이 절대적인 비율을 차지한다. 보다 안전하고 건강한 의생활을 위해 가능한 천연섬유를 이용하자.

새 옷, 새 침구는 반드시 세탁부터

현대식으로 생산되는 거의 모든 제품은 신제품일수록 유해물질의 방출이 많다. 옷도 마찬가지다. 새 옷은 발색제, 형광제, 포름알데히드 같은 유해 화학물질이 다량 방출된다. 영국의 한 소비자단체의 실험 결과에 따르면, 새로 산 면제품을 일곱 번이나 세탁했는데도 옷 성분에 포름알데히드가 남아 있었다고 한다. 새 옷을 입는다면 적어도 한두 번은 세탁한 후에 입도록 하자. 속옷이나 아기옷의 경우 더욱 신경을 써야 한다. 천연 세제를 이용해 삶아 빤 후에 아이에게 입혀야 한다. 세탁하기가 쉽지 않은 옷이나 침구류는 햇볕과 바람을 이용해 유해물질을 충분히 날려보낸 후 이용하자. 섬유 처리에 쓰이는 화학물질은 휘발 성분이 많아서 바람이 잘 통하는 곳에 일주일 이상 걸어두면 상당 부분 제거된다. 옷을 살 때 매장에 오래 걸려 있던 것을 구입하는 것도 피해를 줄이는 방법이다.

천연세제를 이용해 꼼꼼히 헹구자

우리가 입는 옷은 옷 자체의 유해성도 문제이지만 세탁할 때마다 세제의 유해성이 더해지는 경우가 많아 더욱 문제이다. 합성세제와 세탁보조제를 지나치게 사용해 의류에 세제 찌꺼기를 남기는 경우가 많다. 석유 화학물에서 만들어지는 합성세제는 때를 잘 빼는 만큼 우리 몸에 해로운 성분도 많다. 그 유해 화학물질이 옷에 잔류해 우리를 위협한다. 유해성이 적은 세탁비누를 이용하는 것이 좋고, 세탁기를 이용할 때는 가루비누를 쓰도록 하자. 요즘은 천연 재료로 만든 세탁용세제도 시판되고 있다. 어떤 세제를 쓰더라도 세탁을 할 때는 잔류 세제가 남지 않도록 꼼꼼히 헹구는 것이 중요하다.

옷은 얇고 헐렁하게

우리는 흔히 호흡은 코나 입으로만 한다고 생각하지만, 피부를 통해서도 호흡을 한다. 피부는 호흡작용과 노폐물 배설작용, 체온 조절작용을 통해 우리 몸의 건강을 지켜준다. 피부가 제 역할을 다하기 위해서는 공기와 잘 접촉해야 한다. 그런데 너무 두껍게 옷을 입거나 꽉 조이는 옷을 입으면 피부의 기능과 저항력이 떨어질 뿐 아니라 옷의 유해물질에도 보다 쉽게 노출된다. 가능한 옷을 얇게 입도록 하자. 춥다고 너무 피부를 감싸면 피부의 기능이 저하되고 유해물질로부터 받는 피해만 커질 뿐이다. 어린아이는 어릴 때부터 옷을 얇게 입히는 습관을 들이는 것이 좋다. 옷을 두껍게 입고 다니는 것은 대개 어릴 적부터의 습관인 경우가 많다. 옷을 꽉 조이게 입는 것도 좋지 않다. 피부호흡을 방해하고 노폐물 배출을 막을 뿐 아니라, 옷의 염료나 세제 찌꺼기가 피부로 흘러들기도 쉽다. 옷을 가능한 얇고 헐렁하게 입는 것이 안전한 의생활을 위한 기본 자세이다.

1회용 기저귀, 생리대를 피하자

많은 화학물질을 이용해 만드는 1회용 기저귀와 생리대는 편리한 만큼 위험한 제품이다. 1회용 기저귀 속의 솜은 천연 펄프로 만든다고 해도 겉의 커버는 합성수지로 만든다. 뿐만 아니라 표백제, 탈취제, 항균제, 물기가 새지 않게 젤 상태로 만들기 위한 약제 등 많은 화학물질을 이용해 만든다. 기저귀는 아기 몸에 밀착시키므로 화학물질의 독성에 그대로 노출될 수밖에 없다. 아기가 화학물질에 계속 노출되면 엉덩이가 짓무르고 물집이 잡히는 기저귀 발진 증상을 보이고, 비뇨기계 발달에도 악영향을 준다. 순면으로 된 천기저귀를 사용해 아기를 보호해야 할 것이다.

여성들이 쓰는 1회용 생리대 역시 해롭다. 천연 펄프에 염소 등 많은 유해 화학물질을 넣어 만들고 자궁질환, 생리통, 발열, 가려움 등의 원인이 되기도 한다. 1회용 생리대는 날로 기능이 추가되고 두께가 얇아지는 '고기능 슬림화' 추세이다. 그만큼 화학물질이 더 많이 사용된다는 말이다. 다소 불편하더라도 보다 안전한 순면 생리대를 이용하자.

보다 안전한 목욕

건강한 피부를 만들기 위해서는 청결이 중요하다. 청결하지 못하면 피부 기능 자체가 저하된다. 몸의 더러움은 바로 씻어내도록 하자. 그런데 집에서 하는 온수목욕은 신중할 필요가 있다. 수돗물에는 염소를 비롯한 유해물질이 함유되어 있다. 이 유해물질은 뜨거운 온수일 때 더욱 많이 배출된다. 뜨거워진 물이 샤워 꼭지를 통과하면서 클로로포름, 트리클로로에틸렌이 방출된다. 수돗물 정수 과정에서 원수에 함유된 유기 물질이 소독제인 염소와 반응해 생성되는 클로로포름은 간이나 콩팥에 치명적인 영향을 주는 마취제이다. 클로로포름은 찬물이나 미지근한 물일 때보다 뜨거울 때 2배 이상 많이 배출되며 물의 온도가 높을수록 목욕시간이 길수록 우리 몸에 더 해롭다. 미국의 한 연구에 따르면 5분에 비해 10분 간 샤워할 때 클로로포름 발산량이 4배로 늘어난다고 한다. 42℃ 이상의 온수로 샤워나 목욕을 할 때에는 창문을 열거나 환풍기를 돌려 환기를 시키면서 하고, 온수의 유해물질이 집안으로 들어가지 못하게 하자. 목욕을 할 때 욕조물 속에 참숯을 넣어두면 유해물질을 어느 정도 흡착하는 역할을 한다. 온수의 유해물질을 감안한다면 장시간의 목욕보다는 간단한 샤워 정도가 좋다.

수돗물에 유해물질을 걸러내기 위해 연수기나 염소 제거기를 이용하는 방법도 있다. 연수기는 수돗물 속에 들어 있는 불순물인 녹물, 석회성 물질 등을 이온수지가 흡착 제거해 거친 센물을 부드러운 단물로 만들어주는 경수연화 장치이다. 일반적으로 염소는 제거되지 않는다.

화장은 가볍게

우리 몸에서 피부는 단지 뼈나 근육을 싸고 있는 역할만 하는 것이 아니다. 산소를 받아들이고, 노폐물을 배출하고, 땀을 내어 체온조절을 하는 중요한 역할을 한다. 이런 피부가 공기와 접촉이 제대로 되지 않으면 제 역할을 할 수 없다. 화장을 두껍게 하는 것이 바로 피부의 산소공급을 막는 것이다. 화장을 두껍게 하는 것은 화장품에 들어 있는 유해 화학물질을 겹겹이 바르는 것이기도 하다. 오늘날 대량 생산 유통되는 화장품은 대부분 방부제, 유화제, 화학 색소와 향료 등 유해 화학물질을 함유하고 있다. 이런 유해물질을 겹겹이 바른다는 것은 그만큼 피해를 늘이는 것이 된다. 화장품에 계속 의존하다 보면, 피부가 선천적으로 갖고 있는 피지와 수분 생산능력을 아주 잃게 된다. 우리 피부가 스스로 적당한 유분과 수분을 생산해 피지막을 형성하고 건강한 피부를 만들 수 있도록 화장품 사용을 줄여야 한다.

농약투성이 농산물

오늘날 우리 식탁에 오르는 농산물은 대부분 농약과 화학비료에 의존해 생산되고 있다. 현재까지 구체적으로 밝혀진 67종의 환경호르몬 가운데 41종이 바로 농약이라는 사실은 우리의 밥상이 심각하게 오염되었다는 것을 말해준다. 농약이란 농작물을 재배하고 저장할 때 발생하는 병해충과 잡초를 방제하고 농작물의 생리기능을 조절하는데 쓰는 모든 약제를 일컫는다. 넓은 의미에서 농약은 비료까지도 포함하며 토양소독에서부터, 종자소독, 발아, 결실, 저장에 이르기까지 농작물을 보호하는데 쓰는 모든 약제를 말한다. 농약은 천연물질을 이용하는 경우도 있지만 대부분 석유화학물질을 원료로 생산된다.

50여 년 전 농업 분야에서 처음으로 화학물질, 즉 농약이 등장한 후 우리 농업은 엄청난 변화를 몰고 왔다. 병해충을 쉽게 몰아내고 생산량이 늘어나자 좀 더 크고, 싱싱하고, 흠 없는 작물을 생산하기 위해 농약 사용량은 점점 늘어왔다. 오늘날 쌀 생산의 경우 병충해 방제를 위해 보통 6~7차례 농약을 살포하고 있고, 잡초 제거를 위해 맹독성 제초제를 2차례 이상 쓰고 있다. 이렇게 농약과 화학비료에 의존한 농업은 불과 반세기만에 농업을 벼랑 끝으로 내몰았고 심각한 식품공해를 낳았다. 병충해를 막기 위해 사용한 농약이 농작물을 오염시켜 잔류농약의 문제를 낳은 것이다. 잔류농약이란 식물 표면에 부착, 용해된 농약이나 뿌리로 흡수되어 식물체내로 침투한 농약을 말한다. 잔류농약이 남아 있는 농작물을 계속 먹게 되면 만성 중독성이 생기고 뇌, 신경계, 소화기계 등 전신에 걸쳐 문제가 생기며 심한 경우 생명을 위협받기도 한다. 오늘날 우리 밥상에 오르는 '신토불이' 농산물은 예전의 신토불이가 아니다. 이미 생명력을 잃은 땅에서 우리 몸을 교란시키는 환경호르몬 물질인 농약으로 생산되고 있고, 우리는 농작물을 통해 농약을 간접 섭취하고 있다.

생태계 전반을 파괴하는 화학영농

농약은 우리 밥상만 위협하는 것이 아니다. 토양과 생태계 전체를 파괴하고 있다. 벼농사에 쓰이는 멸구약을 예로 들자. 벼멸구약을 뿌린다고 해서 수억 마리나 되는 멸구가 완전히 소멸되지 않는다. 오히려 해충을 잡아먹는 거미나 벌 등의 익충을 죽게 만들고 논의 미꾸라지, 우렁이, 메뚜기, 잠자리, 반딧불, 올챙이 등도 사라지게 만든다. 또한 땅을 살리는 토양의 유용 미생물을 전멸시켜 불모지로 만든다. 농약은 빗물에 씻겨 하천과 바다로 흘러들어 그곳 생물에게도 피해를 준다. 토양과 생태계 전체를 위협하는 무서운 화학물질이 바로 농약이다. 농약으로 해충이 모두 박멸되는가 하면 그렇지도 않다. 농약에 내성을 가진 더 강한 해충이 등장하게 되고 결국 더 강한 농약을 더 많이 써야 하는 악순환을 반복하게 된다.

화학비료도 마찬가지다. 화학비료는 작물의 생장 발육을 돕는 인공합성 영양분이다. 천연 퇴비를 사용하는 것보다 편리하지만 계속 쓰면 토양의 균형을 깨고, 흙을 기름지게 하는 유용 생명체를 파괴한다. 결국 건강한 토양의 자연 활동을 방해해 흙을 불모지로 만든다. '농업혁명'이라고까지 불린 농약과 화학비료의 등장은 밥상을 오염시키면서 우리의 건강을 심각하게 위협하고 있다. 나아가 농업의 기반인 토양을 파괴해 농업을 벼랑 끝으로 내몰고 있다.

성장촉진제로 자라는 가축

현대 축산은 우선 축사부터가 생명체를 기르는 곳이라기보다는 공산품을 생산하는 공장과도 같다. 햇볕과 바람이 들지 않는 시멘트 축사에서 소나 돼지, 닭은 움직일 수 없을 정도로 빼곡이 밀집 사육된다. 가축은 성장에 필요한 햇볕과 바람, 흙에서 떨어져 병이 들 수밖에 없는 상황에서 자란다. 그러다 보니 가축 질병을 막기 위해 항생제를 투여하고 스트레스를 잠재우기 위해 진정제를 쓰게 된다. 밀집 재배, 밀집 사육, 밀집 양식 상태에서 비료나 사료로 크는 생명체는 스트레스가 커지게 되고 스스로 체내에 많은 양의 독을 만들어내기도 한다.

현대 축산에서는 상품가치를 높이기 위한 방법으로 성장촉진제까지 투여한다. 소나 돼지, 닭이 더 빨리 자라고 더 커야만 상품가치가 있기 때문이다. 유전자변형식품을 원료로 한 수입사료에 항생제, 성장촉진제를 먹으며 자란 가축은 결국 종착역인 우리의 밥상으로 부지런히 배달된다. 그 유해물질의 피해가 고스란히 우리의 몫으로 넘어오는 것이다.

독일에서는 두 살된 여자아이가 생리혈을 보여 세상을 놀라게 하기도 했다. 조사 결과 아이의 엄마가 임신을 했을 때 성장호르몬이 들어간 수입 쇠고기를 지나치게 먹은 것이 아이에게 전해져 배란능력이 촉진되었고 조기 생리를 하게 된 것으로 나타났다. 성장호르몬의 부작용으로 일곱 살된 여자아이의 가슴이 어른처럼 부풀어올라 화제가 된 적도 있다.

환경호르몬이 검출되는 어류

광우병, 조류독감 등 가축 질병이 이어지고, 육류의 오염이 심해지면서 대체 단백질원으로 관심을 모으는 것이 바다의 생선이다. 그러나 오늘날의 바다 환경은 예전과는 다르다. 농약이 흘러드는 하천, 공장폐수와 생활하수가 흘러드는 곳이 바로 바다이다. 육지의 온갖 공해물질이 모이는 곳이라고 할 수 있다. 그로 인해 바다에서 잡은 자연산 생선에서도 중금속이나 환경호르몬이 검출된다. 공해가 심한 얕은 바다에 사는 어류는 더욱 오염되어 있다.

그래도 자연산 어류는 좀 나은 편이다. 양식 어류는 밀집 사육하는 가축과 다를 바가 없다. 양식 어류는 좁은 곳에서 대량으로 키우기 때문에 병에 걸리기 쉽다. 그래서 항생제를 투여해 양식을 한다. 연어, 도미, 광어 등 횟집에서 취급하는 대부분의 활어가 양식 어류이다. 항생제를 사용하는 이들은 법적으로 인정한 허용범위 내에서 사용하고 있다고 한다. 어류 양식뿐 아니라 합성화학물질을 사용하는 곳에서는 대부분 법적으로 안전하다는 허용 기준을 지킨다고 말할 것이다. 그러나 그 안전하다는 기준 자체가 심각한 공해천국의 현실을 제대로 반영하지 않고 있다. 우리는 어느 것 하나 유해물질이 아닌 것이 없는 공해천국에 살고 있다. 먹는 음식과 마시는 물, 호흡하는 공기, 집의 건축자재와 가재도구로부터 모두 위협을 받고 있다. 항생제만 해도 그렇다. 유해한 환경 속에서 살다보니 감기를 비롯한 병치레가 잦아 자연히 감기약 등을 통해 항생제를 많이 먹는다. 거기에 항생제를 먹여 키운 육류를 섭취한다. 항생제가 든 양식 어류까지 먹는다면 우리 몸은 어떨까? 실제로 항생제 과다 복용으로 치명적인 항생제 내성균까지 생겨 죽음을 맞는 경우까지 있다. 우리나라가 세계에서 가장 항생제를 남용하는 나라로 밝혀진 것이 우리의 현실이다. 우리는 엄청난 유해물질에 매일 노출되어 있다. 그것이 추가되고 복합적으로 작용해 어떤 결과를 낳을지는 현재로서는 그 누구도 알 수 없다. 이것이 바로 법적으로 안전하다고 말하는 식품 혹은 제품의 유해물질 기준을 신뢰할 수 없는 이유이다. 아무리 적은 양의 유해물질도 무심할 수 없는 이유이기도 하다.

농약 피해 줄이기

농약 피해를 줄이기 위해서는 유기농 등 친환경농산물을 먹는 것이 최선의 방법이다. 어류나 육류 역시 자연친화적인 방식으로 생산된 것을 먹어야 할 것이다. 요즘은 유기농산물을 비롯한 안전한 먹거리를 취급하는 전문점이 많기 때문에 쇼핑하기 쉽다. 이용할 때는 친환경농산물 품질 인증마크를 확인한다. 제철에 생산된 농산물을 먹는 것도 농약 피해를 줄이는 길이다. 시설 재배가 대중화된 요즘은 제철 농산물이 따로 없다. 그러나 하우스 재배를 해서 농산물을 기르면 더 많은 농약을 쓸 수밖에 없다. 제철에 노지에서 자연스럽게 자란 농산물을 먹는 것은 농약 피해를 줄이는 길이며 인체의 리듬을 대자연의 섭리에 맞추는 섭생법이기도 하다.

친환경 농산물을 먹는 것이 농약 피해를 막는 길이다

 알고먹자! 제철 채소, 과일, 어류

봄 - 냉이, 달래, 쑥, 고사리, 미나리, 두릅, 죽순, 양배추, 청채, 솎음배추, 머위, 양송이, 셀러리, 부추, 아스파라거스, 돌나물, 더덕, 갓

- 딸기, 매실, 키위

- 청어, 도미, 조기, 잉어, 숭어, 삼치, 문어, 멍게, 광어, 바지락

여름 - 오이, 상추, 풋고추, 피망, 가지, 애호박, 무더기버섯, 꼬투리강남콩, 차조기잎, 우엉, 연근, 생강, 동아, 마늘, 도라지, 깻잎, 보리, 감자, 옥수수

- 토마토, 살구, 참외, 수박, 복숭아, 포도

－ 은어, 민어, 장어, 농어, 멸치, 전갱이, 전복, 꽃게, 오징어, 갈치, 날치, 성게, 주
　　　　꾸미, 돌돔

가을 － 송이버섯, 느타리버섯, 표고버섯, 연근, 토란, 참마, 양파, 누에콩, 배추, 무, 박, 고
　　　　추, 고구마, 땅콩, 도토리, 은행

　　　－ 사과, 배, 감, 석류, 탱자, 무화과

　　　－ 새우, 고등어, 병어, 전갱이, 꽁치, 방어, 은어, 정어리, 참치

겨울 － 파, 쑥갓, 당근, 시금치, 배추, 무, 무청, 브로콜리, 늙은 호박, 밤, 대추, 호두, 잣

　　　－ 연시, 밀감, 모과, 유자

　　　－ 명태, 민어, 대구, 굴, 대합, 가자미, 해삼, 방어, 청돔, 연어, 빙어, 대게, 뱅어, 아귀

🔊　**제철 산물을 이용한 월별 밥상 차림**(자료 제공 : 한살림)

1월 : 동태국, 김치찌개, 유정란찜, 김부각, 로스편채

2월 : 시금치국, 신김치 콩비지찌개, 떡산적, 달래도라지무침, 볶음배추, 쇠고기표고전

3월 : 시래기국, 채소전골, 김치해물탕, 우엉조림, 멸치볶음, 버섯모듬회, 냉이무침

4월 : 근대국, 봄채소모듬전, 돌나물무침, 냉이볶음, 쑥갓겉절이, 삼겹살조림, 쑥부침개

5월 : 아욱국, 부추김치, 마파두부, 마른새우무조림, 도토리묵무침, 통마늘장아찌, 두릅적

6월 : 채소비빔밥, 콩나물겨자채, 두부채소지짐, 돌미나리무침, 양송이초무침, 양배추샐러드

7월 : 물냉면, 해파리냉채, 두부냉채, 가지전, 양배추오이김치

8월 : 열무냉국수, 미역냉국, 제육겨자채, 삼계탕, 고구마순나물, 깻잎된장장아찌, 풋고추부각

9월 : 메밀칼국수, 생알땅콩닭찜, 고춧잎나물, 소불고기전골, 감자지짐, 꽁치조림

10월 : 황태콩나물국, 느타리전, 물오징어볶음, 콩조림, 채소샐러드

11월 : 알토란국, 청국장김치찌개, 버섯잡채, 무나물, 대구채무침, 다시마부각

12월 : 감자탕, 배추국, 버섯전골, 동태찜, 돼지고기보쌈, 파무침, 더덕튀김

썩지 않는 수입식품

우리나라에서 생산된 농산물보다 잔류농약이 더 심각한 것은 수입농산물이다. 특히 수입농산물은 포스트 하비스트(Post-harvest), 즉 수확 후 작물에 직접 뿌리는 농약이 문제가 된다. 썩지 않는 딸기, 시들지 않는 레몬, 반짝이는 사과처럼 농산물을 오래 보존하고 싱싱하고 먹음직스럽게 보이게 하기 위해 많은 화학약품을 처리한다. 농산물을 재배하는 동안 뿌리는 농약은 생산과정에서 비와 바람에 씻길 수도 있고 수확, 저장, 유통과정을 거치면서 희석되기도 한다. 그러나 수확 후에 뿌리는 농약처리는 고스란히 작물에 남게 된다.

수입농산물은 대부분 배를 이용해 장시간 수송해오기 때문에 작물의 상품 가치가 떨어지는 것을 막기 위해 필연적으로 곰팡이방지제, 살균제, 살충제, 빛깔을 유지해주는 왁스제 등을 곡물과 과실에 살포하게 된다. 운송해오는 긴 시간 동안 농약 성분은 식품에 골고루 침투한다. 수입식품은 잔류 농약의 허용기준도 국내와 다르기 때문에 그대로 통과되는 경우가 많다. 농약용액에 담근 후 왁스를 바른 수입 오렌지와 사과, 발아 방지제를 처리한 감자, 잘 썩지 않는 수입 딸기와 바나나, 벌레도 피해간다는 수입 밀 등이 모두 엄청난 독성을 가진 채 우리 밥상에 오르고 있다.

독소를 가진 유전자변형식품

생산성 위주의 첨단 현대 농업의 횡포를 극명하게 보여주는 것이 바로 유전자변형식품이다. 유전자변형식품(Genetically Modified Organism)이란 한 생물체의 유전자에 다른 생물체의 유전자를 강제로 합성해 만든 것이다. 예를 들어 유전자변형 콩은 제초제나 병충해에 잘 견딜 수 있도록 콩 유전자에 땅 속에 사는 특정 곰팡이의 유전자를 합성한 것이다. 모든 생물체는 자기와 다른 물질이 체내로 들어오면 본능적으로 자기 방어를 위해 공격용 독소를 만들어낸다. 전혀 익숙하지 않은 남의 유전자를 강제로 받아들이는 과정에서 큰 스트레스를 받게 되고 엄청난 독소를 생산하게 된다. 유전자변형식품은 크나큰 위험성을 가진 돌연변이 식물인 셈이다.

유전자변형식품은 농약을 뿌려도 죽지 않는 농산물에서부터 곤충의 소화기관을 파괴하는 독소를 가진 농산물까지 다양하다. 생태계를 불안하게 만들 뿐 아니라 인체에 흡수되어 다양한 유전적 질병을 일으킬 수 있다. 1998년 영국 로웨트연구소의 연구 결과에 따르면 유전자변형식품을 섭취한 동물에게서 면역 체계와 질병 저항력이 극도로 떨어지는 것이 관찰되었다. 우리가 생체 내성 유전자가 든 유전자변형식품을 먹었을 경우, 체내에서 항생제 내성균이 만들어질 수 있다. 유전자변형 콩은 알레르기를 일으킨다는 보고도 있다. 유전자를 조작해 만드는 작물의 위험성은 우리의 상상을 뛰어넘은 것일 수도 있다. 환경에 한번 퍼지게 되면 원상태로 되돌릴 수 없게 될 것이고, 인체가 가하는 유해성 또한 현재로서는 제대로 가늠할 수가 없다. 유전자변형농산물은 현재 콩, 옥수수, 토마토, 감자, 면실유, 유채 등이 있고 시중에서 판매되는 두부, 콩나물, 식용유, 포테이토칩, 팝콘, 된장, 간장, 고추장 등 가공식품의 원료로 쓰이고 있다. 유전자변형식품을 피하기 위해서라도 수입식품과 가공식품은 가능한 먹지 않는 것이 좋다.

약보다 독이 될 수 있는 수입 약재

잔류농약의 심각성은 보약이나 한약의 원료가 되는 한약재도 예외가 아니다. 야생 약초를 주로 이용했던 과거와 달리 요즘은 한약재도 대부분 재배한다. 그것도 국내에서 기른 것이 아니라 중국 등에서 재배된 약재를 주로 수입해 쓴다. 오늘날 한의원에서 한약 조제에 쓰는 약재는 대략 514종으로 이 가운데 국내에서 재배되는 약재는 40~50종에 불과하다. 국내에서 유통되는 한약재의 60~70% 정도가 수입 약재이다. 가격경쟁력이 약한 국산 약재의 생산은 계속 줄어들 전망이다. 수입 약재는 수입농산물처럼 잔류농약이 문제가 되고, 유통과정에서 상품가치를 높이기 위한 화학처리도 문제가 된다. 하얗게 보이기 위해 표백처리를 하거나 약재 겉면에 기름을 바르기도 하고, 유황을 피워 약재를 말리는 등의 문제를 낳고 있다. 건강하지 못한 사람이 주로 보약이나 한약을 먹는다는 것을 감안한다면 큰 위협이 아닐 수 없다.

소비자가 국내산과 수입산 약재를 구별하기는 쉽지 않다. 일반적으로 수입 약재는 국산 약재에 비해 굵거나 크고, 향이 적고, 가벼우며, 색이 지나치게 선명한 경우가 많다. 포장없이 판매되거나 가격이 많이 낮은 약재는 대개 수입산으로 보아야 한다. 국산 약재를 구별하기가 쉽지 않다면 농협과 생약협회에서 운영하는 국산약재 전문매장을 이용하면 보다 안전한 약재를 살 수 있다. 전국 농협의 유통센터인 하나로클럽(www.hanaro-club.com)에서는 한약재 코너를 운영하는 곳이 많다. 서울약령시내에 위치한 한국생약협회의 국산한약재상설매장(☎ 02-967-4984)도 국산 약재만을 전문적으로 취급한다. 농약 피해를 줄이기 위해서는 일반 가정에서 약을 달일 때, 약재를 술로 씻은 후 이용하는 것이 좋다.

국산, 수입식품 구별법

시장에서 국내산과 수입산 식품을 구별하기는 쉽지 않다. 일반 시장에서 유통되는 식품의 원산지 표시는 신뢰할 수 없는 부분이 많다. 우리 땅의 생산자가 주축이 되어 만든 농협, 수협, 축협에서 운영하는 식품매장에서는 국산을 전문적으로 취급하기 때문에 보다 안전하

농약용액에 담근 후 왁스를 바른 수입 오렌지

게 국내산 식품을 살 수 있다. 요즘은 대도시 어느 곳이나 전국 농협의 유통센터인 하나로클럽(www.hanaro-club.com)이 있어 이용하기 편리하다. 국산 식품의 특징을 알아두고 수입식품과 구별하는 안목을 갖는 것도 피해를 줄이는 방법이다.

‖‖‖ 국산 농산물의 특징

□ 감자 : 표면에 흙이 묻어 있고, 모양은 둥글거나 둥글넓적하며, 껍질은 대체로 황백색이다. 수입산은 물로 씻어 표면이 깨끗한데 미국산은 장타원형에 껍질이 연한 갈색이고, 몽고산은 표면이 불규칙하며 길다란 골이 많다.

□ 마늘 : 통마늘은 수염뿌리가 붙어 있고 크기가 고르지 않으며 껍질에 흙이 묻어 있다. 깐마늘은 색이 연하고 끝 부분이 뾰족하며 마늘 냄새가 강하다. 수입산 깐마늘은 끝 부분이 뭉툭하고, 뿌리 부분의 면적이 넓은 편이다.

□ 깨 : 낟알이 잘고 길이가 짧고 촉감이 부드럽고 씨눈 부분이 뾰족하다. 수입산은 낟알이 굵고 거칠며 윤택이 없고 씨눈 부분이 뭉툭하다. 색깔이 다른 것이 많이 섞여 있다.

□ 땅콩 : 낟알이 둥근편이며 껍질이 벗겨진 것이 적고 알땅콩의 안쪽면이 대개 흰색이다. 수입산은 낟알이 길쭉한 편이며 알땅콩의 안쪽면이 황갈색이고 고소한 맛이 적다.

□ 도라지 : 가늘며 짧고, 깐 도라지는 흰색을 띠고 독특한 향이 강하다. 수입산은 굵으며 길고, 깐 도라지는 약간 노란색을 띠고 섬유질이 질긴 느낌이며 동그랗게 말리는 성질이 강하다.

□ 붉은 고추 : 꼭지가 미끈하고 깨끗하며 과육이 두껍고 덜 맵다. 고춧가루는 부드럽고 붉은 빛이 강하다. 수입산 고추는 대체로 몸통이 납작하게 눌려 있고 과육이 얇고 거칠며 아주 맵다. 고춧가루는 거칠고 붉은 빛이 약하다.

□ 키위 : 모양이 균일하지 않고 껍질이 두껍고 털이 많다. 수입산은 모양이 매끈한 계란형이며 껍질이 얇고 털이 적으며 신맛이 적다.

ⅠⅠⅠⅠ 국산 축산물의 특징

□ 쇠고기 등심 : 형태가 다양하고 겉에 칼자국이 많고 자른 면에 떡심(노란색 힘줄덩어리)이 들어 있다. 수입산은 크기가 고르고 겉부분이 매끄럽고 떡심이 없다.

□ 쇠갈비 : 짝갈비(덩어리) 형태로 유통되며 지방이 흰색이다. 미국산은 갈비가 3대씩 붙어 있고 지방이 흰색이며, 호주산은 갈비가 4~5대씩 붙어 있고 지방이 황색이다.

□ 우족 : 발목이 가늘고 뼈속의 골수가 선홍색이며 발톱 사이에 황색털이 약간 붙어 있다. 수입산은 뼈속의 골수가 탁한 흰색이고 발톱 사이에 잔털이 완전히 제거되어 있다.

□ 돼지고기 삼겹살 : 선명한 붉은색이며, 살코기 사이의 지방층이 넓고 핏기가 있으며 표피에 불규칙한 주름이 많다. 수입산은 퇴색한 붉은색이며, 살코기 사이의 지방층이 좁고 핏기가 없으며 표피에 주름이 거의 없이 매끈하다.

□ 닭고기 : 크기가 고르지 않으며 목이 붙어 있는 경우가 많다. 냉장상태로 유통되는 경우가 많으므로 윤기와 탄력이 있다. 수입산은 크기가 고르며 목이 제거되어 있고 냉동상태로 유통되어 윤기와 탄력이 떨어진다.

ⅠⅠⅠⅠ 국산 수산물의 특징

□ 참조기 : 안구 주위가 노랗고 배쪽이 선명한 황금색이고 꼬리자루가 짧고 두툼하다.

수입산은 눈 주위가 붉고 배쪽의 황금색이 현저히 떨어진다.

□ 고등어 : 등쪽이 연한 청록색이고, 배쪽은 은색 광택을 띤 흰빛이다. 수입산은 등쪽이 짙은 청록색이고 배쪽은 무늬가 없이 은백색을 띤다.

□ 갈치 : 안구 주위가 흰색이고 꼬리가 가늘고 길며 은백색이다. 수입산은 몸과 꼬리가 아주 길고 국내산보다 광택이 더 많다.

□ 옥돔 : 눈이 투명하며 등쪽과 머리부분이 선명한 붉은색을 띠고 광택이 있으며 등쪽에 세로로 노란 띠가 있다. 수입산은 퇴색한 붉은색을 띠고 꼬리지느러미의 노란색 띠가 퇴색했거나 부분적으로 절단되어 있다.

□ 홍어 : 몸이 마름모꼴로 넓고 주둥이가 짧고 약간 돌출되어 있으며 배는 전체적으로 회백색이나 배, 꼬리쪽에는 경계선이 뚜렷하지 않은 회갈색의 무늬가 있다. 수입산은 등쪽이 갈색이고 황색의 둥근 반점이 분포하며 주둥이가 더 돌출해 있다.

□ 대구 : 전체적으로 담회갈색이고 배쪽은 담색이며 가슴지느러미 끝부위에 흑색반점이 없다. 수입산은 회갈색이고 배쪽은 희미한 검은 점이 산재해 있고 아가미 끝부위부터 꼬리까지 옆줄 부근으로 회백색을 띤다.

|||||| 국산 약재의 특징

□ 인삼 : 속이 꽉 차 있고 단단하며 묵직하고 향이 강하다. 수입산은 윤기가 적고 탁한 색을 띠며, 향이 거의 없고 속이 빈 듯하다. 간혹 말릴 때 유황을 피워 훈증해 지나치게 하얗고 깨끗해보이는 것도 있다.

□ 대추 : 껍질이 깨끗하고 꼭지가 달린 것이 많고 과육과 씨가 잘 분리되지 않는다. 수입산은 표면에 마모된 흔적이 있고 한웅큼 쥐고 흔들면 속의 씨가 움직이는 소리가 난다.

□ 황기 : 솜털 같이 부드러운 섬유가 있고 꺽은 면이 희다. 수입산은 겉껍질을 벗기지 않고 잔뿌리를 모두 잘라서 자른 면이 매끈하고 진한 황색이며 향이 거의 없다.

□ 오가피 : 향이 강하고 겉이 회색 또는 회갈색이다. 수입산은 향이 적고 겉이 회색 또는 회황색이다.

□ 오미자 : 살이 많고 눅진눅진하며 향이 강하다. 수입산은 살이 적고 단단하며 흰가루가 묻어 있는 경우가 있다.

□ 구기자 : 크고 어두운 적색이며 주름이 굵다. 수입산은 작고 물감을 들인 듯 선명한 붉은색이며 주름이 가늘고 촘촘하다.

🏠 가공식품의 횡포

공해식품의 결정판

가공식품이란 농수축산물 등 원료식품을 보다 맛있고 먹기 편하며 오래 저장할 수 있게 만든 식품이다. 우리가 흔히 먹는 빵, 과자, 피자, 햄버거, 청량음료를 비롯해 간편하게 조리해 먹을 수 있는 즉석식품, 햄이나 소시지 같은 훈연식품, 절임식품, 발효식품 등이 모두 가공식품에 속한다. 말린 나물이나 미역도 간단한 건조가공식품이다.

오늘날 가공식품은 식품 원료와 첨가물, 용기 모두가 문제가 되는 공해식품의 결정판이라고 할 수 있다. 우선 식품의 원료가 되는 1차 산물, 즉 농수축산물이 이미 오염되어 있다. 오염된 원료에 더 다양

껍질 벗긴 도라지 : 껍질을 벗겨 파는 도라지에 변색을 막는 화학약품이 처리되기도 한다

한 맛을 내고 오래 보존하기 위해 식품첨가물이 들어간다. 식품첨가물은 대부분 인공 합성화학물질로 식품의 유해성을 늘리는 역할을 한다. 가공식품의 마지막 문제는 식품을 담는 용기이다. 가공식품을 포장한 플라스틱 포장재나 비닐 랩을 통해 환경호르몬이 침투될 수 있다. 금속캔에 저장된 식품은 캔 내부 피막으로부터 비스페놀A라는 환경호르몬 물질이 나오기도 한다.

가공 과정이 간단한 식품도 문제가 될 때가 있다. 조리시간을 줄이기 위해 껍질을 까서 파는 연근, 우엉, 도라지, 토란 등은 변색을 막기 위해 아황산나트륨 등을 처리하는 경우가 있다. 보존성을 높이기 위해 말려서 파는 표고버섯 등에서 건조제 등이 검출되기도 한다. 가공과정이 복잡하고 온갖 첨가물로 맛을 낸 식품의 유해성은 더 말할 필요가 없을 것이다. 상업주의가 팽배한 오늘날 사람의 손을 더 많이 거쳐야 하는 가공식품일수록 그만큼 유해성이 커진다고 보면 된다.

집중력을 떨어뜨리는 유해 첨가물

식품을 장기간 보존하거나 모양과 맛을 좋게 하기 위해 첨가하는 물질을 통틀어 식품첨가물이라고 한다. 대표적인 식품첨가물로는 맛을 내는 화학조미료, 식품이 부패되는 것을 막는 방부제, 산화되어 맛과 색이 변하는 것을 막는 산화방지제, 단맛을 내는 감미료, 색깔을 하얗게 하는 표백제, 여러 가지 색깔을 내는 인공 색소, 살균제, 합성착향료, 팽창제, 탈색제, 유화 안정제 등이 있다.

현재 사용되고 있는 식품첨가물은 대략 400여 종이다. 이 가운데는 천연 물질도 있지만 대부분 합성화학물질이다. 합성식품첨가물은 원래 자연계에 존재하지 않던 물질이기 때문에 우리 몸에 스트레스를 주게 되고 여러 이상 증상을 일으키기도 한다. 알레르기, 두통, 당뇨, 기형아 출산, 암 등을 유발하고 생식 능력을 저하시키며 각종 성인병을 일으킨다. 아이들이 집중력이 떨어지고, 산만하고, 통제가 불가능할

만큼 과잉행동 장애를 보이는 것이 유해 식품첨가물 때문이라는 연구결과가 속속 나오고 있다.

식품첨가물은 체내에 들어오면 50~80%는 호흡기나 배설 기관을 통해 배출되지만 일부는 체내에 축적된다. 문제는 식품첨가물이 너무 많다는 데 있다. 한 가지 식품에만 들어 있는 것이 아니며, 기준치가 정해져 있긴 해도 먹는 대로 조금씩 몸속에 쌓이기 때문에 그 유해성은 기하급수적으로 늘어난다. 여러 종류의 식품첨가물이 위 속에서 섞이면서 새로운 독성을 가진 화학물질을 만들기도 한다. 또한 유해성이 제대로 밝혀지기 전에 사용되는 경우도 있다. 1966년 일본에서 개발되어 우리나라에서도 이용된 AF라는 방부제는 사용된 지 8년이 지나서야 발암 물질로 밝혀지기도 했다. 식품첨가물의 해는 단시간에 금방 나타나는 것이 아니라, 장기간 몸속에 누적된 후 만성적으로 나쁜 영향을 준다. 오늘날 대부분의 공해물질이 그렇듯이 바로 피해가 나타나지 않기 때문에 그 위험성을 제대로 인식하지 못한다는 것이 문제이다. 몇 년이 지나서야 비로소 암이나 기형아 출산 등의 치명적인 문제를 일으키기도 한다.

뇌하수체를 파괴하는 화학조미료

언제부터인가 우리의 입맛은 원료 식품의 맛보다는 자극적인 조미료 맛에 더 길들여져 왔다. 1960년대 화학조미료가 유통되기 시작하면서부터이다. 맛을 내는 기본 양념으로 인식될 정도로 우리의 식탁에서 많이 쓰여왔고, 요즘도 라면을 비롯한 인스턴트 식품에 폭넓게 이용되고 있다. 화학조미료는 석유화학제품을 원료로 만들어지며, 핵산계 조미료의 경우는 펄프공장의 폐액에서 추출한 리보핵산을 원료로 만들어진다.

인공 글루타민산나트륨(MSG)이 주성분인 화학조미료를 많이 먹으면 뇌에 장애를 일으킨다. 특히 어린아이일수록 피해가 크고 극소량으로도 뇌하수체가 파괴되며 성장은 물론 일반 대사에 이상을 주게 된다. 미국상원의 식품선택위원회는 1969년 MSG 유해성에 관한 청문회에서 유아가 먹는 것과 같은 양을 쥐에게 먹였더니 뇌와 눈에 장애가 발생했다고 보고했다. 특히 MSG는 분자가 작아서 임산부의 태반을 쉽게 통과하므로 그 피해가 태아에게까지 미친다고 한다. 일본 국립암연구소에서는 MSG가 암을 일으키는 물질이며 뼈의 성장을 멈추게 하고 천식과 구토, 두통을 유발한다고 경고하고 있다. 화학조미료의 유해성이 알려지면서, 일반 가정에서는 소비가 줄고 있다. 그러나 라면, 어묵, 과자 등 가공식품에서는 여전히 대량 소비되고 있다.

특히 피해야 할 가공식품

된장, 간장 등 전통방식으로 생산된 일부 가공식품을 제외한다면 오늘날 유통되는 대부분의 가공식품은 해롭다고 보아야 한다. 더 해롭고 덜 해롭다는 차이가 있을 뿐이다. 특히 바쁜 생활 속에서 소비가 늘고 있는 인스턴트 식품이나 패스트푸드 등은 모두 피해야 할 대표적인 공해식품이다. 우리가 즐겨 먹는 식품 가운데 특히 해로운 가공식품 몇 가지를 살펴보자.

□ 컵라면 : 라면은 대개 농약 범벅의 수입 밀과 팜유, 화학조미료 등 유해 첨가물로 만들어진다. 면발의 쫄깃함을 주기 위해 넣는 인산나트륨은 다량 섭취시 뼈의 이상, 신장 장애, 빈혈 등을 일으킬 수 있다. 또한 기름에 튀긴 것이므로 산화 방지를 위한 첨가물이 들어가고, 튀긴 지 오래된 것은 우리 몸을 병들게 하는 과산화지질을 생성해 문제가 된다. 컵라면은 용기도 문제이다. 대부분 발포 폴리스틸렌으로 만들어지는 컵라면 용기는 뜨거운 물을 부으면 우리 몸을 교란시키는 환경호르몬이 나올 수 있다.

□ **청량음료** : 아이들이 물처럼 마시는 청량음료는 맛을 내기 위해 백설탕과 인산염을 쓴다. 인공적으로 첨가되어 몸속에 들어간 인은 혈액 내에서 녹아 몸속의 철분과 칼슘, 아연 등의 성분을 몸 밖으로 배출한다. 그러면 인체는 빠져나간 칼슘을 보충하기 위해 뼈에서 칼슘을 끌어내 결국 뼈를 부실하게 만든다. 과도한 당분도 문제이다. 미국에서 실시한 한 조사에 따르면 콜라, 사이다 200ml에서 열두 스푼의 설탕이 나오기도 했다. 청량음료를 계속해서 물처럼 마시면 '페트병증후군'이라는 병이 생긴다. 페트병증후군은 당분이 많은 청량음료를 과다하게 섭취해 생긴 당뇨병이다.

□ **아이스크림** : 고지방, 고열량 식품인 아이스크림은 엄청난 식품첨가물이 들어간 가공식품이다. 소프트 아이스크림은 농축 탈지유 분말에 지방과 유화제, 안정제, 인공 감미료, 착색제 등을 섞어 만든다. 일부 아이스크림은 인공 향을 내기 위해 합성화학물질을 다량 사용한다. 견과류의 향에는 고무접착제의 주요 성분과 같은 화학물질이 들어간다.

□ **캔 식품** : 캔음료나 통조림 식품에는 방부제를 비롯한 감미료, 착색제 등의 식품첨가물이 가득하다. 내용물도 문제이지만 금속 캔 내부의 피막으로부터 우리 몸을 병들게 하는 환경호르몬인 비스페놀A가 흘러나오기도 한다. 커피처럼 내용물을 뜨겁게 데워 먹는 것일수록 환경호르몬이 많이 나온다. 유통기간이 길어서 오래된 캔 식품과 지방질이 많은 농수축산물 캔 식품도 유해성이 높다.

□ **햄, 소시지** : 방부제와 발색제를 다량 사용해서 빈혈, 급성 구토, 호흡기 질환, 악성 종양 등을 일으킬 수 있다. 특히 선홍색을 유지하는 발색제로 사용하는 아질산염은 단백질의 주요 성분인 아민과 결합해 발암물질을 형성하며 혈액의 효소운반

능력을 저하시킨다.

□ **사탕, 초콜릿** : 뼈를 부실하게 만드는 설탕을 주원료로 해서 방부제, 인공 색소가 사용된다. 알레르기를 일으키는 것으로 알려진 황색 4호, 적색 2호, 청색 1호 등의 타르 색소류가 다량 사용된다.

□ **빵** : 방부제 투성이의 수입 밀에 보존제, 탈색제, 팽창제 등이 첨가된다. 위 점막을 자극하고 기관지염이나 천식, 중추신경 마비 등을 일으키기도 한다.

□ **어묵** : 방부제, 강화제, 항산화제, 표백제 등이 사용된다. 칼슘의 흡수를 방해하고 생식장애 등을 일으킬 수 있다.

가공식품 피해 줄이기

일반 가공식품은 가능한 먹지 않는 것이 피해를 막는 가장 확실한 방법이다. 자연식품을 사서 집에서 조리해 먹는 것이 좋다. 그러나 부득이 먹어야 한다면 가능한 피해를 줄이도록 조리를 하자.

□ **빵** : 열을 가해 찌거나 구워 먹는다. 빵은 제조과정에서 부피를 늘리고 빵의 노화를 늦추기 위해 유화제를 첨가하며 곰팡이 발생을 억제하기 위해 방부제가 들어간다. 방부제를 따로 넣지 않더라도 농약 투성이인 수입 밀가루는 자체가 방부효과를 내기 때문에 방부제를 넣은 것과 같다. 이런 성분들은 열을 가하면 어느 정도 제거되므로 빵을 다시 오븐에 굽거나 쪄서 먹고, 식빵도 구워서 먹는 것이 좋다.

□ 라면 : 라면을 먹을 때는 물을 두 냄비에 끓여 한쪽에 면을 넣고 다른 한쪽에는 스프를 넣고 끓인 후 면을 건져서 스프가 있는 냄비로 옮겨 다시 한번 끓여 먹는 것이 좋다. 이렇게 하면 면의 유해성분과 지방분이 어느 정도 제거된다. 각종 합성 첨가물 덩어리인 스프는 반 정도만 사용하고 김치 등으로 간을 맞추면 유해성을 줄이고 개운하게 먹을 수 있다.

□ 어묵 : 뜨거운 물에 담갔다가 건져서 사용한다. 어묵에는 솔빈산칼륨 등 방부제가 다량 들어 있는데 조리하기 전에 뜨거운 물에 데치면 방부제가 우러나온다. 가능한 날 것으로 먹지 말고, 포장마차 등에서 파는 어묵의 국물은 안 먹는 것이 좋다. 온갖 방부제와 첨가물이 녹아 있다.

□ 햄, 소시지 : 끓는 물에 데쳐서 사용한다. 햄, 소시지 등 훈제 가공 식품에는 발색제, 산화방지제, 합성보존료 등이 들어 있다. 햄이나 소시지는 칼집을 내어 끓는 물에 삶아 낸 다음 조리해서 먹으면 유해 성분을 어느 정도 줄일 수 있다.

고결방지제가 처리된 소금

　식품의 주재료의 안전성을 점검하는 사람들도 양념에 대해서는 소홀한 경우가 많다. 소금, 설탕, 간장, 된장, 고추장, 고춧가루, 식초 등은 '그것이 그것이겠지' 라고 생각하게 된다. 그러나 공해천국이 된 우리의 식탁에서 양념이라고 온전할 리가 없다. 특히 조리에서 빠져서는 안 되는 기본 양념이라면 더욱 신경을 써야 할 것이다.

　소금은 우리 몸에 필수 미네랄이면서 음식의 맛을 내는 기본 양념이다. 요즘은 천일염, 기계염, 꽃소금, 볶은 소금, 맛소금, 기능성 소금 등 다양한 제품이 시판되고 있다. 식용으로 좋은 소금을 고르는 기준은 수분이 적고, 불순물이 없으며, 색이 맑고, 입자가 일정하며, 물에 잘 녹고, 녹였을 때 침전물이 없으며, 미네랄이 풍부한 소금이 좋다.

엉겨붙는 것을 막는 고결방지제가 처리된 수입 소금

　맛소금은 화학조미료를 첨가한 소금이므로 해롭

다. 염분과다 섭취를 부추기는 염화나트륨만으로 정제한 기계염도 좋지 않다. 모든 식품이 그렇듯 수입산 소금은 국산보다 안전하지 않다. 수입염은 생산이나 유통 과정에서 위생에 문제가 되는 경우가 많다. 또한 소금이 굳는 것을 막기 위해 대부분 고결방지제를 처리하기 때문에 안전성도 떨어진다. 그러나 국내에서 유통되는 소금의 70~80%가 수입염이다 보니 국산염을 사기가 쉽지 않다. 수입산 천일염은 국산보다 대개 입자가 굵고 단단한 편이며 국산 천일염은 생산지와 생산자가 명기된 대한염업조합의 검사 라벨이 붙어 있다. 국내에서 생산된 천일염도 바다 환경이 오염된 오늘날 그대로 먹는 것은 좋지 않다. 현행법상 천일염은 '광물'로 분류되고 있어 생산과정의 위생점검이 엄격하지 않기 때문이다. 김치나 장을 담을 때는 국산 천일염을 사서 한번 씻어 물기를 빼고 쓰는 것이 보다 안전하다. 집에서 음식을 조리할 때는 국산 천일염에서 유해물질을 제거하고 미네랄 성분을 남긴 구운 소금이나 볶은 소금을 쓰는 것이 보다 안전하고 염도도 적당하다.

□ 화학조미료가 첨가된 맛소금과 염화나트륨만으로 정제된 기계염은 피한다.

□ 수입 소금은 엉겨붙는 것을 방지하기 위해 고결방지제를 처리하므로 피한다. 수입산 천일염은 국산보다 대개 입자가 굵고 단단한 편이다.

□ 국산 천일염은 생산지와 생산자가 명기된 대한염업조합의 검사 라벨이 붙어 있다. 대한염업조합의 국산천일염 직거래센터(☎02-761-5711)를 이용하면 국산천일염을 살 수 있다.

□ 볶은 소금, 구운 소금 등 가열처리 소금은 800℃ 이상 온도에서 가공한 소금이 안전하다.

□ 죽염은 짠맛이 덜하고 부드러우며 달걀 노른자 맛이 약간 나는 것이 좋다. 일반적으로 알려진 회색 죽염보다는 자색을 띤 죽염이 상품이고, 회색 죽염 가운데는 옅은 회색이 상품이다.

집에서 소금 볶기

일반 천일염은 각종 미네랄이 풍부하지만 바다 환경이 오염되면서 아황산가스, 탄산가스, 유황 등 우리 몸에 해로운 성분을 함유하고 있다. 소금의 유해 성분은 열을 가하면 제거되는 것이 많다. 그런 만큼 천일염은 그대로 먹는 것보다 볶아 먹는 것이 안전하다.

❖ 볶은 소금 만들기

❶ 정제하지 않은 굵은 소금, 즉 국산 천일염을 준비한다.

❷ 소금을 볶을 용기는 속이 깊은 프라이팬이나 솥이 적당하다. 소금을 볶으면 용기의 색이 변할 우려가 있으므로 전용 프라이팬을 따로 준비하면 좋다. 소금을 볶을 때 튀는 것에 대비해 장갑과 마스크, 안경도 준비한다.

❸ 대나무 소쿠리에 천일염을 담고 그 위로 생수를 붓는다. 5일 정도 물을 부어 불순물을 씻어낸 후 물기를 뺀다.

❹ 소금을 프라이팬에 담고 1시간반 정도 중간 불로 볶은 후 1시간반 정도 뜨거운 고열로 볶아낸다. 3~4시간 볶으면 천일염에 포함되어 있던 불순물이 빠져나가고 회색 빛을 띤다.

❺ 소금을 볶는 동안 불순물과 함께 유독 가스가 나오므로 창문을 열고 환기를 시킨다. 임산부는 가까이 하지 않는 것이 좋다.

❻ 소금 알갱이를 으깨서 부서진 알갱이의 색깔이 일치하고 수분이 전혀 없으면 볶은 소금이 완성된 것이다. 식탁용으로 쓸 소금은 따로 가루를 낸다.

뼈를 약화시키는 설탕

설탕의 원료는 열대 지방에서 자라는 사탕수수이다. 사탕수수에서 추출한 원당에는 섬유질과 비타민, 미네랄이 함유되어 있다. 그러나 당도가 떨어지고 변질되기 쉽기 때문에 등장한 것이 원당을 정제하고 표백한 정제당, 즉 백설탕이다. 원당을 끓여 순수한 설탕 성분만 추출하는 과정에서 다른 영양소는 모두 소실되고 당분 과다 섭취를 부추기는 칼로리만 남게 된다.

설탕은 인체에 바로 흡수되어 피로할 때 쉽게 에너지를 줄 수 있지만, 지나치게 섭취하면 혈당치가 급격하게 변화해 몸의 평형 상태를 깨지게 만든다. 또한 체내에서 분해될 때 칼슘을 빼앗고 면역세포의 활동을 저해하며 각종 대사기능을 방해한다. 조직에 흡수되지 않고 혈관에 남아 혈액순환을 방해하기도 한다. 또한 두뇌활동에까지 영향을 미쳐 사고력을 저하시키고 정서 발달에 악영향을 준다. 그런데도 우리는 단맛에 너무 길들여져 지나치게 설탕을 먹고 있다.

대체 감미료인 올리고당이나 물엿도 문제이다. 이들 제품은 그 원료가 되는 수입 옥수수 전분이 유전자변형 옥수수일 가능성이 크다. 가격이 저렴해 식품 가공에 많이 쓰이는 뉴슈가(사카린나트륨)는 빈혈, 점막 자극, 소화작용 저해, 신경 장애를 일으키고 만성종양의 원인이 되기도 한다. 너무 많이 섭취하거나 미량이라도 계속 섭취할 경우 동물 실험 결과 방광암을 일으킨다는 보고도 있다.

대체 감미료, 조청 만들기

우리 몸에 해로운 백설탕보다는 안전한 대체원을 찾아보자. 자연 식품으로 단맛을 얻는 것이 가장 좋다. 가공하지 않은 순수한 꿀, 당밀, 유기 농법으로 재배한 과일에서 짜낸 농축 과일즙 등을 이용하면 좋다. 아니면 전통 방식대로 조청을 만들어 놓으면 여러 음식에 다양하게 쓸 수 있다. 영양이 풍부한 현미를 이용해 집에서 직접 조청을 만들어보자. 조청은 식혜를 만드는 과정까지 같고, 식혜물을 다시 달여 조청을 만들게 된다.

천연 조미료 만들기

집에서 천연 재료를 이용해 안전한 조미료를 만들어보자. 천연식품 가운데도 화학조미료의 맛을 능가하는 것이 많다. 천연 조미료의 깊은 맛은 화학조미료의 얕은 맛과는 비교가 되지 않고 영양면에서도 앞선다. 천연 조미료로 많이 쓰는 재료는 다시마, 멸치, 버섯, 콩, 들깨, 무 등이다. 특히 다시마에는 단백질, 지방, 당분, 칼슘, 철, 요오드 등이 풍부하다. 당질에 들어 있는 알긴산은 공해물질과 중금속, 식품첨가물 등에 노출되었을 때 생기는 활성산소를 효과적으로 억제한다고 알려져 있다.

린다. 말린 다시마를 석쇠에 올려놓고 은근한 불 위에서 앞면과 뒷면을 돌려가며 타지 않게 고루 굽는다. 구운 다시마를 분쇄기를 이용해 가루가 될 때까지 곱게 빻는다.

□ 멸치 가루 : 멸치의 내장과 머리를 떼어내고 햇볕에 바짝 말려 분쇄기에 곱게 빻는다. 가루가 조금 성글다 싶으면 고운 채로 쳐서 남는 것을 다시 빻아 사용한다.

□ 콩과 들깨 가루 : 들깨는 깨끗이 씻어 물기를 빼고 프라이팬에 볶은 후 분쇄기로 빻는다. 콩도 볶은 후 분쇄기에 곱게 갈아 들깨가루와 섞는다.

□ 표고버섯 가루 : 생 표고버섯을 사서 말린 후 분쇄기로 간다. 죽이나 국, 찌개 등에 고루 사용할 수 있으며, 나물 무칠 때 넣으면 담백한 맛과 버섯 특유의 향을 더할 수 있다.

❖ 천연 육수 만들기

국이나 찌개의 국물로 쓸 수 있는 육수는 멸치와 다시마를 충분히 우려내 만든다. 더욱 맛을 내고 싶으면 무, 양파, 표고버섯 등을 넣으면 된다. 표고버섯은 요리하고 남은 기둥을 써도 좋고, 무나 양파도 요리하고 남은 자투리를 활용하면 된다.

- 재료 : 장국용 멸치, 다시마, 무, 양파, 표고버섯 등

❶ 준비된 재료를 큰 냄비에 넣고 물을 부어 끓인다.

❷ 끓기 시작하면 불을 약하게 낮추어 맛이 제대로 우러나도록 1시간 이상 끓인다.

❸ 맛이 충분히 우러나서 육수가 황갈색을 띠면 다시마만 건져내고 불을 세게 해서 한소끔 끓인 후 불을 끄고 바로 나머지 건더기를 건져낸다.

❹ 식으면 병에 담아 냉장고에 넣으면 3~4일 정도 보관할 수 있다. 국이나 찌개 육수는 물론이고 조림, 볶음, 김치 다대기 등에도 이용하면 좋다.

❖ 천연 맛간장 만들기

집 간장과 또 다른 맛을 내는 맛간장은 야채 간장이라고도 부르며, 음식을 조리할 때 다양하게 이용할 수 있다.

- **재료** : 검은콩 500g, 생수 10컵, 무 1/4개, 양파 1개, 표고버섯 5개, 멸치 20마리, 다시마 (20cm) 1장, 집간장 10컵

❶ 검은콩에 생수를 넣고 불려서 삶아낸다.

❷ 콩을 삶아낸 물에 적당한 크기로 썬 무, 양파, 표고버섯, 멸치, 다시마를 넣고 2시간 정도 푹 끓인다. 거품은 최대한 걷어낸다.

❸ 집간장 10컵을 붓고 끓인 다음 야채를 걸러내고 물엿을 약간 넣어 간을 한다.

식초, 청국장 만들기

해독작용과 함께 피로회복에도 좋은 식초는 독특한 신맛으로 야채 절임 등에 쓰는 주요 양념이다. 청국장은 혈액을 깨끗이 하는 건강식품으로 인기가 높다. 다양하게 쓸 수 있는 식초와 청국장을 집에서 직접 만들어보자.

❖ 사과식초 만들기

- **재료** : 사과, 입이 넓은 옹기, 이스트(원료 1kg 당 1g)

❶ 무농약 사과를 준비해 깨끗이 씻고 상처난 부분은 도려낸다. 일반 사과를 쓸 때는 식초에 약 10분 정도 담갔다가 쓴다.

❷ 사과를 절구나 믹서기를 이용해 과즙 상태로 만든다.

❸ 사과즙을 입이 넓은 도자기나 옹기에 70% 정도 채운다. 플라스틱이나 금속 용기를 사용하

면 식초의 강한 성분으로 인해 용기가 부식할 우려가 있다. 유리병을 이용할 때는 빛이 들어가지 않도록 종이로 감싼다.

❹ 이스트를 넣어 원료 전체에 잘 침투하도록 섞는다. 과즙이 적으면 생수를 섞는다.

❺ 공기 중의 초산균이 침투해야 하므로, 입구를 완전히 막지 말고 한지나 가제를 2중으로 해서 덮고 노끈으로 동여맨다. 오염된 공기 속에서는 좋은 식초를 만들 수 없으므로, 공기 소통을 원활하게 해준다. 그 위에 깨끗이 닦은 10원짜리 동전을 몇 개 올려놓는다.

❻ 직사광선이 안 비치고, 비교적 온도가 일정한 곳에 보관하고 중간에 장소를 옮기지 말아야 한다.

❼ 3~4개월쯤 지나면 위에 올려놓은 10원짜리 동전이 청록색으로 변하면서 식초가 1단계로 완성된다. 표면에 엷은 흰 막이 생기고 술냄새가 난다. 코를 찌르는 듯한 자극적인 냄새가 나거나 두꺼운 막이 생긴 것은 잡균이 들어가서 잘못 발효된 것이다.

❽ 4~6개월 동안 더 숙성시키면 식초가 완성된다. 완숙한 다음 건더기를 걸러낸다.

❖ 청국장 만들기

– 재료 : 메주콩, 물, 시루, 볏짚

❶ 좋은 메주콩을 골라 씻은 다음 15시간 정도 물에 불린다. 물의 양은 콩 부피의 3배 정도가 든다.

❷ 불린 콩을 압력솥 등을 이용해 삶거나 찐다. 물에 삶을 때는 센 불에서 끓어오르면 중간 불로 낮추고 콩 표면이 연한 갈색이 될 때까지 1시간 정도 푹 삶는다. 찌는 것이 영양 손실을 줄일 수 있는데 압력솥에 찔 때는 솥 내부에 용기를 올려놓은 후 바닥에 자작할 정도의 물을 붓고 콩을 익힌다. 구수한 냄새가 나고 콩이 쉽게 으깨어지면 익은 것이다.

❸ 시루나 구멍이 뚫린 용기에 볏짚을 깔고 삶은 콩을 넣은 다음 중간 중간에 볏짚을 섞는다. 볏짚에 있는 균이 콩으로 옮겨 발효되면서 청국장이 만들어진다. 볏짚 구하기가 쉽지 않다

면, 잘 보관된 청국장을 구해 소량 물에 풀어 삶은 콩에 골고루 뿌리면 발효가 된다.

❹ 따뜻한 방에서 청국장을 2~3일 정도 발효시킨다. 온도 40도, 습도 80%가 적당하며 온도를 유지하기 위해서는 이불을 덮어두거나 전기장판에 올려놓으면 효과적이다. 시루는 천으로 덮어 공기가 잘 통하게 한다.

❺ 볏짚의 고초균이 번식하면 콩이 짙은 갈색이 되면서 하얀 실이 생긴다. 젓가락으로 콩을 뗄 때 점성물질, 즉 실이 많이 생기면 청국장이 완성된 것이다.

❻ 발효시킨 청국장은 생으로 먹는 것이 가장 좋다. 먹기가 거북하면 기호에 따라 적절히 양념을 넣어 먹는다. 발효가 끝난 후 나무주걱을 이용해 고루 섞은 다음 소금, 마늘, 고춧가루, 생강 등을 첨가해 냉장 보관하면서 먹는다. 소금 첨가량은 2% 정도가 적당하다. 청국장으로 찌개를 만들 때는 오래 끓이면 유효균이 파괴되므로 맨 마지막에 넣어 열을 많이 가하지 않고 먹는 것이 좋다.

잼, 마요네즈, 케첩 만들기

잼, 마요네즈, 케첩은 아이들 간식에 많이 쓰는 소스이다. 그러나 시중에서 판매되는 제품은 유해물질이 많아 먹지 않는 것이 좋다. 번거로운 과정이 있기는 하지만 집에서 한번 만들어보자. 저장성이 높은 만큼 한번 만들어두면 오랫동안 쓸 수 있다.

❖ 포도잼 만들기

– **재료** : 포도, 설탕(1 대 1의 비율)

❶ 포도는 알을 따서 하나하나 깨끗이 씻은 후 냄비에 넣어 끓인다.

❷ 끓으면 불을 끄고 30분 정도 그대로 둔다.

❸ 깨끗한 천에 넣어 즙을 짠다.

❹ 냄비 밑바닥에 눌러 붙지 않게 나무주걱으로 저으면서 포도즙을 설탕과 함께 졸인다.

❺ 찬물에 한방울 떨어뜨려 풀리지 않으면 완성된 것이다. 4kg의 포도로 2kg 정도의 잼을 만들 수 있다.

❖ 마요네즈 만들기

− 재료 : 식용유 1컵, 식초 1큰술, 유정란 노란자 1개, 소금 약간

❶ 유정란 노른자를 거품기로 쳐서 잘 풀어준다.

❷ 식용유를 처음에는 한방울씩 넣어 섞고, 차차 3~4방울씩 늘려 넣으면서 섞어준다.

❸ 식초 1방울, 식용유 2~3방울을 번갈아가며 넣으면서 젓는다.

❹ 맨 마지막에 소금을 넣고 유정란의 분량이 3배쯤 될 때까지 잘 저어준다.

❖ 토마토케첩 만들기

− 재료 : 토마토 10개, 설탕 1/2컵, 식초 1/2컵, 굵은 소금 2작은술, 감자전분 1/2작은술, 월계수잎 아주 조금

❶ 껍질을 벗긴 토마토를 4등분으로 잘라 튀김용 프라이팬에 끓인다.

❷ 토마토에서 물이 나오면 1/4컵쯤 따라내고 식혀 감자전분을 풀어넣는다. 감자전분은 너무 많이 넣지 않는다.

❸ 토마토에 물기가 줄어 걸쭉해지면 식초와 설탕을 넣고 계속 저으면서 졸인다.

❹ 걸쭉하게 졸인 토마토에 준비해둔 감자전분을 넣고 끓이면 윤기가 나면서 적당한 묽기가

된다.

❺ 마지막에 월계수 잎을 젓가락 끝으로 찍어 아주 조금만 넣는다. 월계수 잎은 토마토의 독특한 맛을 살려주는 천연 향신료로 잎사귀나 분말 상태로 판매한다. 월계수 잎이 없으면 넣지 않아도 된다.

🏠 안전한 식품을 고르는 기준

영양소보다 유해성분부터 점검

　예전에는 영양소가 식품을 고르는 으뜸 기준이었다. 좋은 영양소가 풍부하게 함유된 식품은 단연 최고의 식품으로 인정받았다. 그러나 식품공해가 심각한 오늘날 우선적으로 점검해야 할 부분은 식품의 안전성이다. 아무리 영양소가 풍부해도 유해성분까지 많다면 피해야 할 식품이다. 우유나 달걀, 굴 등이 그 대표적인 예이다. 이들 식품은 최고의 단백질원이자 영양소를 두루 갖춘 완전식품으로 알려져 있다. 그러나 환경오염이 심각한 오늘날 공해식품의 대명사가 되었다. 항생제를 넣은 배합사료를 먹고 밀집 사육되는 가축이 생산한 우유나 달걀이 좋을 리가 없기 때문이다. 특히 우리 몸을 교란시키는 환경호르몬은 대부분 지방친화적이기 때문에 지방이 풍부한 곳에 쌓이게 된다. 고지방 식품인 우유나 달걀에 환경호르몬이 고농도로 축적되어 있다는 말이다.

　가난했던 시절 영양 섭취가 부족했을 때는 고영양식품만큼 좋은 먹거리가 없었을 것이다. 그러나 '먹는 것이 오히려 병이 되는' 시대에서는 식품의 선택 기준도 바뀌어야 한다. 어떤 영양소가 함유되어 좋은 식품이라는 광고에 무조건 솔깃해서는 안 된다. 영양소 이전에 그 식품에 함유된 유해 성분부터 점검하자. 공해천국을 사는 우리에게 필요한 것은 영양식보다 안전식이다.

자연친화적인 방식으로 생산했나

식품이 어떻게 생산되었는지를 알게 되면 그 식품의 안전성을 대체로 파악할 수 있다. 자연친화적인 방식으로 생산된 것, 즉 자연의 이치에 맞게 재배하고 기른 것은 안전한 먹거리이다. 유기농산물이 바로 그런 예이다. 농약과 화학비료로 재배한 농산물, 대량 밀집 사육된 육류, 인공 양식한 어류 등은 대량 생산을 하기 위해 억지 환경을 만들거나 인위적인 기술을 가해 만든 식품으로 유해성이 높다. 유전자변형식품 역시 자연의 이치를 거스르고 생산한 먹거리다.

우유나 달걀도 어떻게 생산했느냐에 따라 식품의 안전성은 달라진다. 유전자변형식품을 원료로 한 배합사료와 항생제를 먹지 않고, 예전처럼 풀을 먹이고 방목해 기른 소가 생산한 우유라면 안전하다. 이런 자연산 우유도 환경공해가 심각한 오늘날 완전 무공해 식품이라고 말할 수는 없지만, 먹어도 좋은 안전한 식품이다. 그러나 밀집 사육된 일반 소는 독성이 농축된 우유를 생산한다. 겉으로 보면 같은 우유이지만, 식품의 안전성과 질에는 큰 차이를 보인다. 오늘날 대량 생산 방식과 첨단 과학 기술은 식품의 이름과 모양은 같지만 영양소나 독성이 바뀐 식품을 쏟아내고 있다. 식품을 고를 때는 생산 방식을 우선적으로 점검하자.

우리 땅에서 난 제철 산물인가

수입 농산물은 대개 장기간 운송시간에도 견딜 수 있도록 엄청난 농약을 처리한다. 유통기간이 짧은 우리 농산물을 먹는 것이 농약 피해를 줄이는 방법이다. 제철에 나는 농산물은 더욱 안전하다고 할 수 있다. 성장을 조절하고 보존하기 위한 화학약품 처리를 할 필요가 없기 때문이다. 과일이나 채소가 제철이 아닌 계절에 생산되려면 비닐하우스 재배를 해야 한다. 시설 재배 농산물은 노지 재배를 할 때보다 영양분, 즉 무기질과 비타민이 절반 이하로 떨어진다. 또 비닐하우스 작물은 인공 환경에서 잘 자라게 하기 위해 농약을 더 쓰게 되고 잔류농약도 높을 수밖에 없다.

제철 산물을 먹는 것은 자연의 섭리를 따르는 건강법이기도 하다. 여름에 나는 식품은 여름에, 겨울에 나는 식품은 겨울에 먹는 것이 계절과 신체의 리듬을 맞추는 자연 섭생법이다. 이를테면 수박은 땀을 많이 흘리는 여름에 빼앗긴 수분을 공급하는 좋은 과일이며, 가을에 나는 땅콩은 추위를 이겨내는데 좋은 고지방 견과류이다. 자연은 그 계절마다 우리의 건강에 필요한 먹거리를 만들어내고, 인간은 오랜 세월동안 그 섭리에 따라 생활해왔다. 요즘처럼 계절을 가리지 않고 생산되는 식품을 아무 때나 먹는 것은 대자연의 무한한 혜택을 외면하는 것이다.

가공식품은 원료, 첨가물, 포장을 모두 점검

여러 면에서 문제가 되는 가공식품은 가능한 먹지 않는 것이 가장 좋다. 먹어야 할 때는 가공식품의 원료와 식품첨가물, 포장 등을 모두 점검해야 한다. 간장이나 된장을 예로 들자. 우리의 전통 가공식품인 된장과 간장은 자연 발효를 통해 식품의 가치를 높인 우수 가공식품이다. 그러나 수퍼에서 파는 된장과 간장은 원료부터가 수입 농산물, 그것도 대부분 유전자변형식품일 가능성이 높고, 화학조미료와 방부제 등의 첨가물을 넣어 만든 것이다. 그러니 '된장이 좋다, 청국장이 좋다' 는 식의 사고는 버려야 한다. 된장이라도 어떤 원료로 어떻게 만들었나에 따라 좋은 식품이 될 수도, 나쁜 식품이 될 수도 있기 때문이다.

가공식품을 이용할 때는 우선 식품의 원료가 국산인지 수입산인지를 알아보자. 특히 유전자변형식품은 피해야 한다. 친환경 식품을 원료로 이용한 것이 가장 좋다. 어떤 식품첨가물을 이용했는지도 확인해야 한다. 식품첨가물이 인공합성물질인지, 천연물질인지, 천연물질이라면 국산인지 수입산인지 등을 알아보자. 그런 정보가 자세히 없다면 피하는 것이 좋다. 말리거나 깎아놓은 농산물에서도 유해물질이 검출되기도 한다. 그런 만큼 가능한 자연식품을 그대로 사서 집에서 말리고 깎고 조리를 하는 것이 위험 부담을 줄일 수 있다.

　가공식품은 식품 포장이나 용기에도 주의를 기울여야 한다. 용기에서 우리 몸을 병들게 하는 환경호르몬이 흘러나오기도 한다. 스티로폼에 미리 담아놓은 식품보다는 일정 양을 바로 덜어서 파는 것이 보다 안전하다. 금속캔이나 비닐 랩으로 포장된 식품도 피해야 한다. 비닐 랩에 싸둔 뜨거운 식품이나 고지방 식품은 환경호르몬에 오염되었을 가능성이 높다.

고지방 식품은 피하자

　지방은 다른 영양소에 비해 부패하기 쉽고, 유해물질의 축적도가 높다. 1994년 미국환경보호청(EPA)의 보고에 따르면 맹독성 환경호르몬인 다이옥신이 가장 많이 들어간 식품은 동물성 지방으로 나타났다. 대부분의 환경호르몬 물질은 지방친화적이기 때문에 식품의 지방 성분에 주로 축적된다. 육류의 경우라면 살코기 부분보다 지방질 부위에 유해물질이 더 많다. 어류의 경우는 지방 성분이 많은 생선이 더 유해물질이 많다. 쇠고기, 돼지고기, 버터 등 동물성 지방이 많은 식품의 섭취를 줄이고, 먹을 때는 지방질을 완전히 제거하고 먹어야 한다.

　고지방 식품을 피하는 것은 활성산소의 피해를 줄이기 위해서이기도 하다. 활성산소는 우리 몸에 들어온 이물질에 대응하는 식세포의 활동을 돕는 인체에 꼭 필요한 물질이다. 그러나 지나치게 많아지면 오히려 우리 몸을 공격하게 된다. 환경오염 등으로 인해 많이 발생한 활성산소가 우리 몸의 지방과 결합해서 과산화지질을 만들고, 과산화지질은 세포막을 파괴하고 각종 질병을 일으킨다. 지방섭취를 줄인다면 과산화지질의 생성을 막을 수 있다.

　우리 몸에 필요한 필수지방산의 섭취는 식물성 지방을 이용하는 것이 좋다. 그러나 식물성 지방을 먹을 때도 신중해야 한다. 시중에서 판매되는 콩기름, 옥수수유 등은 정제하는 과정에서 장시간 열을 가해 지방이 변형된 것이다. 변형된 지방산은 우리 몸을 교란시킨다. 시판되는 식용유는 대부분 원료가 유전자변형식품이라는 것도 문제이다. 가능한 일반 식용유의 섭취를 줄이고 참기름과 들기름, 미강유(현미유)와 같이 재래식으로 짠 기름을 사용하는 것이 좋다. 참기름처럼 정제하지 않은 기름에는 산화를 방지하는 천연 항산화성분이 들어 있다. 가장 이상적인 지방 섭취는 참깨, 들깨, 호박씨, 호두, 잣 등 지방이 풍부한 식품을 자연 상태 그대로 먹는 것이다.

먹이사슬의 윗단계 식품은 피하자

생물 체내로 흘러든 유해물질은 배설되기도 하지만, 체내에 축적되는 것이 많다. 환경호르몬을 비롯한 유해물질은 먹이 사슬을 타고 누적된다. 식물, 초식동물, 육식동물, 그리고 먹이사슬의 최종단계인 인간으로 이어지면서 유해물질이 전달되고 그 유해성은 더욱 커진다. 잔류된 유해물질이 계속 쌓이다 보면 엄청나게 늘어나고, 그 유해물질의 농도는 먹이사슬을 거슬러 올라갈 때마다 기하급수적으로 늘어난다. 바다로 흘러든 농약이 플랑크톤, 작은 어류, 큰 어류를 거쳐 인간에게 이르면 몇 만 배에서 몇 십만 배로 유해성이 커지게 된다.

육류도 마찬가지다. 소가 매일 먹는 사료를 통해 꾸준히 유해물질을 받아들이면 체내에 축적되어 농도가 높아진다. 나중에는 사료에 첨가되는 농도의 몇 만 배의 유해성을 가진 물질이 소의 체내에 농축될 수 있다. 소처럼 생육 기간이 긴 동물일수록 유해물질의 축적도가 더욱 높다. 먹이사슬의 윗 단계에 있는 대형 어류나 육류는 가능한 피하는 것이 좋다. 지난 4월 소비자문제를 연구하는 시민의 모임의 조사 결과에 따르면 참치로 알려진 황새치의 뱃살에서 고등어, 광어, 꽁치보다 높은 최고 1.72mg/kg의 수은이 검출되었다. 해산어패류의 수은 잔류허용기준은 0.5mg/kg이다. 참치, 상어 등 바다 먹이사슬의 윗 단계에 있는 대형 어류일수록 더욱 오염되었다는 것을 보여준다. 먹이사슬의 아래 단계에 있는 곡류나 채소를 중심으로 식단을 차리고, 육류나 어류를 먹을 때는 생육기간이 짧고 크기가 작은 것을 먹는 것이 보다 안전하다.

생선은 먼 바다산을 이용

육지에서 만들어진 유해물질은 하천을 따라 바다로 흘러든다. 그래서 오늘날의 바다는 토양이나 대기만큼 몸살을 앓고 있다. 특히 해안 가까이 연근해의 오염정도는 더욱 심각하다. 그러기에 근해에서 주로 양식되는 어류는 피하는 것이 좋다. 양식 어류는 항생제를 넣은 사료를 먹고 자라기 때문에 더욱 해롭다. 자연산이라고 해도 얕은 바다에서 살고 운동량이 적으며 기름기가 많은 어류는 피해야 한다. 조기는 오염도가 높은 생선에 속하며 가자미, 갈치 등은 얕은 바다에 살고 운동량도 적은 편이다. 식품의약품안전청에서 조사한 맹독성 환경호르몬인 다이옥신의 잔류농도를 보면, 어류 가운데서는 갈치나 고등어가 높게 나타났다. 깊은 바다에서 서식하고 크기가 작고 지방질이 적은 어류가 보다 안전하다. 물이 차고 맑은 바다에 살면서 운동량이 많은 명태, 오징어 등은 비교적 안전하다.

냉동 어류를 살 때도 주의를 기울여야 한다. 동태나 대구, 참치처럼 통채로 냉동하는 것이 아니라, 속살을 포로 뜨거나 껍질을 벗겨 삶은 새우처럼 냉동 유통하는 어류는 변색과 건조를 막기 위해 발암성 화학물질인 글레이즈(glaze)라는 용액에 담갔다가 포장하는 경우가 많다. 포를 뜬 생선 살이 필요하다면, 생선가게에서 바로 포를 떠서 사는 것이 보다 안전하다.

딱딱한 껍질 어류는 피하자

홍합, 굴, 조개, 게, 새우 등 껍질이 딱딱한 갑각류는 영양소가 풍부한 좋은 단백질 식품이다. 그러나 환경오염이 심각한 오늘날 이들 어류에서 고농도의 환경호르몬이 검출되고 있다. 바다가 심각하게 오염되었다는 증거일 것이다.

조개류는 얕은 바다의 밑바닥에서 자라고 체내 유해물질을 쌓아두고 있어 오염도가 크다

다른 어류와 비교해 갑각류의 오염이 더 심각한 것은 주로 환경오염이 심한 얕은 바다에서 살기 때문이다. 또한 바다 밑바닥에서 먹이를 찾는 동안 자연히 유해물질을 많이 흡수하기 때문이다. 무엇보다 몸 안으로 들어온 유해물질을 어느 정도 몸 밖으로 배출하는 다른 생물체와 달리, 갑각류는 약물대사 경로를 갖고 있지 않기 때문에 유해물질을 거의 분해하지 못하고 체내에 쌓아두고 있다는 것이 전문가들의 지적이다. 갑각류에 아무리 좋은 영양소가 풍부해도 유해물질까지 많다면 당연히 피해야 한다.

유기농, 선택이 아닌 필수

농약과 화학비료로 자라는 농산물, 그 위험성을 제대로 가늠할 수도 없는 유전자 변형식품, 유해 첨가물이 계속 늘고 있는 가공식품으로 우리는 밥상을 차린다. 심각한 식품공해의 현실 속에서 우리의 건강을 지키는 최선의 대안은 바로 유기농이다. 친환경농업의 대명사인 유기농업은 자연의 법칙, 즉 생태학적 순환의 법칙에 따라 제초제, 살균제, 살충제 등 합성농약, 화학비료, 식물성장 조절제, 가축사료 첨가제 등 일체의 화학합성첨가물을 사용하지 않고 유기물과 자연광석, 미생물 등 자연 자재만을 이용하는 농업이다.

산업화되기 이전의 전통 농업은 유기농이었다. 자연의 원리를 따르고 땅에 유기질 퇴비를 주어 비옥한 토양을 만들어 농사를 지었다. 살아 있는 흙 속에는 무수히 많은 미생물이 공생한다. 건강한 흙 1g에는 2억 마리에 가까운 유효 미생물이 살고 있다. 흙 속의 미생물이나 작은 생명체는 죽은 식물이나 동물을 분해해 식물의 양분을 만든다. 대자연의 물질 순환의 중심 역할인 셈이다. 흙 속의 생명체는 서로에게 도움을 주며 균형 잡힌 지하 세계를 만들고, 그 결과 토양이 비옥해진다. 그러나 농약과 화학비료가 등장하면서 사정은 달라졌다. 농약이 해충만 죽이는 것이 아니라 흙 속의 생명체를 모두 파괴하기 시작했다. 현재 우리나라의 토양에는 작물생육에 필요한 유용 미생물이 1/5 수준인 평균 4천만 마리밖에 남아 있지 않다고 한다. 그러다 보니 상대적으로 해로운 미생물의 번식이 늘어나고, 병원균에 대한 저항력이 약해지는 등 작물생육에 악영향을 준다. 결국 토양 생태계를 모두 파괴해 농업의 존재 기반을 완전히 흔들고 있다. 땅을 죽이고 생태계를 교란시키는 농약의 위협에서 벗어나기 위해서, 무엇보다 안전한 먹거리를 생산하기 위해서 유기농업은 시대의 당면 과제가 되었다. 많은 농약이 우리 몸을 병들게 하는 환경호르몬이라는 사실은 유기농업의 필요성을 보다 분명하게 말해준다.

자연친화적인 생산 방식

친환경농업에는 유기농업과 자연농업 등이 있다. 인간의 인위적인 간섭을 최대한 줄이고 자연의 섭리에 따르는 '자연농업'과 유기물과 같은 자연 자재만을 이용해 농사를 짓는 '유기농업'은 모두 건강한 토양 생태계를 만들어 안전한 먹거리를 생산하자는 농법이다.

화학영농으로 이미 죽은 땅에서 유기농업을 하기 위해서는 우선 흙을 다시 살려야 한다. 가축의 분뇨, 볏짚, 풀 등을 이용해 유기질 퇴비를 만들어 논, 밭에 뿌려 토양미생물이 자랄 수 있는 환경을 만든다. 토양미생물의 활동이 왕성해지면 흙은 식물이 자라기에 좋은 비옥한 토양이 된다. 건강한 토양의 유기물 함량은 3~5% 정도이다. 유기농업에서 병충해 방제는 천적을 이용하거나 기피식물을 심는다. 벌레는 벌레끼리 싸우게 하는 것이다. 건강한 자연 생태환경 속에서는 온갖 곤충, 벌레, 세균들이 함께 산다. 해충을 잡아먹는 익충을 이용해 병충해를 막는다. 잡초 제거도 화학 제초제를 이용하지 않고 오리나 우렁이 등을 이용한다. 우렁이, 미꾸라지, 붕어 등은 논바닥을 헤엄치고 다니면서 잡초가 자라지 못하게 하거나 잡초를 먹어치우기도 한다. 이들의 배설물은 좋은 거름이 되어 토양을 비옥하게 한다. 오리를 논에 풀

어놓으면 벼포기 사이를 걸어다니면서 해충을 잡아먹고, 넓은 부리로 바닥을 쪼아대므로 김매는 효과까지 얻을 수 있다. 이 외에도 천혜녹즙, 현미식초, 한방영양제, 생물농약 등 작물과 환경

농약 대신 오리를 이용해 해충을 제거하는 오리 농사 (사진제공. 여성민우회)

에 해롭지 않은 자연산 농약과 영양제를 직접 만들어 사용하고 있다. 유기농법으로 토양 생태계가 건강하게 살아난 땅에서는 지렁이와 거미, 메뚜기 등의 익충을 쉽게 볼 수 있고, 10년 이상 유기농업을 한 땅에서는 사마귀도 볼 수 있다.

축산물의 생산 역시 친환경농업은 다르다. 시멘트 바닥에 바람과 햇볕이 들지 않는 일반 축사와 달리 친환경 축사는 바람이 잘 통하고 햇볕이 들며 바닥이 흙으로 되어 있어 가축이 마음껏 흙을 파헤치며 움직인다. 좁은 콘크리트 공간에서 제대로 움직이지 못하게 사육되는 일반가축과 달리 넓은 공간에서 충분히 운동을 하면서 자라게 된다. 항생제, 성장촉진제 등 화학 약제를 첨가한 사료를 먹이지 않고 발효 톱밥, 쌀겨, 풀 등의 자연사료를 먹이며 건강한 성장을 유도한다.

유기농 제품은 1차 산물에 국한되어 있지 않고 가공 제품도 있다. 우리나라의 경우 아직 생산량이 적지만 선진 외국의 경우 유기농 맥주, 아이스크림 등의 가공식품에서 유기농으로 생산된 면화를 원료로 한 의류나 여성용 생리대, 목재 장난감까지 생산되고 있다.

유기농 어떻게 다른가

□ **무엇보다 안전하다** : 유기농산물이라고 해도 100% 안전한 먹거리는 아니다. 유기농법으로 생산을 해도 이미 공기와 물, 땅이 오염된 오늘날 지구상에 완전 무공해 식품은 존재하지 않는다. 그러나 심각하게 오염된 일반 식품보다는 훨씬 안전하다. 오염이 덜 된 지역에서 유기농법으로 생산된 것과 오염이 심한 지역에서 화학농법으로 생산된 것은 차이가 클 수밖에 없다. 무농약과 무화학비료를 원칙으로 하는 유기농산물은 잔류농약이나 항생물질 잔여물 등이 없다. 유기농 외에도 전환기, 무농약, 저농약 등의 친환경 농산물은 모두 일반 농산물보다 안전성 면에서 앞선다. 그 안전성을 단적으로 말해주는 조사 결과가 있다. 덴마크 유기농협회의 조사에 따르면 일반 근로자의 정자수가 1ml 당 5천5백만 개인데 비해 유기농산물을 먹어온 농민은 그 두 배인 1억 개가 된다고 한다.

□ **영양소가 2~7배 높다** : 유기농산물은 더 많은 영양소를 함유하고 있다. 부산대학교 김치연구소의 조사에 따르면, 유기재배 배추가 일반 배추에 비해 미량 영양소 함유량이 2~7배 높게 나타났다. 항암성 물질로 알려진 카로티노이드의 함량이 일반 배추보다 2배, 비타민C가 2배, 항산화물질인 클로로필이 7배 높게 나타났다. 또한 유기재배 배추는 조직이 치밀해 저장성이 높으며, 김치냉장고에 저장시 6개월 이상 저장이 가능하고, 오래된 김치라고 해도 허물허물하지 않는 특징을 보였다. 자연농법협회의 조사에 따르면, 자연농법으로 기른 돼지는 일반 돼지에 비해 혈관의 수축이완기능을 돕는 아라키톤산의 함량이 8.8배, 혈중 콜레스테롤 함량을 떨어뜨리는 리놀레산의 함량이 1.5배, 필수지방산이 1.8배 높게 나타났다.

□ **맛이 풍부하고 향이 강하다** : 일반 농산물보다 맛이 뛰어나다. 일반 농산물이 다소 싱겁고 쓴 맛이 난다면 유기농산물은 작물 특유의 맛과 향이 강하다. 유기농

과일과 야채는 풍부한 즙과 향을 가지고 있으며 당도가 높다. 또한 같은 작물이라고 해도 획일적인 맛을 내는 것이 아니라 다양한 맛을 내기도 한다.

□ 가격이 평균 1.5~2배 높다 : 품목에 따라 차이가 나지만 일반농산물보다 유기농산물이 대략 1.5~2배 정도 비싸다. 채소나 쌀은 크게 차이가 나지 않지만 유기농법으로 생산이 어려운 과일이나 생산량이 적은 잡곡의 경우 다소 가격이 높은 편이다. 유기농 식품 매장에 따라서도 차이를 보인다. 백화점 유기농 매장이나 일반 유기농 전문점과 비교하면 유기농 생협(생활협동조합)이 다소 싼 편이다. 광고비용이나 중간 유통 과정이 없이 직거래 방식으로 운영되기 때문이다. 유기농 가공식품의 경우는 가격이 천차만별이다. 외국에서 수입한 유기농 가공식품의 경우 일반식품과 비교해 무려 10배 정도 비싼 것도 있다.

현명한 쇼핑 요령

① 친환경 품질 인증을 확인한다

예전에는 벌레 먹은 흔적이 있으면 안전한 농산물로 여겼지만, 요즘은 유기농법 기술의 발전과 품질관리로 일반 농산물과 비교해 모양새가 뒤지지 않는 것이 많다. 기름진 토양의 작물은 병충해에도 강하기 때문에 무조건 벌레 먹은 흔적만 보고 안

친환경 농산물 품질 인증 마크

전성 여부를 따지기는 곤란하다. 농약을 많이 사용한 농산물도 수확 직전에 저항력이 강해진 해충의 공격을 받기도 한다. 일반 소비자로서는 친환경 품질 인증을 보고 선택하는 것이 최선의 길이다.

친환경 농산물 인증제도란 전문인증기관의 심사를 거쳐 정부가 친환경 농산물의 안전성을 보증해 주는 제도이다. 친환경 농산물의 경우 농약잔류 검사를 통과해야 하고 이 밖에도 토양, 물, 재배, 포장, 수확시기, 수확 후 관리 등을 만족시켜야 품질 인증을 하고 있다. 현재 친환경 농산물의 인증 표시는 유기농, 전환기, 무농약, 저농약으로 모두 4종류이다. 색상별로 따로 표시하고 있기 때문에 쉽게 구분할 수 있다.

친환경 품질 인증 제품은 크게 국립농산물 품질관리원에서 직접 품질검사를 한 국가인증 제품과 국가에서 인증기관으로 선정한 민간단체에서 인증한 제품으로 나눈다. 국가의 관리 감독하에 있는 품질 인증 민간단체로는 한국유기농업협회, 흙살림, 한농복구회, 양평환경농업 21추진위원회, 국산콩가공협회, 코악스 모두 6곳으로 품질 인증마크 옆에 해당 기관의 마크가 함께 붙는다. 유기농 전문점의 제품이라고 해도 모두 친환경 품질 인증을 받은 것이 아니므로 품질 마크를 잘 확인할 필요가 있다.

현재 유기농산물 품질 인증 현황을 보면 농산물의 경우 대부분의 작물이 유기농법으로 생산되고 있다. 쌀과 채소류가 가장 많이 생산되고, 과일과 잡곡류는 생산량이 좀 적은 편이다. 특히 수박 등의 과일은 유기농법으로 생산하기가 매우 어렵다. 축산물의 경우 친환경 축산물을 생산하는 곳은 있어도, 유기 축산으로 인증을 받은 곳은 없다. 사료의 95% 이상 유기농산물을 써야 유기 축산으로 인증을 받기 때문에 유기농산물의 생산량이 많지 않은 우리 현실에서는 아직 유기 축산이 어렵다. 유정란이 유기농으로 인증을 받은 정도이다.

가공식품은 생산과 품질 인증이 더욱 어렵다. 원료의 95%가 유기농산물이어야 하고 첨가물 등도 유기농 생산기준에 맞아야 한다. 현재 국내에서는 녹차, 녹즙 등의 유기농 인증 가공식품이 생산되고 있지만 생산 품목이 미미한 수준이다. 국내에서 유통되는 대부분의 유기농 가공식품은 수입산이다. 한국소비자보호원의 2003년 조사 결과에 따르면 서울시내 백화점과 할인점에서 유통되는 유기가공식품의 82%가 수입산으로 나타났다. 대부분 우리나라보다 앞서 유기농 식품을 개발해온 미국과 일본, 유럽 등지에서 수입해온 제품들이다. 수입 유기농 가공식품의 경우 품질 인증이 제각각이어서 소비자가 선택의 어려움이 있다. 수입 가공식품에도 소비자가 알아보기 쉽게 표준화된 인증제의 도입이 필요하다.

 친환경 농산물의 종류

■ 유기농산물(녹색): 일정기간(다년생 작물은 3년, 그 외 작물은 2년) 이상을 유기합성농약과 화학비료를 일체 사용하지 않고 재배한 것

■ 전환기유기농산물(연두색): 1년 이상 유기합성농약과 화학비료를 일체 사용하지 않고 재배한 것

■ 무농약농산물(하늘색): 유기합성농약은 일체 사용하지 않고 화학비료는 권장 시비량의 1/3 이내로 사용한 것

■ 저농약농산물(주황색): 화학비료는 가급적 권장 시비량의 1/2 이내로 사용하고, 농약살포횟수는 농약안전사용기준의 1/2 이하로 하고, 제초제를 사용하지 않으며, 잔류농약은 식품의약품안전청장이 고시한 농산물의 농약잔류허용기준의 1/2 이하인 것

② 유기농의 외양적 특성을 알아둔다

유기농 채소의 경우 껍질이나 줄기, 잎이 두껍고 거칠다. 색은 너무 짙지 않고 연초록색인 경우가 많으며 무게는 일반 작물과 비교해 좀 더 무겁고, 뿌리는 굵은 편이다. 채소나 과일, 곡물의 크기나 길이는 일정하지 않다. 너무 싱싱하고, 색깔이 곱고,

광택이 나고, 잘 생기고, 획일적인 모양을 한 것은 대개 화학농법으로 생산된 것이라고 보면 된다. 자연은 완벽하고 획일적인 산물을 만들지 않는다. 같은 환경에서 때가 되면 똑같이 비료를 주고 농약을 뿌린 농작물은 크기까지 같을 수밖에 없다. 유기농 채소는 대개 못생기고 자연스럽게 시드는 편이다. 한동안은 벌레먹은 흔적이 있거나 모양이 뒤틀린 것을 유기농산물로 보았지만 반드시 그런 것은 아니다. 유기농 기술이 발전하고 토양이 다시 살아나면서 번듯한 모양새의 산물이 나오고 있다. 주요 친환경 식품의 특징을 알아보자.

□ 쌀 : 유기농 쌀은 낱알이 잘 여물어 있고 같은 부피의 일반 쌀에 비해 무게가 더 나간다. 쌀 크기는 들쭉날쭉한데 자연상태에서 자란 벼는 식물의 영양 상태가 각각 다르기 때문에 쌀 크기도 제각각이다.

□ 배추 : 일반 재배 배추에 비해 속이 노랗고 고소하며 길이가 짧다. 벌레 먹어 생긴 구멍이 있거나 그 속에 벌레가 한두 마리쯤 있다. 일반 배추와 모양새의 차이가 없는 매끈한 것도 있다. 어린 잎을 먹었을 때 단맛이 난다. 배추를 소금에 절였을 때 바람 빠진 풍선처럼 쭈글쭈글 볼품없이 변하지 않는다.

□ 무 : 같은 크기라도 무게가 더 나가고 바람이 잘 들지 않는다.

□ 고구마, 감자, 당근 : 못생기고 울퉁불퉁하다. 일반 농산물과 모양새의 차이가 없는 매끈한 것도 있다. 감자와 고구마의 경우 전분이 많고 당도가 높다.

□ 양파, 파 : 양파는 붉은색을 띠고, 단맛이 강해 생으로 먹어도 맵지가 않다. 파도 단맛이 강하고 진이 많다.

□ 상추, 쑥갓 : 색이 선명하고 두툼하며 섬유질이 많다.

□ 사과, 귤 : 투박하고 광택이 없다.

□ 포도 : 조직이 성글고 길쭉하며 당도가 높다. 일반 포도는 성장촉진 및 착색제를 처리하므로 포도송이가 아래만 뭉툭한 기형적인 모양이다.

□ 육류 : 붉고 신선하며 눌러 보면 쫄깃한 탄력이 느껴진다. 고기는 씹을수록 달콤한 육즙이 배어나와 씹는 맛이 좋다.

③ 유기농 가공식품은 원료 모두를 꼼꼼히 살펴본다

유기농 전문점이라고 해도 가공식품을 고를 때는 꼼꼼히 점검해야 한다. 유기농 가공식품이란 3년 이상 화학합성농약과 비료를 사용하지 않고 재배한 유기농산물을 95% 이상 이용해 만든 식품이다. 그러나 국내에서 품질 인증을 받은 식품이 적기 때문에 보다 안전한 제품을 사기 위해서는 소비자가 원료를 하나씩 점검해야 한다.

어떤 재료로 어떻게 만드느냐에 따라 안정성에 큰 차이가 난다. 예를 들어 우리밀로 만든 빵이라 하더라도 마가린을 쓴 것이 있고, 현미유를 쓴 것이 있다. 시중에서 판매되는 마가린을 쓴다면 유전자변형 옥수수로 만든 식용유가 원료가 되었을 가능성이 크다. 우리밀 라면의 경우도 스프의 재료는 무엇인지, 어떤 기름을 사용했는지 등을 점검해야 한다. 제품마다 차이가 나므로 빵, 육류 가공품, 즉석식품 등의 가공식품을 구입할 때는 재료와 첨가물, 가공 과정을 꼼꼼히 알아보자.

유기농 이용 가치 100배 높이기

||||| 전체식을 하자

　하나의 식품은 전체를 통채로 먹는 것이 좋다. 일반적으로 생물체내에는 생존에 필요한 영양소를 골고루 균형있게 가지고 있기 때문이다. 그래서 과일은 껍질까지, 채소는 뿌리까지, 생선은 뼈까지 먹는 것이 좋다. 그러나 식품오염이 심각한 요즘은 잔류농약이 많은 껍질 등 가려내야 할 것이 많다. 보다 안전하게 생산된 유기농을 먹는다면 전체식 식사가 가능하다. 쌀이라면 생명력이 있는 씨눈을 도정하지 않고 함께 먹고, 다른 곡류도 통곡식 형태로 먹고, 과일이나 채소는 껍질을 벗기지 않고 통채로 먹으면 영양소를 골고루 섭취할 수 있다. 유기농법으로 재배된 농작물은 버릴 것이 없기 때문에 알뜰한 소비가 가능하다.

||||| 생식을 하자

　생식(生食)이란 생명력이 있는 상태로 먹는 것이고, 화식(火食)이란 열을 가해 음식을 익혀 먹는 것이다. 화식을 하면 음식물을 먹기는 편하지만 단백질의 변성이 이루어지면서 중요한 영양소인 효소가 파괴된다. 생식은 익혀 먹지 않고, 첨가물을 섞지 않은 음식으로 건강식의 기본으로 알려져 있다. 그러나 생식이 좋다는 것을 알지만 잔류농약이 남아 있는 일반 농산물을 날 것 그대로 먹는 것은 문제가 된다. 가능한 농약 피해를 줄이기 위해 많이 씻고, 껍질도 벗기고, 조리를 해서 먹는 것이 보다 안전하기 때문이다. 그러나 안전하게 생산된 유기농산물은 생식으로 먹으면 좋다. 생명력이 있는 채로 영양소를 온전히 받아들이는 생식을 한다면 유기농의 이용 가치를 더 높일 수 있다.

||||| 양념은 적게 쓰고 간단히 조리하자

　조리과정이 복잡할수록 영양소는 파괴된다. 조리과정이 길다는 것은 열과 압력을 그만큼 많이 가한다는 뜻이다. 그러다 보면 영양소가 파괴된다. 가능한 짧은 시간에 간단하게 조리하거나 식품을 그대로 이용하는 조리법이 좋다. 예를 들면 샐러드나 무침은 소스나 무침장을 만들어 두었다가 상에 올리기 직전에 재료를 가볍게 섞는 기분으로 무쳐 바로 먹는 것이 좋다. 양념을 너무 많이 사용하지 않는 것도 중요하다. 농약에 길들여진 식품은 제 맛을 내지 않는다. 그러다 보니 양념 맛에 의존하는 조리법이 많지만 유기농 식품은 식품 고유의 맛이 살아 있다. 자극적인 양념의 사용을 줄이고 유기농 식품의 다양한 맛을 제대로 맛보자.

▓ 한꺼번에 많은 양을 조리하지 말자

대부분의 식품은 껍질을 깎거나 씻거나 자르기 전에는 하나의 생명체이다. 곡식, 감자, 사과, 무 등의 농작물은 껍질이 온전할 때는 외부 공기의 산소로부터 자신을 지키는 힘이 있어 상당 기간 변질되지 않는다. 그러나 일단 손질을 하거나 조리를 해 놓으면 생명조직이 훼손되므로 금방 산화되어 원래의 맛과 영양이 변한다. 한꺼번에 많은 양을 조리하지 말고, 먹을 때마다 먹을 분량만 조리하자.

유기농 전문 매장

유기농에 대한 관심이 커지면서 유기농 전문 매장이 늘고 있다. 협동조합 형태로 운영되는 유기농 생협을 비롯해 기업에서 운영하는 유기농 체인점, 백화점이나 대형 마트의 유기농 매장, 개인이 운영하는 유기농 전문점, 인터넷의 유기농 쇼핑몰 등 다양하다. 선택의 폭이 넓어진 만큼 꼼꼼히 비교해보고 좋은 매장을 찾자. 이용하기 쉬운 매장 가운데 몇 곳의 제품을 비교해본 후 보다 신뢰할 수 있는 단골 매장을 만드는 것이 좋다.

① 유기농 생활협동조합

생협(생활협동조합)은 '생활상의 문제에 대해 공동의 목적과 필요를 공감하는 생활인들이 조합을 결성해 협동의 방식으로 해결하고자 활동하는 곳' 이다. 회원들에 의해 출자 운영되는 비영리조직으로 공동체적 삶을 실현하고, 생명살림 세상을 만들려는 생활운동이다. 생협은 일반적으로 생산자와 소비자가 계약재배를 하고, 생산원가에 10~20%를 더해 제품의 값을 결정하고, 차익은 운영비로 쓰고 있다. 생산자와 소비자가 더불어 사는 것을 원칙으로 하기 때문에 자본주의에 충실한 일반 유기농 매장보다는 다소 가격이 낮은 편이다. 또 소비자가 산지 견학 등을 통해 꾸준히 유대 관계를 이어가는 것도 믿을 수 있는 요인이다. 전국에는 많은 생협이 있는데 회원이 되려면 우선 뜻을 같이 하는 생협에 출자금(탈퇴시 돌려 받음)과 가입비를 내고 회원으로 가입해야 한다. 단지 유기농 제품만 구입하는데 그치는 것이 아니라 운영에도 직접 참여하게 된다. 집 근처에 있는 생협을 이용하는 것이 제품을 직접 볼 수 있고, 모임에 참여하기도 편할 것이다. 유기농 생협의 제품은 어느 곳이나 대체로 비슷하다. 생협 매장에서 직접 물품을 사거나, 전화 혹은 인터넷 주문을 통해 일주일에 한 번 정도 물품을 공급받는 것이 일반적이다. 생활협동조합 전국연합회(www.co-op.or.kr ☎ 02-324-5488)나 한국생협연합회(www.icoop.or.kr ☎ 0505-577-1244)를 통하면 집 근처의 가까운 생협을 소개받을 수 있다. 대표적인 생협 몇 곳을 알아보자.

□ 한살림 생협(www.hansalim.or.kr)

밥상살림, 농업살림, 생명살림의 공동체 운동을 지향하며 1986년에 설립된 대표적인 생협이다. 생산자와 소비자가 함께 회원이 되어 운영한다. 전국 16개 지역에 독자적인 본부 조직이 있고, 전체 회원이 8만7천여 가구(생산자 1,200여 명)에 달하는 단일 생협 가운데 가장 큰 규모이다. 생산자 회원이 많아 품목이 다양하고 공급이 안정적이며 가격도 비교적 저렴한 편이다. 흑미

700g 5천3백원, 야생녹차가루 100g 2만1천원

▶**취급 제품** 800여 종 ┃ **매장** 서초점, 과천점, 부산점 등 전국 42개 매장 ┃ **출자금** 3만원, 가입비 3천원 ┃ **공급지역** 전국 ┃ **매장 운영** 오전 10시~오후 6시(토요일 5시) ┃ ☎ 02-3498-3600

□ 한국여성민우회 생협(www.minwoocoop.or.kr)

한국여성민우회에서 운영하는 곳으로 여성이 주체가 되어 유기농산물과 환경상품을 공동 구입하는 여성녹색생협이다. 주부의 안목으로 고른 제품이라서 대체로 품질이 뛰어나고, 안전한 제품 개발에 대한 열정도 남다르다. 농산물 가공품이나 여성에게 필요한 제품 등이 다양하다. 토리카레 4인분 1천8백원, 토마토케첩 250g 4천1백원, 면생리대 5장 4천9백5십원

▶**취급 제품** 700여 종 ┃ **매장** 방학동점, 목동점, 고양점 ┃ **출자금** 2만원, 가입비 1만원 ┃ **공급지역** 수도권 전역, 경기도 일원 ┃ **매장 운영** 오전 9시~오후 7시(토요일 6시) ┃ ☎ 02-581-1675

□ 경실련 정농 생협(www.jungnong.com)

경실련 산하단체로 바른농사, 바른살림, 바른사회를 만들기 위해 만든 생협이다. 우리나라에서 가장 오래된 유기농업 단체인 정농회원들이 생산한 유기농산물을 중심으로 친환경 식품과 제품을 판매한다. 정농회원들이 생산한 유기농 쌀과 곡물류가 품질이 뛰어나다. 유기 재배가 어려운 잡곡류도 다양하다. 유기농 쌀 10kg 4만9천원, 발아현미 800g 7천원

▶**취급 제품** 400여 종 ┃ **매장** 송파점, 성북점, 목동점 등 7개 매장 ┃ **출자금** 3만원, 가입비 3천원 ┃ **공급지역** 전국 ┃ **매장 운영** 오전 10시~오후 7시 ┃ ☎ 1588-6201

② 일반 유기농 전문점

　큰 회사에서 전국 체인점으로 운영하는 곳이 있고, 종교단체나 개인이 운영하는 곳이 있다. 각 매장마다 제품의 특징이나 가격대가 조금씩 차이가 난다. 우선 집 가

까이 있는 유기농 전문점을 알아보고, 대부분의 유기농 전문점이 인터넷 쇼핑몰을
함께 운영하고 있기 때문에 인터넷을 통해 가격 등을 비교해본 후 이용하면 좋다. 유
기농 전문점 가운데 비교적 규모가 큰 매장을 알아보자.

□ 초록마을(www.hanifood.co.kr)

한겨레의 자회사인 (주)한겨레플러스에서 운영하는 유기농 전문매장. 국내산 제품만 취급하고,
전국에 매장수가 가장 많은 유기농 체인점이라는 것이 특징이다. 쌀은 유기농 품질 인증을 받
은 제품만 판매하고, 직영 축산 농장에서 공급하는 친환경 육류의 질이 좋다. 97% 친환경 원
료로 만든 발아현미 미숫가루 1만9천원, 담양 대잎차 2천5백원

▶**취급 제품** 6~7백여 종 | **매장** 대치점, 목동점, 노원점 등 전국 100여 개 매장 | **공급지역** 전
국(매장 주문 당일, 인터넷 주문 2~4일 후 배송) | **매장 운영** 오전 10시~오후 8시 | ☎ 080–
023–0023

□ 올가(www.orga.co.kr)

풀무원의 자회사인 내추럴 홀푸드에서 운영하는 유기농 전문매장. 친환경농산물에서부터 유기
농가공식품, 건강보조식품, 친환경소재 생활용품 등을 판매한다. 취급 제품수가 가장 많고 건강
상담사를 두고 있다는 것이 특징이며, 아토피 환자를 위한 전문코너도 운영한다. 유기농 시리
얼 5천5백원~6천원, 브라질산 유기농 황설탕 500g 4천9백원

▶**취급 제품** 2500여 종 | **매장** 반포점, 압구정점, 분당점 등 7개 매장 | **공급지역** 전국(수도권
당일, 지방 다음날 배송) | **매장 운영** 오전 9시반~오후 9시(토요일 6시) | ☎ 080–596–0086

□ 유기농하우스(www.uginong.com)

국내산 유기농 제품과 수입 유기농 가공식품, 유기농 의류, 건강보조식품 등을 취급하는 유기
농 전문매장. 유기농 선진국에서 수입한 가공식품이 특히 많다. 한국유기농업협회와 미국, 영

국, 독일 등에서 국제 품질 인증을 받은 제품만을 판매한다는 것이 특징이다. 유기농 이유식 3천3백원~4천5백원, 브라질산 유기농 인스턴트 커피 85g 2만3천8백원

▶**취급 제품** 600여 종 | **매장** 중계점, 오산점, 부산 화명점 등 16개 매장 | **공급지역** 전국(수도권 당일, 지방 다음날 배송) | **매장 운영** 오전 10시~오후 10시 | ☎ 031-460-7860

□ 무공이네 농장(www.mugonghae.com)

전통있는 인터넷 유기농 전문 쇼핑몰에서 오프라인 매장으로 진출한 유기농 전문점. 산지 직거래 장터를 운영하고 있고, 다양한 유기농 관련 이벤트도 열고 있다. 인터넷 쇼핑몰에서는 매주 목요일 10시~12시 40여 개 품목을 10% 이상 할인 판매하는 번개시장을 연다. 유기농 잡곡 영양밥 4kg 3만2천원, 무농약 분말 청국장 200g 1만원

▶**취급 제품** 8~9백여 종 | **매장** 명일점, 목동점, 대전 노은점 등 6개 매장 | **공급지역** 전국(수도권 당일, 지방 다음날 배송) | **매장 운영** 오전 10시~오후 9시 | ☎ 080-435-0020

□ 이팜(www.efarm.co.kr)

동원그룹에서 운영하는 친환경 유기농식품 전문매장. 국내산 친환경 농수축산물, 친환경 가공식품, 친환경 생활용품, 환경서적 등 취급하는 제품수가 많고 인터넷 쇼핑몰이 발달했다는 것이 특징이다. 물품을 배달하는 직배 차량을 보유하고 있어 배송에 차질이 없다. 유기농 딸기와 수입 유기농 설탕으로 만든 딸기쨈 600g 7천5백원, 유기농 미숫가루 1kg 1만2천원

▶**취급 제품** 1000여 종 | **매장** 목동점, 용인 구성점 등 3개 매장 | **공급지역** 전국(주문 다음날 배송) | **매장 운영** 오전 10시~오후 9시30분 | ☎ 080-303-2828

눈길을 끄는 유기농 식당

□ 한쿡(HanCook)

CJ푸드빌에서 운영하는 유기농 한식 뷔페 레스토랑. 60여 종의 유기농 야채와 친환경 육류로 만든 한정식을 즐길 수 있다. 기본 메뉴 외에 은대구 조림, 궁중 갈비찜 등의 별도 메뉴가 있다.

▶한정식 뷔페 기본 1만7천원(점심시간 1만3천원) | 대치동 은마아파트 옆 위치 | 오전 11시~오후 11시 영업 | 연중 무휴 | ☎ 02-555-8103

□ 들 메 바다

유기농 쌈밥 샤브 전문점. 주메뉴는 유기농 야채 쌈밥, 꽃등심 샤브샤브이다. 현미밥과 야채쌈, 돼지고기 수육, 10가지 반찬이 나오는 쌈밥이 특히 인기.

▶야채 쌈밥 1만8천원, 꽃등심 샤브샤브 2만3천원 | 여의도 맨하턴호텔 후문 인근 위치 | 오전 11시~오후 10시 영업 | 연중 무휴 | ☎ 02-6333-8500

□ 마켓오(market O)

유기농 퓨전 레스토랑. 주메뉴는 발아현미, 잡곡 등으로 만든 주먹밥과 면 종류, 야채 샐러드이다. 메밀, 쌀, 두유 등으로 개발해 만든 면인 누들이 특히 인기.

▶누들류 1만3천~1만4천원, 스페셜 오곡 찰밥 1만5백원 | 압구정동 디자이너클럽 맞은편 위치 | 오전 11시30분~오후 10시 영업 | 연중 무휴 | ☎ 02-548-5090

□ 마르쉐

유기농 패밀리 레스토랑. 유기농 야채를 이용한 샐러드바를 운영한다. 국내산 육류와 보다 안전한 식자재를 이용한 스테이크, 스파게티, 샐러드 등이 주메뉴.

▶유기농 샐러드 100g 1490원, 스테이크 2만원대 | 매장 역삼점, 강남점 등 10개 매장 | 오전 11시~오후 11시 영업 | 연중 무휴 | 역삼점 ☎ 02-528-0231

□ 오봉팽

유기농 베이커리 카페. 주메뉴는 유기농 야채 샐러드와 보다 안전한 원료를 이용해 만든 샌드위치, 건강빵이다. 샌드위치와 샐러드, 천연 효모 베이글이 특히 인기.

▶샐러드 6천5백~7천5백원, 샌드위치 8천5백원대 | 매장 광화문점, 신촌점, 여의도점 | 오전 7시~오후 10시(주말 9시) 영업 | 연중 무휴 | 광화문점 ☎ 02-399-0099

□ 빵오

유기농 베이커리. 주메뉴는 천연 효모를 이용한 건강 빵과 호밀빵, 유기농 샌드위치이다. 검정 콩, 검정 쌀, 검정 깨를 이용한 흑 식빵과 12가지 과일, 곡물로 만든 건강 빵이 특히 인기.

▶흑식빵 3천5백원, 잡곡과 곡물로 만든 건강 빵 3천~5천원대 | 용산동 신동아쇼핑 1층 위치 | 오전 9시~오후 7시 영업 | 1, 3주 월요일 휴무 | ☎ 02-794-5090

집에서 무공해 채소 기르기

채소 기르기 준비

집에서 무공해 채소를 길러보자. 작은 화분도 채소를 키우는 좋은 공간이 될 수 있다. 일반적으로 집에서 채소를 기르기 적합한 장소는 햇볕이 잘 들고 어느 정도 통풍이 되는 곳이다. 아파트의 경우 베란다가 무난하다. 햇볕이 잘 드는 남향이 아니라 동향인 경우는 일조량이 적어도 잘 자라는 잎채소 가운데 상추, 쑥갓 등을 기르면 좋다. 그러나 같은 아파트라도 서향에서는 채소가 잘 자라지 않는다. 베란다나 화분에 채소를 기를 때는 무엇보다 중요한 것이 잘 자라는 작물을 선택하는 것이다. 상추, 쑥갓, 시금치, 고추, 가지 등은 집에서도 비교적 쉽게 기를 수 있다.

식물을 기를 때 필요한 것은 흙, 씨앗이나 모종, 화분, 물뿌리개, 모종삽 등이다. 식물 재배는 토양이 결정한다고 할 만큼 흙이 중요하다. 화분에서 식물

상추, 쑥갓은 초보자도 쉽게 기를 수 있다

을 기를 때 적합한 흙은 좋은 유기질을 포함하고 있으며 뿌리에 산소가 공급되도록 통기성이 풍부한 흙이어야 한다. 또한 물빠짐이 좋으면서 보수력이 있어야 한다. 배수가 잘 안 되면 썩기 쉽고 보수력이 나쁘면 물을 자주 주어야 하는 번거로움이 있다. 일반 가정에서는 화원에서 판매하는 가정 원예용 흙을 사서 쓰는 것이 편하다. 재배하는 식물에 따라 흙의 구성이 조금씩 달라지므로 배양토를 구입할 때 해당 식물에 적합한지 물어보는 것이 좋다. 집 마당에 있는 흙을 그대로 화분에 넣어 이용하면 통기성과 배수성이 나빠 식물이 잘 자라지 않는다. 마당 흙을 이용할 때는 부엽토와 피트모스 등의 유기질을 30% 정도 섞어 토질을 개량하면 좋다. 식물이 잘 자라는 이상적인 흙은 토양입자 50%, 공기 25%, 수분 25% 정도다.

씨앗은 종자를 전문으로 취급하는 곳에서 구입하고, 화학 약품 처리를 하지 않은 것을 고른다. 살균제나 화학 약품을 쓰지 않은 씨앗이 건강하게 자란다. 종자상에서 씨앗을 살 때는 상점 밖에서 직사광선을 쬐고 있거나 고온에 둔 씨앗은 발아능력이 떨어질 가능성이 있으므로 피한다. 씨앗 봉투에 생산지, 채종연월일, 발아율이 적혀 있으므로 가능한 새것을 구입한다. 초보의 경우 씨앗을 구입할 때 재배 시기가 맞는 품종인지 물어보는 것이 좋다.

씨앗을 뿌려 싹을 틔우는 것이 번거롭다면 싹이 튼 모종을 구해 기르는 것이 좋다. 씨를 뿌려서 발아하면 그 모종들을 솎아서 다시 일정한 간격으로 옮겨 심어야 하는데, 잔손도 많이 가고 실패할 확률도 높기 때문에 처음 채소를 키우는 것이라면 모종 심기로 시작하는 것이 무난하다. 요즘은 종묘회사에서 대량으로 키운 모종이 다양하게 시판되고 있다. 좋은 모종은 잎이 많고, 떡잎이 붙어 있고, 키가 낮고 잎살이 두꺼우며, 짙은 녹색으로 병충해가 없고, 줄기가 굵고 튼튼하며, 비닐화분의 구석까지 뿌리가 뻗어 있는 것이 잘 자란다. 또 가지나 방울토마토 등의 열매 채소라면 꽃봉오리가 있어야 한다.

가정용 식물재배 용기는 유약을 바르지 않고 낮은 온도에서 구운 황토 화분이 제격이다. 해로운 유약을 써서 만든 화분이나 플라스틱 화분은 그 자체가 유해물질을 발산할 수도 있다. 유약 없이 만든 황토화분은 통기성이 좋고 유해성분이 없지만, 그만큼 수분 증발이 빠르므로 물관리에 더욱 신경을 써야 한다. 헌 냄비 등 집안의 폐품을 이용해 적당히 물빠짐 구멍을 만들어 화분으로 써도 재활용 면에서 좋다. 화분에 흙을 담을 때는 물이 잘 빠지도록 맨 아래 1/5 정도에 굵은 자갈 등을 채워 배수층을 만든 후 배합토를 넣는다. 채소에 물을 줄 때 쓰는 물뿌리개는 입구를 바꾸어 끼면 물주는 방법을 바꿀 수 있는 것이 여러 용도로 사용할 수 있어 편리하다. 이 외에도 모종삽 등이 채소 기르기에 필요하다.

 유기질 퇴비와 원예용 흙을 살 수 있는 곳

– 한국유기농업협회(www.organic.or.kr)
유기농산물의 생산자 단체로 유기농산물 품질 인증 기관이기도 하다. 원예용 퇴비, 목초액, 토양 개량제 등 다양한 유기농 농자재를 살 수 있다. ☎02-406-4462

– 흙살림(www.heuksalim.com)
친환경 유기농 농자재 전문 쇼핑몰. 유기농산물 품질 인증 기관이기도 한 곳으로 가정 원예용 퇴비, 친환경 병충해 관리자재 등을 살 수 있다. ☎043-833-8179

쑥쑥 자라는 상추

비타민과 미네랄이 풍부한 상추는 집에서 쉽게 기를 수 있는 채소이다. 하루에 한 번씩 물을 듬뿍 주고, 잎이 자랄 때 화원에서 유기질 발효 퇴비를 사서 한번 정도 주면 잘 자란다.

❖ 상추 기르기

❶ 1년이 넘지 않은 씨앗을 구입해 파종 전에 미지근한 물에 담가 하룻밤 정도 불린다. 씨앗이 촉촉히 젖어 있어야 발아가 잘 된다. 물에 불릴 때 위로 뜨는 씨앗은 제외한다.

❷ 좋은 씨앗만 골라 어느 정도 건조시킨 후 젖은 배양토와 흙을 섞어 화분에 담고, 배양토에 6~9cm 간격으로 뿌린다. 씨앗을 뿌린 뒤 씨앗의 2~3배 정도 두께로 흙을 덮고 물을 듬뿍 준다.

❸ 파종 후 12일쯤 지나면 본잎이 나기 시작한다. 본잎이 2~3장 났을 때 튼튼한 싹만 남기고 1차로 솎아준다. 잎이 난 후에는 통풍이 잘 되고 시원한 곳에 두는 것이 좋다.

❹ 본잎이 4~5장 났을 때는 다른 화분에 옮겨심기를 한다. 깊이 15cm 이상 되는 화분에 10~15cm 간격이 되도록 옮겨 심는다. 뿌리를 건드리지 말고 옮겨 심어야 하고, 물을 충분히 준다. 저녁 때 옮겨 심으면 햇살을 피할 수 있어 좋다. 옮겨심기가 귀찮으면 처음부터 정식 간격으로 씨앗을 뿌려 그대로 키우는 방법도 있다. 이럴 때는 10~15cm 간격으로 한 곳에 씨앗을 2~3개 뿌린 후 싹이 나면 튼튼한 싹 하나만 남기고 나머지는 솎아낸다.

❺ 상추는 물을 많이 주는 것이 좋다. 물을 줄 때는 흙 속까지 푹 젖도록 흠뻑 주어야 하고, 흙 표면이 마르면 다시 물을 듬뿍 준다. 한여름이나 집안 공기가 건조할 때는 하루에 2번 정도 물을 준다.

❻ 잎이 잘 자라고 계속해서 뜯어 먹을 수 있도록 하려면, 유기질 발효 퇴비를 사서 희석해서 주거나 잘 썩힌 부엽토를 주면 좋다.

❼ 파종 후 45일 정도 지나면 뜯어 먹을 수 있다. 상추는 수시로 솎아 먹으면서 키워야 더 잘 자란다. 잎을 수확할 때는 원뿌리를 눌러 흔들리지 않도록 주의한다. 수확은 바깥쪽 잎부터 순서대로 뜯는다. 기온이 높고 낮이 긴 여름에는 꽃대가 빨리 나기 쉬우므로 꽃눈을 발

견하면 빨리 따낸다. 수확이 11월 이후일 때는 화분에 비닐을 덮으면 흙의 온도가 올라가 생장이 빨라진다. 낮에는 비닐을 열어두고, 밤에는 덮어둔다.

❽ 진딧물이 생길 수 있으므로 자주 잎의 뒷면을 주의 깊게 살핀다. 잎에 진딧물이 생긴 경우에는 분무기에 물을 담아 강하게 뿌리면 질식해 죽는 경우가 많다. 물 1리터에 현미식초 2 큰술 정도를 넣어 뿌려도 도움이 된다.

보기에도 좋은 방울토마토

칼륨, 비타민A, C가 풍부한 방울토마토는 병에 비교적 강해 초보자도 기르기 쉬운 채소이다. 여름 채소 중에서 유난히 햇빛을 좋아하기 때문에 하루에 최소 4시간은 해가 잘 드는 장소에 두어야 한다. 방울토마토는 키우기도 쉽고 관상용으로도 좋다. 햇볕이 잘 들고 통풍이 잘 되는 곳에 두고, 다른 식물보다 수분흡수량이 많으므로 화분의 흙이 마르지 않도록 신경을 써야 한다.

❖ 방울토마토 기르기

❶ 4월 하순부터 5월 상순에 걸쳐 모종을 사서 옮겨 심는다. 모종을 고를 때는, 2장의 잎이 붙어 있는 것, 줄기가 굵고 이음대가 짧은 것, 키가 낮고 튼튼한 것을 고른다. 씨앗을 뿌려 싹을 틔울 때는 30cm 간격으로 하고, 한 곳에 3~4개씩 씨앗을 심는다.

❷ 모종을 옮겨 심을 때는 충분히 물을 주고, 저녁에 옮겨 심는 것이 좋다. 비닐 화분의 모종을 뺄 때는 뿌리가 상하지 않게 주의한다. 옮겨 심은 후에는 필요 이상으로 흙을 누르지 않는다.

❸ 첫 번째 꽃이 달리기 시작하면 쓰러지지 않게 지주(받침대)를 세운다. 열매는 꽃이 핀 방향에 열리므로 수확하기 쉽도록 지주를 꽃 뒤쪽에 세우고, 화분 밑까지 튼튼하게 꽂는다.

❹ 토마토 재배에서 가장 중요한 것은 곁눈(꽃 아래 생기는 작은 순)을 따는 것이다. 생장에 따라 곁눈이 나오므로 크게 자라기 전에 빨리 따낸다. 곁눈을 그냥 자라게 두면 영양이 분산되어 좋은 열매를 맺지 못한다. 중심 줄기에 3~4층의 꽃집이 달리도록 곁눈을 따서 줄기를 하나로 기른다.

❺ 줄기가 자라면 원뿌리를 떠받치기 위해 잔뿌리가 나오는데 흙으로 잘 덮어준다. 한여름에는 건조를 막기 위해 물이끼 등으로 흙 표면을 덮으면 자라는데 도움이 된다.

❻ 방울토마토의 품종에 따라서 하나의 꽃집에 7~15송이의 꽃이 피어 열매를 맺는다. 빨갛게 익은 것부터 이른 아침에 가위로 따거나 손으로 가볍게 꺾어 수확한다.

영양만점의 무공해 콩나물

콩보다 비타민, 단백질, 칼슘, 철분 등이 풍부한 콩나물을 집에서 길러보자. 콩나물은 공기와 깨끗한 물, 20도 전후의 온도가 갖춰지면 쉽게 기를 수 있다. 콩은 약품 처리가 되지 않은 것을 산다. 유기농 전문점에서 유기농 콩을 사서 이용하면 좋다. 제조연월일이 가능한 최근 것을 고르고, 벌레가 먹지 않은 콩을 고른다. 콩나물을 기르는 용기가 시판되고 있지만, 입구가 넓고 물빠짐이 쉬운 용기라면 뭐든지 이용할 수 있다. 유해 유약을 바르지 않고 낮은 온도로 구운 화분이나 떡시루를 이용해 기를 수도 있다. 용기는 물로 씻어 청결한 상태로 사용한다. 콩나물은 건조와 햇빛이 큰 적이다. 항상 습기가 있어야 하고 검은 천을 덮어 어두운 장소에서 길러야 한다. 빛을 차단하기 위해서는 골판지 상자나 검은 천을 이용한다. 하루에 2~3회 깨끗한 물을 공급해 습기를 유지하는 것이 콩나물을 잘 기르는 재배 포인트이다.

❖ 콩나물 기르기

❶ 콩을 깨끗이 물로 씻는다. 하룻밤 물에 담가 충분히 불리고, 물에 뜬 콩은 제거한다.

❷ 입구가 넓은 병에 불린 콩을 넣는다. 가는 망으로 입구를 덮고 고무줄로 묶는다.

❸ 병을 받칠 수 있는 접시를 준비해 물을 뺀 병을 옆으로 기울여 놓는다. 병 입구를 내용물이 틀어막지 않도록 주의하면서 검은 천을 덮는다.

❹ 하루에 2~3회 망을 씌운 채 수돗물을 병 속 가득 채운다. 그런 다음 병을 거꾸로 들어 물을 빼고 다시 기울여 검은 천을 덮어준다.

❺ 4~5일 정도 되면 콩나물이 완성된다. 1컵의 콩에서 3컵 정도의 콩나물을 얻을 수 있는데 처음에는 시험삼아 조금 길러보는 것이 좋다.

❻ 헌 우유팩에 구멍을 뚫어 콩나물을 기를 수도 있고, 물이 잘 빠지는 소쿠리를 이용할 수도 있다. 빛이 차단되고 공기가 통하고 깨끗한 물을 하루에 2~3회 주어 습기가 유지되는 환경이라면 어디든지 자란다. 추운 겨울에는 따뜻하게 해주면 잘 자라고, 고온 다습한 여름철에는 콩이 썩는 경우가 많으므로 주의한다.

정원에 미니 채소밭 만들기

집 마당이나 인근에 미니 채소밭을 만들어 좀 더 다양한 채소를 길러보는 것도 좋다. 미니 채소밭을 만들 때는 우선 텃밭을 만들 공간을 파서 깨진 유리조각이나 벽돌 등을 제거한다. 약 30cm 깊이로 파낸 다음 화원에서 유기질 발효 퇴비를 사서 뿌리고 땅을 유기화시킨다. 흙에 유기질이 풍부해지면 농사를 돕는 유용 미생물과 지렁이 같은 생명체가 살아나 기름진 땅이 된다. 미생물 활동이 많은 땅은 생명력이 강하다. 생명력이 강한 땅에서 자라는 채소는 병도 잘 이겨낸다. 병충해를 크게 입지 않고 건강한 채소를 기르기 위해서는 자연농법과 유기농법의 기본 원칙이기도 한 다음 사항에 유의하자.

ⅢⅢ 섞어짓기를 하라

한 가지 채소만 재배하는 땅은 해충의 목표가 되기 쉽다. 섞어짓기를 하면 병충해가 만연하는 일은 없다. 섞어짓기를 하면 곤충의 수효가 균형을 이루어 흙에서 특정 영양소가 고갈되는 것도 막는다. 예를 들면 호박은 많은 양의 질소가 필요하고, 콩은 스스로 질소를 생성한다. 이러한 보완점을 고려해 아무리 작은 땅이라도 몇 가지 작물을 섞어짓는 것이 필요하다.

ⅢⅢ 돌려짓기를 하라

같은 채소를 계속 한자리에서 재배하면 땅속에 그 채소를 좋아하는 병균이 많이 발생한다. 이것이 바로 연작피해이다. 연작피해를 막기 위해서는 서로 다른 작물을 섞어서 돌려짓기를 하면 병충해를 효과적으로 예방할 수 있다. 텃밭 같은 작은 공간에서도 얼마든지 윤작이 가능하다. 미니 채소밭을 4개의 공간으로 나누어 4가지 작물을 심고 이듬해부터 구역을 이동해 작물을 돌아가면서 심으면 된다. 이를테면 상추, 고추, 당근, 깻잎을 4구역에 나누어 심고 다음해부터 돌아가면서 재배한다.

ⅢⅢ 병충해나 잡초는 자연 퇴치하라

채소밭 둘레에 금잔화나 허브작물을 심으면 병충해 방제에 좋다. 금잔화는 벌레가 싫어하는 향을 발산한다. 허브작물도 일반적으로 벌레가 싫어하는 향을 내는 경우가 많다. 잡초를 적당히 살려두는 것은 건조를 예방해준다. 뜯어낸 풀로 지면을 덮어주면 자연스럽게 땅의 수분을 유지하고, 잡초가 다시 올라오는 것도 막을 수 있다. 진딧물 등의 병충해가 생기면 물에 현미식초를 넣어 뿌리면 효과적이다. 물 1리터에 현미식초 2큰술을 섞어 이용하면 된다.

🏠 내 몸에 쌓인 유해물질의 해독

필수 영양소를 골고루 먹자

아무리 안전한 식품을 골라먹고 집안 환경에 신경을 쓰더라도 우리 몸에 들어오는 유해물질을 모두 막을 수는 없다. 우리가 사는 세상이 이미 모두 오염되었기 때문이다. 그러기에 유해물질에 노출되는 것을 피하려는 노력과 함께 우리 몸의 해독기능을 강화하는 노력이 필요하다. 우리 몸이 해독작용을 잘 한다면 체내로 들어온 유해물질을 약화시키거나 빨리 배출시킬 것이다.

불가피하게 들어온 유해물질을 해독하는 방법으로 우선 필수 영양소를 두루 섭취하는 것이 중요하다. 인체는 양영분이 있어야 움직이고 해독기능 역시 에너지원이 있어야 제 구실을 하게 된다. 우리 몸이 필요로 하는 적당량의 양양소, 즉 비타민과 무기질, 필수지방산과 단백질을 고루 섭취하면 해독작용을 하는데 도움이 될 것이다. 유해물질로 인해 몸이 약해졌을 때는 소화 흡수력이 떨어지기 쉬우므로 소화가 잘 되는 식품을 골라서 소화하기 쉽게 조리해 먹는 것도 좋다.

생수와 생식이 좋다

생수 마시기는 우리가 가장 쉽게 할 수 있는 해독법이다. 물은 우리 몸에서 신진

중금속을 몸 밖으로 내보내고 해독작용이 뛰어난 마늘

대사를 촉진하고 노폐물을 배출하고 신장의 해독작용을 돕는다. 일반적으로 우리 몸에 물이 부족하면 체내에 독소가 쌓이고, 체온이 상승하고, 혈액의 점도가 높아져 혈전이 생성되고, 전해질의 균형이 깨어진다. 우리 몸의 신진대사를 원활히 하기 위해서는 성인의 경우 하루 2.5리터의 물이 필요하다. 음식물을 통해 0.5리터가량의 수분을 섭취한다고 보면, 2리터의 물은 따로 공급해야 한다. 물은 오염되지 않은 자연수, 즉 생수를 마시는 것이 가장 이상적이다. 생수는 생명력이 있는 물로 각종 미네랄 성분이 풍부하다. 수돗물은 살균약품이나 송수관, 저수탱크 등으로 문제가 될 수 있으므로 따로 정수를 해서 깨끗한 물을 마시는 것이 보다 안전하다. 물을 마실 때는 조금씩 천천히 자주 마시는 것이 좋다.

생식(生食), 즉 불로 조리하지 않은 날 음식은 체내 유해물질의 배출 능력이 뛰어나다. 식품을 가능한 조리하지 않고 자연 그대로 먹는다면 체내 해독에 도움이 된다. 생식을 먹기가 힘들다면 생야채즙이라도 많이 먹는 것이 좋다. 생야채즙은 효소와 무기질, 특히 소화와 배변을 자극하는 칼륨이 풍부해 해독작용을 돕는다. 또한 소화에 걸리는 시간이 짧으므로 유해물질을 효율적으로 몸 밖으로 내보낸다.

해독기능이 뛰어난 식품을 먹자

해독작용이 뛰어난 식품을 섭취하면 유해물질로부터 받는 피해를 줄일 수 있다. 마늘, 녹두, 메밀, 도토리묵, 해조류, 북어, 현미, 녹차 등은 해독작용이 뛰어나다. 또한 녹황색 채소, 과일, 해조류도 섬유질이나 펙틴 성분이 풍부해 유해물질의 배출을 돕는다. 이 외에도 인삼, 식용숯, 클로렐라, 프로폴리스, 동충하초, 오가피, 영지버섯 등의 건강식품 역시 중금속과 독성물질을 분해하고 배출한다고 알려져 있다.

유해물질로 인해 늘어난 활성산소의 피해를 줄이기 위해서는 항산화물질이 풍부한 식품을 먹는 것이 좋다. 항산화 물질로는 비타민A, C, E, 셀레늄, 라이코펜, 유황화합물, 플라보노이드, 카테킨, 사포닌, 이소플라본 등의 폴리페놀류 등이 있다. 카테킨이 함유된 녹차, 리그난이 함유된 깨, 안토시아닌이 함유된 블루베리, 비타민C가 풍부한 과일이나 채소, 비타민E가 풍부한 현미나 씨앗류, 베타 카로틴이 풍부한 당근이나 브로콜리, 비타민A가 풍부한 늙은 호박 등은 항산화물질이 풍부한 식품이다. 이 외에도 검은 콩처럼 흑, 적, 황, 녹색 등 색깔이 선명한 식품, 붉은 포도주처럼 떫은 맛이 나는 식품, 귤처럼 산미가 강한 식품, 푸른 은행잎 등에도 항산화 물질이 많다.

해독 식품을 먹을 때 주의할 점은 안전하게 생산된 것을 이용해야 된다는 것이다. 이를테면 녹두나 도토리묵이 해독기능이 있다고 해서 생산, 유통과정을 알아보지 않고 무턱대고 사먹는 것은 곤란하다. 시중에 유통되는 녹두는 수입산이 대부분이고, 도토리묵 역시 유해물질을 첨가해 만든 것일 수 있다. 해독작용을 위해 먹는 식품이라면 더욱 안전성을 점검하고 유기농 매장 등을 통해 구입하는 것이 좋다.

해독기능이 뛰어나고 몸에 좋은 것이라고 해도 지나치게 많이 먹으면 부작용이 생길 수 있다. 예를 들어 녹차는 몸이 찬 사람에겐 맞지 않고, 인삼은 몸에 열이 많은 사람에게는 좋지 않다. 그러므로 너무 한 가지 식품에 의존해 오래 먹는 것은 바람직하지 않다. 해독효과가 있는 대표적인 식품을 알아보자.

□ 녹황색 채소 : 풍부한 섬유질이 유해물질을 흡착해 몸 밖으로 배출하는 역할을 한다. 섬유질은 채소 이외에도 과일, 통곡식, 콩류 등에 풍부하다. 녹황색 채소에 풍

부한 비타민C는 뛰어난 항산화 작용을 하며 납, 수은, 알루미늄 등 중금속의 축적을 막는데 좋다. 녹황색 채소에 많은 카로틴 역시 항산화물질로 활성산소의 피해를 줄여준다. 흡연에 따른 폐의.손상과 암 예방에도 좋다. 베타 카로틴은 당근과 브로콜리에 특히 많다.

□ 과일 : 펙틴 성분이 풍부해 장에서 납의 흡수를 막아 주고 중금속과 결합해 몸 밖으로 배출된다. 펙틴은 흡연으로 손상된 폐에도 좋으며 사과, 감, 바나나 등에 펙틴이 풍부하다. 참외, 수박 등의 과일은 이뇨 작용이 뛰어나 유해물질의 배설을 돕는다. 적, 황, 녹, 흑 등 색깔이 선명한 과일은 항산화 물질이 풍부하다.

□ 마늘 : 항산화물질인 셀레늄과 게르마늄 등이 풍부해 해독기능이 뛰어나다. 특히 셀레늄은 몸 안에 쌓인 납, 카드뮴, 수은, 농약 성분 등의 배출을 돕고 오염 물질에 견디는 힘도 높여준다. 마늘의 유황 성분은 활동력이 강해서 중금속을 몸 밖으로 내보내고, 활성산소의 활동을 억제하고, 세포막의 손상을 막아준다. 항암작용까지 알려지고 있는 마늘은 생것으로 먹으면 좋지만, 익혀 먹어도 같은 효과를 낸다. 생마늘은 하루에 1쪽, 익힌 마늘은 2~3쪽이 적당하다.

□ 해조류 : 미역, 다시마 등의 해조류는 체내 유해물질의 배출을 돕는다. 특히 해초에 들어 있는 알긴산은 방사성 물질을 몸 밖으로 내보내는 작용이 뛰어나다. 해조류는 양식 과정에서 불순물이 끼지 않도록 염산 등을 처리하는 경우가 있으므로 안전하게 생산된 것을 이용하자.

□ 현미 : 일반 백미보다 섬유질이 3~4배 정도 많아 유해물질의 배출을 돕고, 중금속 해독작용을 하는 피친산도 함유하고 있다. 단백질, 지방, 무기질, 비타민 등의

영양소도 일반 백미보다 10배 이상 높다. 안전하게 생산된 유기농 현미는 좋은 해독제이다.

□ 연근 : 무공해 식품으로 섬유질이 풍부해 해독 작용이 강하다. 한방에서는 우절(藕節)이라 불리며 당뇨병 치료에 쓰이기도 한다. 시중에 썰어서 파는 연근은 표백제를 처리한 것이 많으므로 흙이 묻은 통 연근을 사서 집에서 다듬고 조리하는 것이 좋다. 연근을 얇게 썰어서 말리면 딱딱해지면서 고구마 맛이 나는데 간식으로 좋다.

□ 녹차 : 비타민E, 비타민C, 카로틴 등의 항산화 물질이 풍부하고, 맹독성 환경호르몬인 다이옥신의 피해도 줄여준다. 녹차에 다량 함유된 타닌은 항암 효과가 있고, 플라보노이드는 칼로리 연소를 촉진한다. 녹차는 대부분 차로 먹지만, 가루를 내어 먹는 것이 가장 효과적이다. 단, 식사 직후에 바로 먹는 것은 피하고, 소화기능이 약한 사람은 많이 먹지 않는 것이 좋다.

□ 식용 숯 : 몸 전체 세포를 활성화하고, 체내의 독을 제거하는 작용을 한다. 흡착력이 뛰어나 체내의 유해물질을 빨아들인 후 배설할 때 몸 밖으로 함께 나온다. 유해물질의 섭취가 많은 날 먹으면 해독제로 좋다. 일반적으로 식용 숯은 소나무 숯을 쓴다. 먹을 때는 식후에 먹는 것보다 공복에 먹는 것이 영양분이 함께 배출되는 것을 막을 수 있다. 단, 마른 체형에 늘 기운이 없는 사람은 오래 먹지 않는 것이 좋다.

□ 클로렐라 : 조류의 일종으로 많은 영양소를 두루 갖춘 건강식품이다. 중금속과 독물질을 해독하고 몸 밖으로 내보내는 작용을 하기도 한다. 특히 탄화수소와 카드

뮴, 수은, 납, 우라늄, 알루미늄과 같은 유해물질을 해독하는 작용이 뛰어난 것으로 알려져 있다. 단, 소화기능이 약한 사람은 오래 먹지 않는 것이 좋다.

□ 식초콩 : 콩에는 세포를 강화시키는 레시틴이 많아 스트레스에 강한 세포로 만들어준다. 식초는 해독작용과 함께 혈액을 정화하는 기능이 있다. 식초와 콩으로 만든 식초콩은 혈액순환을 원활하게 하고, 체내 콜레스테롤을 청소해주며, 뇌기능을 활성화하고, 고혈압과 변비 치료에 좋다. 또한 해독기능을 주로 하는 간의 기능을 강화해 체내 해독작용을 촉진한다.

❖ 집에서 식초콩 만들기

– 재료 : 검정콩, 현미식초, 입구가 넓은 병

❶ 콩을 씻어 말려 완전히 물기를 뺀다.

❷ 콩을 병 속에 반 정도 넣는다. 콩의 풋내를 싫어하는 사람은 프라이팬에 볶아서 사용한다. 날 콩을 이용하는 것이 영양면에서는 더욱 좋다.

❸ 콩이 잠기도록 식초를 듬뿍 붓는다. 콩이 식초에 충분히 잠기지 않으면 곰팡이가 끼거나 변질할 우려가 있으므로 콩이 부풀어 식초 위로 올라오면 식초를 더 넣는다. 식초는 풍부한 아미노산과 유기산을 함유한 현미식초가 좋다.

❹ 담그기가 끝나면 뚜껑을 닫아 여름에는 냉장고에, 겨울에는 햇볕이 들지 않는 서늘한 곳에 보관한다.

❺ 2일 정도 지나면 먹을 수 있다. 콩에서 풋내가 나서 먹기 어렵다면 5~10일 정도 지난 후 먹으면 발효가 되어 맛이 순하고 먹기도 수월하다.

❻ 보존 기간은 대략 1개월 정도이다. 많이 만들어놓고 꺼내 먹다 보면 곰팡이가 생길 수 있으므로 대략 2주 정도 먹을 분량씩 만든다.

❼ 먹는 양은 조금씩 먹는 것이 좋다. 한꺼번에 많이 먹으면 사람에 따라 위가 쓰리거나 설사를 일으킬 수 있다.

□ 인삼 : 인체를 닮았다는 신비의 명약으로 인체의 각종 대사를 촉진해 생체 기능을 바로 잡고, 질병에 대한 저항력을 높여준다. 사포닌 등의 성분은 환경호르몬의 피해를 줄여주기도 한다. 고혈압과 몸에 열이 많은 사람은 맞지 않다.

□ 녹두 : 필수 아미노산을 비롯해 영양의 보고인 녹두는 해독 및 해열 작용이 뛰어나다. 민간에서는 화장독 등 피부 해독제로 쓰기도 한다.

□ 도토리묵 : 저칼로리 알칼리성 식품인 도토리묵에 함유된 아콘산은 체내의 중금속 및 유해물질을 흡수하고 배출을 돕는다.

목욕으로 독소를 배출하자

목욕은 체내 독소를 배출하는 역할을 한다. 일반적으로 목욕은 노폐물을 배출하고, 수분을 공급하며, 혈액순환을 촉진하고, 근육의 긴장과 스트레스를 풀어준다. 신진대사가 원활해지면 자연히 해독기능도 강화된다. 목욕은 지나치게 뜨겁지 않은 적당히 따끈한 물에서 하는 것이 좋고 좋은 물에서 하면 더욱 효과적이다. 수돗물은 염소 등 유해물질이 문제인데 특히 수돗물의 유해성분은 뜨거운 온수일 때 더욱 증가된다. 그러므로 집에서 목욕을 할 때는 욕실의 환기를 잘 시키면서 하는 것이 좋다.

요즘 관심을 모으는 반신욕도 신진대사 강화에 효과적이라고 알려져 있다. 일반적으로 반신욕은 우리 몸의 하체만을 따뜻하게 해서 혈액순환을 촉진하고 신진대사를 원활히 하는 방법이다. 그러다 보면 해독에도 도움이 된다. 반신욕을 하는 방법은 섭씨 40도 전후의 미지근한 물에 명치 아래 부분만 담그고 10분 이상 있는다. 이때 팔이나 손은 물에 넣지 말고, 물을 마신 후에 하면 더욱 효과적이다. 집에서 반신욕을 할 때는 더운 수돗물의 유해물질 피해를 입지 않도록 환기를 시키면서 하는 것이 좋다. 심장이나 심혈관계 질환자, 빈혈증, 땀을 흘리면 많이 피곤해지는 사람은 반신욕이 적합하지 않다.

수돗물의 유해성을 피하기 위해서는 온천이나 바닷물 목욕이 좋다. 천연 온천수에서 하는 목욕은 신진대사를 활성화시키는 효과가 커서 해독에 큰 도움이 된다. 온천수에 풍부한 천연 미네랄은 자연치유 능력을 높여주기도 한다. 바닷물에는 항산화 성분이 풍부하기 때문에 깨끗한 바닷물을 이용한 해수욕도 해독에 도움이 된다.

운동으로 해독기능을 강화하자

운동은 건강유지의 필수 요소이자 해독기능 강화에도 큰 몫을 한다. 운동을 하다 보면 땀이 나고 숨이 가빠지면서 유해물질을 몸 밖으로 내보낸다. 또한 산소 섭취량을 증가시키고 임파 기능을 자극하여 노폐물도 운반한다. 적당한 운동을 꾸준히 하면 면역력을 키우고, 혈액순환을 촉진하고, 혈당을 낮추며, 혈액을 깨끗이 하고, 온몸의 세포활동을 강화한다. 그러다 보면 해독기능도 높아질 것이다. 운동을 통한 해독작용은 단기간에 효과를 볼 수는 없지만, 우리 몸의 해독기능 자체를 높여준다는 큰 장점이 있다.

운동을 할 때 중요한 점은 자신의 연령이나 체력에 맞는 운동을 하는 것이다. 아무리 좋은 운동도 자신에게 맞지 않을 경우 부작용을 낳는다. 일반적으로 몸을 빠르게 움직여야 하는 과격한 운동은 활성산소를 많이 만들기 때문에 좋지 않다. 지나치게 만들어진 활성산소가 오히려 우리 몸을 공격하기 때문이다. 처음부터 무리하게 운동을 해서도 안 되고 단계적으로 운동의 강도를 높이는 것이 중요하다. 자신의 몸에 무리가 없는 선에서 걷기, 체조, 줄넘기, 등산, 수영 등 좋아하는 종목을 하면 된다. 집에서 간단히 하는 맨손체조도 좋은 운동이 된다. 적당하게 몸을 움직이고 문지르고 흔들고 두드리는 체조는 혈액순환을 촉진하고 면역력을 강화한다. 걷기 또한 부담없이 할 수 있는 전신운동이다. 심신을 함께 단련하는 명상, 요가, 단전호흡, 태극권, 국선도 등도 몸을 튼튼히 하고, 마음을 안정시켜 스트레스를 이겨내는 힘을 길러주는데 좋다.

운동 효과를 높이기 위해서는 꾸준히 하는 것과 맑은 공기를 마시면서 하는 것이 중요하다. 학자들의 연구 결과에 따르면 1주일에 적어도 3~5회 정도를 규칙적으로 해야만 운동 효과를 볼 수 있다고 한다. 운동이 아무리 좋아도, 오염된 공기로 가득한 밀폐된 실내에서 하는 운동은 피해야 한다. 집에서 스트레칭을 할 때도 문을 활짝 열어 환기를 시키면서 하자. 등산처럼 자연의 맑은 공기와 천연 음이온이 가득한 곳에서 하는 운동이라면 효과를 높일 수 있고, 해독작용에도 더 도움이 될 것이다.

충분한 수면이 중요하다

충분한 수면은 우리 몸의 해독기능을 강화하는데 중요하다. 수면시간이 일정하지 않거나 제대로 잠을 이루지 못해 늘 피곤하다면 체내 유해물질을 쌓이게 하는 것이나 다름없다. 잠자는 동안 우리 몸은 낮 시간 동안 들어온 유해물질을 해독하고, 세포를 재생하는 등의 여러 일을 한다. 생명활동에 꼭 필요한 야간의 인체대사는 제대로 수면을 취할 때 비로소 원활하게 이루어진다. 영국의 한 의학 보고에 따르면 '충분한 운동보다 오히려 충분한 수면이 건강에 더 좋다' 는 연구결과가 있을 만큼 수면은 유해물질을 해독하고 새로운 에너지를 만드는데 중요한 역할을 한다.

적정 수면 시간은 사람에 따라 차이가 나는데, 하루 8시간 전후가 적당하다고 알려져 있다. 개인에 따라 피곤하지 않을 정도의 적정 수면 시간을 정해 충분히 잠을 자고, 규칙적인 시간에 잠자리에 들도록 하자. 특히 밤 11시부터 2시 사이에는 깊은 잠을 청해야 한다. 숙면을 취하기 위해서는 침실을 잘 환기시키고, 쾌적한 수면환경이 필요하다. 낮에 적당히 운동을 하고, 저녁식사는 간단히 하고, 체조나 명상 등으로 몸의 긴장을 풀어주면 숙면을 취하는데 도움이 된다.

불규칙적인 생활도 생체리듬을 깨뜨리고 해독력을 저하시킨다. 신진대사가 원활하지 못하면 당연히 해독능력도 떨어진다. 선천적으로 갖고 태어난 해독력을 저하시킨다면 유해물질로부터 받는 피해가 더 클 수밖에 없다. 식사, 수면, 휴식, 운동 등 규칙적인 생활 관리가 필요하다.

자연 속에서 해독하자

우리가 공해에 시달리고 온갖 문명병으로 고통받기 시작한 것은 자연을 떠나오면서부터이다. 자연 속에서 자연의 일부로 살았던 시절에는 요즘처럼 많은 유해물질과 질병이 없었다. 그런 사실을 조금씩 깨달으면서 자연의 힘을 빌어 병을 치료하는 자연의학이 주목을 받고 있고, 자연 지향적인 제품도 쏟아지고 있다. 문명과 공해로 병든 세상을 이겨낼 대안이 바로 자연의 곁으로 돌아가는 것이다. 자연의 순리를 따르고 자연과 더불어 사는 생활을 하는 것이 유해물질을 해독하는 좋은 방법이다.

자연의 치유력으로 우리에게 많이 알려진 예가 바로 삼림욕이다. 오래 전부터 숲은 치유와 안정의 상징이 되어 왔고, 공해병이 만연한 오늘날 질병을 치료하는 요양소가 되고 있기도 하다. 숲은 유해 화학물질, 중금속 등 인체의 생명력을 저하시키는 물질을 정화하고 맑은 공기로 바꾸어준다. 또한 나무가 뿜어내는 물질은 우리 몸 안의 독을 정화하는 작용을 한다. 나아가 유해물질로 손상된 세포를 원상태로 회복해 몸의 기능을 강화시키는 역할까지 한다. 자연과 숲의 엄청난 힘이 구체적으로 무엇 때문인지는 아직까지 충분히 밝혀지지 않았다. 알려진 것으로는 몸을 맑게 하는 '피톤치드' 라는 수액 성분과 활성산소를 중화시키는 '음이온' 을 들 수 있다. 이 외에도 현대 과학이 미처 풀지 못한 많은 치유의 신비가 자연 속에 있을 것이다. 깊은 산에서 생활하는 것만으로 불치병을 고치는 이들이 늘고 있는 것이 그 때문이다. 우리 몸에 흡수된 유해물질을 해독하기 위한 방법으로 삼림욕은 더없이 좋다. 가까운 산을 찾아 자연의 기운을 받고 해독을 하자. 숲에서 자연의 기운을 받을 때는 깊은 호흡을 하면 효과적이다. 호흡을 천천히 깊게 내쉬고 들이마시는 과정을 반복하면 체내 해독과 정화에 더욱 도움이 된다.

흐르는 물과 식초에 씻기

　농산물은 농약성분을 제거하고 조리해야 한다. 잔류농약을 제거하기 위해서는 우선 흐르는 물에 꼼꼼히 씻자. 식품에 따라 소금, 식초 등을 이용하는 것이 좋다. 세척력이 뛰어난 소금과 식초는 농약을 제거하는데 효과적이다. 과일은 식초나 소금물에 15~20분 정도, 야채의 경우 식초물에 10분 이내로 담구었다가 흐르는 물에 씻는다. 소금의 양은 물 4리터에 두 큰술 정도가 적당하다. 식초는 물 2리터에 두 큰술 정도가 적당하다. 흡착력과 해독력이 뛰어난 숯을 이용해 세척을 해도 좋다. 물에 숯을 넣어 과일이나 야채를 담궜다가 씻으면 숯의 흡착력이 농약을 빨아들인다. 각 식품별 세척 요령을 알아보자.

□ 쌀 : 넉넉히 물을 부어 처음에는 재빨리 씻고 나중에는 몇 번 힘을 주어 씻는다. 쌀을 불릴 때 썼던 물은 버리고 새 물을 부어 밥을 짓는 것도 농약 피해를 줄이는 방법이다.

□ 배추 : 겉잎을 반드시 한 두겹 떼어낸다. 모든 잎 야채는 흐르는 물로 잎을 하나씩 깨끗이 씻고, 겹쳐 있는 잎은 펼쳐서 씻는다.

□ 무 : 잎에 농약 성분이 다량 남아 있으므로 조리하기 전에 제거한다.

□ 오이 : 물로 깨끗이 씻은 후 소금으로 여러 번 문질러 다시 한번 씻는다.

□ 시금치 : 흐르는 물에 5~6분 간 씻는다. 뿌리 부분도 잘 씻어야 한다.

□ 당근 : 씻을 때는 흐르는 물에 여러 번 문질러 씻고 껍질을 벗겨낸다.

□ 감자 : 씻은 후 껍질을 벗긴다. 감자의 싹이나 푸르스름해진 부분은 반드시 제거한다.

□ 우엉 : 흐르는 물에 수세미로 쓱쓱 문질러 씻은 다음 껍질을 벗겨낸다. 껍질을 깎은 후 식초물에 15분 이상 담가둔다. 식초물은 물 3컵에 식초 1큰술의 비율로 만든다.

□ 콩나물 : 조리하기 전에 끓는 물에 식초를 약간 넣은 다음 30초 정도 데치는 것이 좋다.

□ 토란 등 껍질을 벗겨 파는 야채 : 황산 알미늄이라는 약품으로 처리하기도 하므로 조리하기 전에 그릇에 담아 소금을 뿌린 후 물로 깨끗이 씻어낸다.

□ 토마토 : 흐르는 물에 30초 정도 손으로 잘 문질러가며 씻는다. 보다 확실하게 농약을 제거하려면 겉껍질을 얇게 제거한다. 꼭지 반대쪽 껍질에 십자모양으로 칼집을 낸 후 10초 정도 끓는 물에 살짝 담근 후 찬물로 식히면 껍질이 자연스럽게 벗겨진다.

□ 사과 : 흐르는 물에 스폰지로 쓱쓱 문질러 씻고 껍질을 벗겨 먹는다. 껍질을 벗긴

사과는 소금물에 담가 두면 갈변도 막고 농약성분도 더 제거할 수 있다.

□ 포도 : 큰 송이 채 씻는 것보다 포도알을 하나씩 떼어 씻는 것이 효과적이다. 식초물을 새콤하게 만들어서 한번 더 씻어낸 후 맑은 물로 헹군다.

□ 딸기 : 표면적이 넓어 농약 흡수량이 많다. 흐르는 물에 여러 번 씻고 소쿠리에 담은 채 한번 더 씻어낸다.

겉껍질 제거하기

농산물의 잔류농약은 상당부분 껍질과 껍질 바로 밑에 집중되어 있다. 농약이 많이 묻은 과일이라면 껍질째 먹는 것은 위험하다. 흐르는 물에 잘 씻었다고 해도 껍질을 제거하고 먹는 것이 보다 안전하다. 특히 과거와 달리 요즘 농약은 물에 잘 녹지 않는 것이 많고, 침투성 살충제는 식물체내로 흡수되기도 한다. 대전시 보건환경연구원에서 일반 농산물을 물로 씻은 후 잔류농약을 검사했더니 조사 결과 물로 씻은 야채와 과일은 잔류농약 제거율이 24~78%로 나타났다. 농약을 써서 기른 일반 현미는 영양의 보고인 씨눈에 잔류 농약 성분이 80~90%가 남아 있고, 사과의 살충제인 디아지논은 물세척시 30% 정도만 제거되었다. 독성이 강해 위험물질로 다루는 디나폰수화제의 제거율은 30~59%, 포도의 껍질에 묻어 있는 케루센의 제거율은 33~69%로 나타났다. 물로 씻는다고 농약이 현저히 줄어드는 것이 아님을 보여준다. 따라서 일반 농산물을 먹을 때는 흐르는 물에 여러 번 씻고, 세척력을 강화하는 소금이나 식초를 이용하며, 껍질도 반드시 제거하고 먹어야 한다. 안전하게 생산된 유기농산물이 아니라면 겉껍질이나 겉잎 등은 과감하게 벗겨내고 먹자.

어류는 내장, 알, 아가미 제거

　우리 몸을 교란시키는 환경호르몬 물질은 지방친화적이기 때문에 지방이 많은 식품에 주로 축적된다. 맹독성 환경호르몬의 대명사인 다이옥신을 예로 들자. 다이옥신은 염소를 함유한 제품을 만드는 과정에서 발생하고, 이들 제품을 태울 때도 많이 발생한다. 생산현장이나 쓰레기 소각장에서 주로 발생한 다이옥신은 공기를 타고, 혹은 침출수를 타고 흘러 토양을 오염시키고 바다로 흘러든다. 그러다 보니 땅에서 자라는 식물을 먹는 가축이나 바다 생선에 다이옥신이 축적되는 것이다. 지방친화적인 다이옥신은 지방질이 많은 생물체에 주로 축적되고, 이들 식품을 먹는 우리에게 최종 피해가 넘어온다. 강력한 발암물질로 청산가리보다 1만 배의 강한 독성이 있다는 다이옥신은 그렇게 우리의 몸 안으로 들어오게 된다. 식품의약품안전청의 조사 결과에 따르면 우리의 다이옥신 노출도의 90% 이상이 식품섭취를 통해서이고 육류나 어류, 낙농제품 등 고지방 식품을 섭취할 때 주로 다이옥신에 노출된다고 한다. 곡류나 채식 중심의 식사를 하고, 지방질이 많은 식품의 섭취를 줄여야 하는 것이 그 때문이다.

　지방질이 많은 육류의 섭취는 피해야 한다. 부득이 먹을 때는 기름기를 완전히 제거하고 살코기만 먹자. 얇게 자른 고기를 펴놓고 뜨거운 물을 끼얹어 씻은 뒤에 먹는 것도 한 방법이다. 육류나 어류를 이용해 국이나 찌개를 끓일 때는 국물에 뜬 거품은 최대한 제거하자. 어류 역시 지방질이 풍부한 생선은 피한다. 특히 생선은 오염물질이 쌓이기 쉬운 머리, 아가미, 내장, 알은 제거하고 먹자. 미지근한 물에 생선을 넣어 기름기를 제거하거나 칼집을 내어 뜨거운 물을 끼얹은 후 조리를 하는 것도 좋다. 엷은 식초 물에 씻어도 오염물질을 많이 제거할 수 있다. 조개류는 하루 동안 물에 담가 모래를 제거하고 껍질은 흐르는 물에 문질러 씻어야 한다.

기름에 볶지 말고 쪄서 먹자

음식을 조리할 때는 가능한 기름을 적게 쓰는 것이 안전하다. 지방질은 몸 안에서 활성산소와 만나 우리 몸에 해로운 과산화지질을 만들기 때문이다. 특히 오래된 기름을 먹거나 기름을 사용해 만든 음식을 바로 먹지 않고 시간이 지난 후에 먹으면 우리 몸에 더 큰 독이 된다.

기름에 볶거나 튀기는 대신 찌거나 삶거나 조려서 먹는 것이 보다 안전하다. 생선을 조리할 때도 튀기거나 굽는 것보다는 쪄서 먹는 것이 가장 좋다. 생선에 소금간을 해서 햇볕에 반쯤 말려 찜통에 찌면 생선기름이 빠져나가 맛이 담백하고 부드러우며 찐 생선은 가시를 발라 먹기도 편하다.

기름을 사용해 조리를 할 때는 재래식 기름을 쓰는 것이 피해를 줄일 수 있다. 시중에 나와 있는 콩기름, 옥수수유, 해바라기씨유 등은 고온에서 장시간 열을 가해 만든 것이기 때문에 지방 성분이 변형된 것이다. 변형된 지방산은 정상 지방의 활동을 방해하며, 혈관에 축적되고 혈액을 탁하게 만든다. 가능한 일반 식용유의 섭취를 줄이고 참기름과 들기름, 미강유와 같이 재래식으로 짠 기름을 이용하자. 참기름, 들기름 등 정제 가공하지 않은 기름에는 천연적으로 산화를 방지하는 성분이 들어 있다. 볶음 요리를 할 때는 프라이팬에 잘게 썬 마늘과 양파를 넣어 함께 볶으면 지방의 산화 방지에 도움이 된다.

🏠 안전한 이유식 만들기

두뇌 발달을 저해하는 시판 이유식

이유식은 아이가 만나는 첫 음식이기에 무척 중요하다. 아이의 성장과 건강은 물론 자라면서 갖게 될 음식 기호에 큰 영향을 미친다. 시중에서 판매되는 이유식은 안전성이나 영양면에서 모두 문제를 안고 있다. 시판 이유식에 의존할 때 생기는 문제점을 알아보자.

첫째, 대부분의 시판 이유식은 원료가 안전하지 않고, 이유식을 담는 용기에서 우리 몸에 해로운 비스페놀A 같은 환경호르몬 물질이 검출되기도 한다. 면역기능이나 해독기능이 약한 아기에게는 더욱 해로울 수 있다.

둘째, 이유식을 먹이는 것은 영양 보충뿐 아니라 고체 음식을 삼키기 위한 연습이며, 바른 식사 습관을 갖게 하는 연습이기도 하다. 그러나 시판 이유식에 의존하면 씹어 먹는 능력을 키우지 못

씹는 능력을 키우지 못해 두뇌와 치아 발달을 저해하는 시판 이유식

해 아기의 두뇌와 치아발달을 저해한다.

셋째, 여러 종류의 음식가루를 섞어놓아 맛이 언제나 일정하다. 아기에게 다양한 맛의 즐거움을 줄 수 없어 미각 발달이 늦어진다. 여러 감각을 통해 지능이 발달하는 아기로서는 지능지수가 떨어질 수 있다.

넷째, 많은 과당과 설탕을 함유하고 있다. 어릴 적부터 단맛이 강한 이유식에 익숙해진 아기는 평생 단 음식을 즐기게 된다. 이유식에서 평생을 좌우하는 입맛이 형성된다.

다섯째, 시판 이유식 회사는 3~4개월부터 이유식을 시작할 것을 공공연하게 권장한다. 일찍 이유식을 시작하게 되면 알레르기를 비롯한 여러 질환에 노출될 수 있다.

이유식의 적정 시기

요즘 아이들은 이유식을 너무 일찍 시작하는 경향이 있다. 일찍 이유식을 권하는 사회 분위기나 이유식을 빨리 시작한 것을 자랑처럼 여기는 잘못된 생각이 아토피성 피부염이나 알레르기 천식 같은 병으로 이어지기도 한다. 이유식은 아무리 빨라도 만 4개월 이전에 먹여서는 곤란하다. 일찍 먹으면 당장은 영양을 많이 섭취해서 좋을 것 같지만 자라서 알레르기로 고생할 수 있다.

우리나라 소아과학회에서는 이유식의 시기를 평균 생후 6개월 이후, 최소한 4개월 이후부터 서서히 일반 보충식을 시도할 것을 권장하고 있다. 그러나 세계보건기구(WHO)는 이유식을 적어도 6개월 이후 먹이는 것이 아기에게 가장 안전하다고 권하는 입장이다. 소아의 25%가 아토피를 앓고 있다는 오늘날, 이유식을 일찍 시작해 여러 가지 병에 노출될 수 있으므로 생후 6개월 이후부터 이유식을 시작하는 것이 보다 안전할 것이다.

특히 알레르기가 있는 아기나 가족 중에 알레르기가 있는 사람이 있다면 6개월 이전에 이유식을 시작하는 것은 위험할 수 있다. 아기에게 당장 아토피 증상이 없다고 해도 부모가 알레르기라면 계란, 우유, 콩, 육류 등의 섭취는 돌이 지난 후에 시작하는 것이 안전하다. 아토피 발현에 큰 영향을 준다고 알려진 밀가루, 새우, 조개, 생선, 꿀, 레몬, 딸기, 토마토, 오렌지, 옥수수 등도 돌이 지나서 주는 것이 좋고, 땅콩류는 세 돌까지 먹이지 않는 것이 안전하다.

이유식을 시작할 때 주의점

아이의 이유식을 시작할 때 가장 고려할 점은 식품의 안전성과 아이의 소화력이다. 이유식은 결코 특별한 음식이 아니다. 어른이 먹는 식사에 가까워지게끔 유도하는 단계라고 보면 된다. 따라서 아이의 소화력에 맞게 좀 더 부드럽고 소화하기 쉬운 형태로 만드는 것이 중요하다.

첫째, 이유식의 재료는 안전해야 한다. 유기농산물처럼 안전한 식품을 이용하자. 설탕이나 조미료 등은 일체 넣지 말고, 각종 첨가물이 들어 있는 가공식품도 금물이다.

둘째, 처음에는 곡류부터 시작해 단계적으로 재료를 늘린다. 사람의 소화기는 곡류에 제일 익숙해 곡류에 대한 소화능력이 가장 먼저 발달한다. 곡류 다음으로 우리 땅에서 난 제철 채소나 과일을 주는 것이 좋으며, 육류와 달걀 등은 마지막 단계에 먹이도록 한다. 우리 몸속에 들어간 동물성 단백질은 독소를 발생한다. 물론 배설되기도 하지만 일부는 체내에 흡수된다. 아직 모든 기능이 미숙한 아기에게는 작은 독소도 질병의 원인이 될 수 있다.

셋째, 처음부터 한꺼번에 여러 재료를 넣지 말아야 한다. 아이가 다양한 음식의 맛과 향, 질감을 직접 느껴보는 것이 좋다. 그러기 위해서는 식품 고유의 맛을 제대로 느낄 수 있도록 한꺼번에 여러 재료를 먹이지 말자. 처음에 쌀죽으로 시작해 한

가지 식품씩 늘리는 것이 무난하다.

넷째, 고형식으로 만들어 숟가락으로 떠먹인다. 여러 가지 식품 가루를 섞어 만든 선식은 이유식으로 적당하지 않다. 이유식은 영양 보충뿐만 아니라 고체 음식을 삼키기 위한 연습을 위해 필요하다. 그러므로 선식은 이유식으로 적당하지 않으며, 음식물 알레르기를 일으키기도 쉽다.

다섯째, 아기가 단맛과 분유맛을 좋아한다고 해서 단것과 우유를 주로 주면 안 된다. 어릴 적에 달고 기름진 맛에 익숙해진 아기는 평생 달고 기름진 음식만 찾게 된다. 쌀죽보다 달고 맛있는 과일즙부터 먼저 주면 쌀죽을 잘 안 먹을 수도 있으므로 주의한다. 아이가 평생 가져야 할 바른 입맛과 건강한 식생활의 기초를 이유식을 통해 심어주어야 한다.

집에서 이유식 만들기

안전성과 영양을 고려해 아이의 이유식은 집에서 만들어 먹이자. 이유식을 처음 시작하는 아기에게는 쌀이나 밥으로 미음 상태의 죽을 만들어준다. 이것을 적어도 1~2주 정도 먹여 쌀죽에 익숙해지면 차차 배추, 단호박, 양배추, 청경채 등 부드럽고 맛이 강하지 않은 야채를 쌀죽에 한 가지씩 섞어 3~4일 정도 먹여 음식물 알레르기 반응이 일어나지 않는지 확인하면서 적응 기간을 갖는다. 물론 야채 이외에도 감자, 고구마, 완두콩 등을 섞어 줄 수 있고, 차차 닭고기나 쇠고기를 곱게 갈아 넣어도 된다. 쌀죽 외에도 발효시킨 콩식품을 뭉근히 끓여 먹이거나 채소즙, 과일즙 등도 이유식으로 좋다.

❖ 쌀죽 만들기

아기의 첫 이유식으로 무난한 것이 쌀죽이다. 처음 이유식을 먹일 때는 미음처럼 묽게 만들어 먹이고 아이가 잘 받아먹고 익숙해지면 차츰 농도를 높인다. 먹이는 양도 처음에는 한 숟가락씩 며칠 먹이다가 잘 받아먹으면 두 숟가락씩 점점 양을 늘여가는 것이 좋다. 죽이 너무 진하면 소화불량과 변비가 올 수 있고, 너무 묽으면 아이가 여윈다. 아이의 변 상태를 보면서 양을 조절한다. 처음에는 비록 적은 양을 먹더라도 가능한 일정한 시간에 이유식을 주는 습관을 들이자.

– 재료 : 쌀, 생수(쌀과 물의 비율 1 대 10)

❶ 쌀을 깨끗이 씻어 물에 불린 다음 체에 밭쳐 물기를 뺀다.

❷ 쌀을 믹서에 넣고 물을 조금씩 부어가면서 간다.

❸ 냄비에 믹서로 간 쌀과 생수를 넣고 끓인다.

❹ 순식간에 넘칠 수 있으니 주의하고 끓기 시작하면 약한 불로 줄여 쌀이 잘 퍼지게 한다. 밥을 이용해 죽을 만들 수도 있다. 냄비에 밥과 생수의 비율을 1 대 8 정도로 넣고 끓인다. 끓기 시작하면 약한 불로 줄여 은근히 30분 정도 더 끓인다.

❖ 현미오곡미음

현미오곡미음은 생후 6~8개월에 먹일 수 있는 영양 이유식으로 좋다. 현미와 잡곡은 섬유질이 풍부해 아기가 소화하는데 큰 무리가 없다. 아이의 연령에 맞게 묽기를 조절해 먹이는데, 처음 먹일 때는 모유 정도의 농도가 좋고 아이가 먹는 것을 보면서 차츰 농도를 높이고 양도 늘인다.

– 재료 : 현미 50%, 찰수수 10%, 찰현미 20%, 좁쌀, 기장, 통밀, 검정콩, 흰콩 등 20%

❶ 준비한 곡류를 집에서 곱게 갈거나 방앗간에서 곱게 간다.

❷ 갈아놓은 재료에 생수를 붓고 끓여 죽을 만든다.

❸ 죽의 묽기는 아이의 개월 수에 따라 조절하는데, 생후 6개월의 경우 재료의 20배쯤 되는 물을 넣어 끓인 후 양이 반으로 줄면 거즈로 걸러서 죽염을 조금 넣어 먹인다. 차츰 되직하게 만든다.

❹ 아이의 변화를 살피면서 단계적으로 다른 식품을 넣을 수 있다. 다시마, 멸치 등을 끓인 물을 이용해도 좋고 감자, 양파, 무, 호박, 버섯, 밤 등 제철 농산물을 하나씩 곱게 갈아 넣어도 좋다.

🏠 아이 입맛에도 맞는 간식

간식을 먹일 때 주의점

　요즘 아이들이 즐겨 먹는 간식은 최악의 공해식품인 경우가 많다. 썩지 않는 수입 밀가루로 만든 빵과 과자, 온갖 유해 첨가물이 가득한 햄버거, 피자, 아이스크림, 백설탕 과잉의 청량음료 등으로부터 아이를 지키기 위해서는 간식도 안전한 재료를 골라 집에서 만들어주는 것이 좋다.

　일반적으로 간식은 활동량이 많은데 한꺼번에 많이 먹을 수 없는 아이들이 식사와 식사 사이에 영양과 에너지를 보충해주는 의미로 가볍게 먹는 것이다. 그런데 요즘 아이들은 간식의 비중이 너무 커서 오히려 식사를 방해하는 경우가 많다. 식사의 역할을 빼앗을 정도로 열량이 많거나 많은 양의 간식을 주어서는 곤란하다. 아이가 배고플 겨를도 없이 주는 부담스런 간식이 밥맛을 잃게 하는 원인이 된다. 간식으로 너무 단 음식을 주는 것도 해롭다. 단 음식은 정상적인 식사에 가장 방해요소가 되기 때문이다. 간식은 양도 적고, 칼로리도 낮고, 소화가 잘 되는 식품으로 공복감을 면할 정도로 주는 것이 좋다.

　간식의 재료는 우리 땅에서 나는 안전한 제철 농산물을 이용하는 것이 좋다. 아이에게 부족하기 쉬운 영양소가 함유된 식품이 좋고 무엇보다 수분과 무기질, 비타민 등을 공급해주어야 한다. 간식에 단맛을 내기 위해서는 현미오곡조청이나 엿기름 삭

힌 물을 이용하면 좋다.

건강 간식 만들기

감자, 고구마, 밤, 옥수수, 제철 과일 등 우리 땅에서 난 제철 농산물은 건강 간식
으로 좋다. 이외에도 야채스프, 미숫가루, 우리밀을 이용한 통밀빵 등은 맛과 영양을
갖춘 간식이다. 현미를 이용한 가래떡이나 현미쑥절편을 만들어 냉동실에 보관해놓
고 그때그때 쪄주는 것도 좋다. 안전성은 물론 맛과 영양까지 갖춘 호박찰편과 감자
경단을 만들어보자.

❖ 호박찰편

- 재료 : 찹쌀가루 3컵, 단호박 100g, 소금 약간, 꿀 2큰술, 물 1큰술, 검정콩 약간

❶ 찹쌀가루에 소금, 꿀, 물을 넣고 손바닥으로 비벼 체에 내린다.

❷ 단호박은 껍질을 벗기고 씨를 빼낸 후 끓는 물에 살짝 삶는다. 건져내서 물기를 빼고 적당
한 크기로 썬다.

❸ 검정콩은 찬 물에 미리 담가서 불린 후 물기를 뺀다.

❹ 찜통에 젖은 면보자기를 깔고, 준비한 찹쌀가루와 단호박, 불린 콩을 넣어 찜통에 30분 간
찐다.

❻ 뜨거울 때 꺼내서 꿀을 조금 바른다.

❖ 감자경단

- 재료 : 감자 4개, 시럽 7큰술(물, 소금, 설탕), 당근 1/3토막, 검은깨 3큰술, 유정란 노른자

❶ 감자를 깨끗이 씻어 껍질을 벗기고 2등분 내어 찜통에 넣고 찐다.

❷ 찐 감자는 뜨거울 때 나무 주걱으로 으깨면서 체에 받쳐 내린다.

❸ 설탕, 소금, 물을 2 대 1 대 1의 비율로 넣어 약한 불에서 끓여 시럽을 만든다.

❹ 으깬 감자에 시럽을 넣고 잘 반죽해 먹기 좋은 크기로 둥글게 빚는다.

❺ 감자 경단에 입힐 고물로 검은깨, 유정란 노른자를 삶아 으깬 것, 삶은 당근 다진 것을 준비한다.

❻ 완자 크기로 빚은 감자를 준비한 고물에 굴려 고루 묻힌 다음 색을 맞추어 접시에 담아낸다. 콩가루, 팥가루, 녹두가루, 땅콩가루, 잣가루 등 다양한 고물을 이용할 수도 있다.

집에서 만드는 아이스크림

아이스크림도 집에서 얼마든지 만들 수 있다. 간단하게는 수박을 잘라 냉동실에 넣어 그대로 얼려 먹어도 천연 아이스크림으로 좋다. 사과주스나 매실주스에 삶은 팥을 잘 섞어 용기에 담아 얼려도 맛있는 아이스크림이 된다. 어느 정도 구색을 갖춘 팥아이스크림과 딸기아이스크림을 만들어보자.

❖ 팥아이스크림

– 재료 : 팥 100g, 설탕 90g, 삶은 고구마 50g, 우유 1컵

❶ 팥을 한나절 이상 불린다.

❷ 물에 팥이 잠길 듯 말 듯 물을 붓고 푹 끓인다.

❸ 잘 삶아진 팥을 주걱으로 으깬다.

❹ 으깨놓은 팥에 삶은 고구마를 잘게 썰어 넣고 설탕과 우유를 넣는다.

❺ 잘 섞은 재료를 얼음 용기에 담아 냉동실에 넣고 얼린다.

❖ 딸기아이스크림

– 재료 : 딸기 150g, 생크림 1컵, 우유 1컵, 설탕 90g

❶ 딸기는 꼭지를 떼고 흐르는 물과 식초물에 깨끗이 씻어 준비한다.

❷ 냄비에 딸기와 설탕을 넣고 약한 불에서 5분 간 끓여 딸기 시럽을 만든 다음 식힌다. 끓이는 동안 나무 주걱으로 저어 주어야 타지 않는다.

❸ 냄비에 생크림과 우유, 설탕을 넣고 약한 불에 올려 설탕이 녹을 정도로만 끓인다.

❹ 끓인 냄비를 차가운 물에 반만 담그고 저으면서 식힌다.

❻ 미리 준비해둔 딸기 시럽을 넣고 잘 섞은 후 용기에 담아 하루 정도 얼린다. 2시간마다 한 번씩 저어주면 아이스크림이 부드럽게 된다.

간식으로 좋은 건강음료

청량음료 등 시판되는 유해 음료수로부터 아이를 지키기 위해서는 음료수도 집에서 만들어 먹이자. 식혜나 수정과 같은 전통 음료는 건강 음료수로 그만이다. 유전자변형 콩으로 만들었을 가능성이 있는 시판 두유 대신 집에서 안전하고 맛있는 두유를 만들어보자.

❖ 현미식혜

– 재료 : 현미찹쌀 2컵, 엿기름 2컵, 물 15컵, 설탕, 생강, 잣 약간

❶ 엿기름가루를 미지근한 물에 풀어 1시간쯤 두었다가 고르게 주무른 후 찌꺼기를 체에 걸러낸다.

❷ 그 물을 3시간쯤 두면 앙금이 가라앉는데, 앙금은 그대로 두고 윗물만 살짝 따라내 엿기름

물을 준비한다.

❸ 전기밥솥에 현미찹쌀로 약간 되직하게 밥을 짓고 엿기름물을 붓는다.

❹ 전기밥솥을 보온상태로 해 6~7시간 정도 발효시킨다.

❺ 밥알이 동동 떠오르면 밥알만 건져 찬물에 담고 유리병에 넣어 냉장고에 보관한다.

❻ 밥알을 건져 낸 물에 설탕이나 저민 생강을 약간 넣어 끓인 후 차게 식혀 준비해둔다.

❼ 먹을 때는 식혜물을 그릇에 담고 차게 준비해 건져둔 밥알과 잣을 조금 띄워 먹는다.

❖ 두 유

– **재료** : 콩 1/2컵, 물, 소금, 설탕 약간, 견과류, 미숫가루 약간

❶ 흰콩을 물에 넣어 3시간 정도 불린다.

❷ 불려진 콩을 끓는 불에 5분 정도 삶는다.

❸ 믹서기에 콩에 3배 되는 물을 붓고 함께 돌린다.

❹ 고운 체에 거르거나 면주머니를 이용해 물을 꼭 짜낸다.

❺ 소금과 설탕을 넣어 맛을 낸다.

❻ 기호에 따라 땅콩이나 잣가루를 넣거나 미숫가루를 약간 넣어서 믹서기에 돌려 먹어도 좋다.

살균 약품과 낡은 배수관 문제

우리의 식수 환경은 불안하다. 심각한 환경오염으로 식수원인 하천이 오염되었기 때문에 우리 집의 수돗물 역시 문제가 되고 있다. 생활하수와 농촌에서 나오는 농약, 공장에서 나오는 폐수 등으로 하천은 각종 화학물질과 중금속으로 오염되어 있다. 이미 자정 능력을 잃은 강물을 정화해 수돗물로 만들기 위해서는 많은 화학약품을 처리해야만 한다. 그 대표적인 것이 바로 염소이다. 박테리아를 죽이기 위해 식수 처리 과정에 사용하는 염소는 유기물질과 섞여 발암물질인 트리할로메탄(THM)을 생성한다. 수돗물에서 발암물질이나 중금속이 검출되었다는 보도를 간혹 접할 수 있는 것도 우리의 불안한 식수 현실을 잘 말해주는 것이다. 올 4월에도 울산에서 공급한 수돗물에서 발암물질인 테트라클로로에틸렌(PCE)

찬 물일 때보다 뜨거운 수돗물에서 유해물질인 클로로포름이 다량 방출된다

252

이 검출되어 문제가 되기도 했다.

수돗물은 살균, 정화를 위해 사용하는 약품만 문제가 되는 것은 아니다. 낡은 수도관이나 저수탱크도 문제이다. 수돗물을 실어 나르는 배수관이 낡거나 저수탱크가 부식된 경우 수돗물 속에 유해물질은 늘어나게 된다. 녹물이나 경우에 따라서는 오물까지 수도를 통해 각 가정에 공급될 수도 있다.

물 피해 줄이기

수돗물에 대한 불신이 커지면서 정수기나 생수, 지하수, 약수 등으로 눈을 돌리는 경우가 많다. 그러나 이들 물 역시 안전한 것만은 아니며, 잘못 이용하면 오히려 오염된 물을 마시게 된다. 식수나 생활용수를 보다 안전하게 이용하는 방법을 알아보자.

□ 노후된 수도관을 교체하고 물탱크를 청소한다.

□ 아침에 일어나 수돗물을 받을 때는 2~3분쯤 틀어 고여 있는 녹물, 불순물 등을 흘려 보낸다. 밤새 멈추어 있던 수돗물에는 불순물이 쌓이게 되므로 이때 틀어낸 물은 따로 받아두었다가 빨래를 하거나 걸레를 빨 때 사용한다. 며칠씩 집을 비웠을 경우에도 처음 나오는 수돗물은 마시지 말고 세탁, 화장실용으로 받아두도록 하자.

□ 뜨거운 온수로 목욕을 할 때는 환기를 시킨다. 수도꼭지에서 흘러나오는 온수에는 냉수일 때 보다 클로로포름과 트리클로로에틸렌 등이 더 많이 들어 있다. 이런 유독성 화학물질이 목욕을 하는 내내 호흡을 통해 우리 몸에 들어오게 되므로 가능한 간단한 샤워 정도가 좋다.

□ 설거지나 빨래를 할 때도 뜨거운 물 대신 찬물이나 미지근한 물을 쓰고 고무장갑을 이용한다. 뜨거운 수돗물을 만지는 주부들의 클로로포름 체내 흡입량이 수돗

물을 마시는 경우에 비해 2배 이상 높은 것으로 나타났다.

□ 수돗물은 깨끗한 용기에 하루 정도 받아두었다가 염소가 발산된 후 윗물만 떠서 끓여 먹는 것이 보다 안전하다.

□ 아침에 정수기 물을 마실 때는 2~3리터 정도 틀어낸 후 마시는 것이 좋다. 대부분의 정수기는 내부용기에 정수된 물을 저장한 후 공급하는 방식인데, 세균증식을 막는 염소까지 제거하다보니 6시간 이상 지나면 세균이 번식할 수 있다. 밤새 정수기에 저장되었던 물은 모두 뽑아내고 새로 정수한 물을 마시는 것이 안전하다. 정수기 필터를 제때 갈아주는 것도 중요하다. 필터교환시기를 놓치거나 불결하게 관리하면 오염물질이 물에 흡수되어 유해성이 더욱 커진다.

□ 시판되는 먹는 샘물은 용량이 크면 개봉 후 미생물에 의해 오염될 가능성이 커지므로 가능한 작은 용량을 이용하는 것이 좋다. 대형 생수를 받아 먹을 때도 개봉 후 3~4일 이내로 먹어야 한다. 시간이 지나면 세균이 번식한다.

□ 지하수를 이용할 때는 정기적으로 수질검사를 받아 문제가 없는지 확인한다. 주변 오염원을 점검하고 또 수인성 전염병이 우려될 때는 반드시 끓여 마셔야 한다.

□ 약수는 자치단체의 수질검사 결과를 확인하고 이용하고, 합격 판정 이후에도 물이 오염될 수 있으므로 주의한다. 식수로 부적합한 오염된 약수가 많으므로 이용할 때는 한번에 많이 받아 오지 말고, 가능한 끓여 마시는 것이 안전하다.

쉽게 하는 수돗물 정수법

오염 물질이나 병원체가 없는 깨끗한 물이 가장 좋은 물이다. 오염되지 않은 물이라면 끓이지 않고 그대로 먹는 것이 물맛도 가장 좋다. 여기에 무기 영양소가 골고루 함유된 물이라면 더욱 좋다. 그러나 음식을 통해 무기질, 즉 미네랄을 충분히 섭취할 수 있으므로 물에 함유된 미네랄에 너무 연연할 필요는 없다. 값비싼 미네랄 생수에 현혹될 필요가 없다는 말이다. 우리의 기본 식수인 수돗물을 보다 안전하게 이용하는 방법에 대해 알아보자.

☐ 물을 큰 통에 받아서 하루 정도 열어 둔다. 소독제인 염소는 물을 받아서 위를 열어 놓으면 날아가고, 중금속 등의 불순물은 아래로 가라앉는다. 물을 담아두는 용기는 유리그릇이나 옹기가 좋다.

☐ 물을 받아둘 때 숯, 맥반석, 돌처럼 흡착성이 있는 것을 넣어두면 좋다. 숯은 물 속의 유해물질을 흡착해 정화하는 역할을 한다. 마시는 물에 사용할 숯은 하나씩 흐르는 물에 깨끗이 씻은 후 물에 넣어 끓인다. 끓기 시작하면 약한 불로 줄여 10분쯤 끓여 식힌 뒤 사용하면 보다 안전하다. 이렇게 소독한 숯은 물 1리터에 100g 정도 넣으면 적당하다. 한 달에 한번 숯을 씻어 말리면 영구적으로 사용할 수 있다.

☐ 하루 동안 받아놓은 물은 물통의 1/3 되는 윗 부분만 식수로 사용한다. 불순물이 흔들리지 않도록 조심스럽게 윗물만 따라내어 이용하고 아래쪽 2/3의 물은 세탁, 청소용으로 사용한다.

☐ 받아낸 윗물은 끓여 먹는 것이 보다 안전하다. 보리차를 넣어 끓기 시작하면 주전자의 뚜껑을 열어 100도에서 5분 이상 끓인다. 이때 휘발성 물질은 날아가고, 남아 있던 중금속 등은 보리에 흡착된다.

☐ 끓인 물은 식혀 유리병에 넣어 냉장고의 맨 아래 칸에 넣어두고 마신다. 물은 섭씨 4~14℃에 먹는 것이 좋으며 섭씨 4도 안팎의 물에 산소가 가장 많이 녹아 있고 청량감도 있어 물맛이 가장 좋다. 끓인 물은 금속용기보다는 물맛이 오래 보존되는 유리나 사기용기에 담아 둔다.

식품을 오염시키는 1회용 종이컵, 플라스틱 그릇

1회용 문화의 대표격인 종이컵은 펄프로 만든 견고한 종이 내부를 플라스틱으로 라미네이팅해서 만든다. 뜨거운 물을 부으면 톨루엔 디이소시아네이트, 시안화수소 같은 유해물질이 흘러나올 수 있다. 미국 환경청(EPA)에서 주요 오염물질로 분류한 톨루엔 디이소시아네이트는 신경 기능 이상과 유전자를 변화시키기도 한다. 이런 유해물질이 흘러나오는 종이컵에 뜨거운 차를 담아 먹는 것은 정말 위험한 일이 아닐 수 없다.

플라스틱 그릇은 종이컵보다 위험하다. 우리가 주로 쓰는 플라스틱 그릇인 폴리카보네이트 식기는 가볍고 튼튼해서 급식용기나 아기 젖병, 정수된 물을 담는 대형 물통, 그릇 등으로 다양하게 이용된다. 폴리카보네이트 용기에 열을 가하면 비스페놀A라는 위험한 환경호르몬이 배출된다. 뜨거운 음식을 담거나 전자레인지 등에 넣어 열을 가하면 더욱 해롭고, 오래 사용한 것일수록 유해성이 더욱 커진다. 플라스틱 가운데 폴리염화비닐(PVC) 재질로 만든 용기는 더욱 위험하다. 젓갈통이나 김치 저장용으로 식당에서 많이 쓰는 자주색 고무통처럼 보이는 것이 폴리염화비닐 재질이다. 일반 가정에서도 배추를 절일 때 사용하기도 한다. 발암 성분으로 알려진 가소제를 쓸 뿐 아니라 내열온도도 플라스틱 가운데 가장 낮아 그만큼 위험하다. 모든 플라

256

스틱류에서 환경호르몬이 흘러나오는 것은 아니다. 플라스틱 재질 가운데 폴리에틸렌테라프탈레이트(PET), 폴리프로필렌(PP), 폴리에틸렌(PE)은 비교적 안전하다고 알려져 있다. 그러나 안전하다고 알려진 플라스틱도 가능한 쓰지 않는 것이 현명하다. 우리는 너무 많은 유해물질에 노출되어 있기 때문에 가능한 석유화학물을 원료로 한 제품의 사용을 조금이라도 줄이는 것이 보다 안전한 생활일 것이다.

플라스틱의 재질 식기 가운데 가장 안전하다고 할 수 있는 것은 멜라민 그릇이다. 상아를 연상시킬 정도로 단단하고 윤이 나는 플라스틱 식기로 수저나 쟁반, 컵 등으로 많이 쓰이고 있다. 멜라민 수지는 식물성 펄프를 원료로 하기 때문에 덜 해롭지만 진짜 멜라민 수지인지, 멜라민을 모방한 경질 플라스틱인지 구별하기가 어렵다. 진짜 멜라민이라고 해도 플라스틱 성분을 넣어야 성형이 되기 때문에 무공해는 아니다.

치매를 부추기는 알루미늄 호일

가정에서 흔히 쓰는 호일은 알루미늄을 얇게 펴서 만든 것이다. 호일로 싼 식품을 자주 이용하다 보면 우리 몸에도 알루미늄 성분이 흘러들게 된다. 체내에 알루미늄이 쌓이면 악성 빈혈, 기억상실, 알츠하이머증 등을 일으킨다. 알루미늄 호일로 뜨거운 음식을 싸면 거무스름한 녹이 생기고, 김치나 짠 반찬을 오래 싸두면 부서지는 것을 볼 수 있다. 이것은 알루미늄이 산화 알루미늄으로 변한 것으로 일반 알루미늄보다 독성이 훨씬 강한 맹독성 발암물질이다. 알루미늄 냄비에 토마토나 감귤류 등을 넣어 조리를 하는 것도 음식이 알루미늄에 오염되기 쉽다. 호일을 깔고 고기를 굽거나 식품을 호일로 싸서 전자레인지에 데우는 것도 위험하다. 알루미늄으로 포장된 식품은 가능한 피하고, 식품을 조리할 때 호일을 쓰지 않는 것이 피해를 막는 길이다.

플라스틱류에 속하는 비닐 랩은 플라스틱의 유해성을 그대로 가지고 있다. 부드러운 비닐 랩을 만들기 위해 사용하는 가소제 가운데 많이 쓰는 프탈레이트

(Phthalates)는 위험한 환경호르몬이다. 아주 적은 양이라도 우리 몸에 치명적인 해를 줄 수 있고, 생식계를 비롯해 신경계, 면역계 등에 장애를 주기도 한다. 환경호르몬은 고온이나 지방 성분이 많을 때 더욱 많이 방출된다. 그러기에 지방이 많은 음식을 싸서 오래 두거나 음식을 싸서 전자레인지에 데우는 것은 위험한 일이다. 가소제 위험이 있는 폴리염화비닐(PVC) 랩보다 폴리에틸렌(PE), 폴리프로필렌(PP)으로 만든 랩이 비교적 안전하다고 알려져 있다. 가능한 비닐 랩을 쓰지 않는 것이 가장 좋다.

코팅 피막이 녹아나는 밥솥

전기 밥솥, 프라이팬 등은 음식이 눌러붙는 것을 막기 위해 테프론 코팅이나 불소 코팅 등을 한다. 테프론은 열에 강한 플라스틱의 일종이고, 불소 역시 면역력을 손상시키는 발암 물질로 알려져 있다. 테프론 코팅을 한 식기류는 오래 쓰다보면 피막 자체가 얇아져 도료가 녹아 나온다. 테프론 피막에 흠집이 나면 그 안에 칠했던 도료가

해로운 합성유약을 쓰지 않은 전통 옹기는 광택이 적다

벗겨져 음식에 녹아나기도 한다. 도료 성분은 위벽에 붙어 영양분의 소화흡수를 막고 여러 장애를 일으킨다.

현재 쓰고 있는 밥솥과 프라이팬이 코팅이 벗겨지지 않았고 아직 쓸 만하다면 그대로 이용하면 된다. 사용하는 동안 이미 독성이 많이 배출되었을 것이다. 새로 구입해야 된다면 전기밥솥 대신 압력밥솥을, 프라이팬은 무쇠 팬이나 무공해 옹기구이판을 이용하는 것이 좋다. 무쇠 솥, 무쇠 프라이팬을 구입한 후에는 강한 불에서 한 시간 이상 열을 가해 식힌 후

중성세제로 잘 씻어야 녹 방지를 위해 발라둔 방청제를 없앨 수 있다. 사용 후에는 완전히 습기를 제거하고 식용유를 얇게 발라두면 오래 쓸 수 있다.

법랑 냄비도 문제가 크다. 제대로 된 법랑 냄비나 식기류는 알루미늄에 사기를 입힌 것이지만 요즘은 거의 생산되지 않는다. 알루미늄에 에나멜 칠을 한 것이 대부분이다. 에나멜은 합성수지 도료이므로 다른 플라스틱처럼 유해성이 크다. 특히 적황색으로 변한 것을 사용하면 카드뮴에 오염될 수 있다.

식기로 인해 식품오염이 문제가 되면서 안전한 식기로 옹기에 관심이 커지고 있다. 도기나 옹기를 만드는 흙은 분명 좋은 소재이다. 그러나 문제는 방수성과 내구성을 위해 바르는 유약에 있다. 예전에는 잿물을 이용한 전통 유약을 이용했지만 요즘은 대량생산이 가능하도록 합성유약을 사용하고 있다. 합성유약은 납, 카드뮴 등의 중금속이 검출되고 있고, 제품마다 유해성이 차이가 난다. 고가품이라고 해서 안심할 수는 없다. 소비자보호원의 조사에 따르면 유명 수입품에서 잔류 중금속이 많이 검출되기도 했다. 무공해 옹기는 황토로 그릇을 빚어 잿물에 담갔다가 말려 고온에서 굽는다. 고온에서 굽게 되면 흙 속에 많은 미세 기포가 생겨 공기가 드나들 수 있게 되므로 숨쉬는 옹기가 된다. 이런 그릇에 김치나 장류 등을 담아두면 맛이 깊어지고 변질될 우려도 없다. 그러나 납 성분 등이 든 유약을 바른 옹기는 산과 열에 약해서 신김치를 담아두거나 열을 가하면 납 성분이 음식물에 흘러들게 된다.

현재 쓰고 있는 옹기나 도기가 오래 사용한 것이라면 그대로 쓰도록 하자. 도자기 유약의 독성도 오래 사용하다 보면 서서히 없어지기 때문이다. 오래 사용해 처음의 반질반질한 광택이 사라지고 희뿌연 광택만 남았다면 그대로 써도 큰 문제가 없다. 새로 옹기나 도기류를 장만할 때는 안전한 유약을 사용한 것을 구입한다. 광택이 심하지 않고 두드려 보면 쇳소리처럼 맑은 소리가 나는 것이 대체로 안전하다. 빨강, 노랑 등의 원색을 띤 도자기는 저온에서 구운 것일 수 있다. 고온에서 구우면 일반적으로 원색이 죽게 된다.

유리나 스테인리스가 가장 안전

가장 안전한 식기는 스테인리스와 유리로 만든 것이다. 스테인리스 냄비를 살 때는 100% 스테인리스 강철인지 확인해야 한다. 알루미늄에 스테인리스를 도금한 것도 많다. 스테인리스 냄비인데도 바닥이 부식되거나 도금이 벗겨진다면 알루미늄에 스테인리스를 입힌 것이다. 지나치게 싼 것, 크기에 비해 가벼운 것은 완전한 스테인리스가 아닐 가능성이 크다.

유리 제품에는 규산염을 정제해 녹여서 만든 '일반 유리'와 여러 첨가물이 들어간 '강화 유리', '합성 유리' 제품이 있다. 합성 유리나 합성 도기는 규산염이나 도기의 재료인 세라믹을 합성수지와 섞어 만든 것이다. 가볍고 잘 깨지지 않지만 안전하다고 할 수는 없다. 충격이나 고열에 약해 잘 깨지는 단점을 보완한 강화 유리는 납, 니켈 같이 중금속과 혼합하거나, 유리 자체를 고열 고압 처리해 조직을 강화한 것으로 크리스탈 유리나 전자레인지용 용기로 많이 쓰고 있다. 일반 유리보다 안전성이 떨어지고 고온에서 쓰면 더욱 문제가 된다.

 알아두자! 도움되는 유용 정보

- 1회용 그릇이나 알루미늄 호일, 비닐 랩은 가능한 사용하지 않는다.
- 밥그릇이나 냄비 등은 100% 스테인리스 제품을 쓴다.
- 냉장고용 반찬그릇은 유리 용기가 좋다. 유리 제품이라면 100% 규산염을 이용한 유리인지 확인한다. 뚜껑까지 유리로 된 것은 아니어도 된다. 냉장고는 온도가 낮고 직접 음식물에 닿지 않으면 환경호르몬에 노출되지 않는다.
- 김치통이나 도시락통은 스테인리스 제품을 쓴다.
- 컵이나 찻잔은 일반 유리나 해로운 유약을 쓰지 않은 옹기나 도기를 쓴다.
- 프라이팬은 무쇠로 된 것이나 옹기구이판을 쓴다.

🏠 약의 두 얼굴

원인 치료가 되지 않는 증상 완화제

약 광고의 홍수 속에 살고 있는 우리는 약을 너무 쉽게 먹는 경향이 있다. 감기약, 소화제, 진통제, 피로회복제 등 각종 약에 대한 의존도도 날로 커지고 있다. 그러나 우리가 먹는 약은 병을 일으키는 근본 원인을 제거해주는 약이라기보다는 증상만 완화시키는 경우가 많다. 감기약이 그 대표적인 예이다. 대부분 감기는 불규칙한 생활이나 스트레스, 잘못된 식습관, 유해물질에의 노출 등으로 인해 질병에 대한 면역력이 약해지면서 나타난다. 이렇게 병을 일으키는 근본 원인을 바로잡지 않고 우리는 감기약을 먹어 바로 증상을 없애려 한다. 감기약은 감기 바이러스 자체를 없애는 약이 아니라 다른 방법으로 증상을 완화시킨다. 감기약에는 보통 해열제, 각성제, 신경안정제, 소화제 등이 복합되어 있다. 감기에 걸리면 우리 몸은 열과 땀을 내어 체내 독소를 배출하고 병원균과 대적한다. 그런데 당장 감기 증상을 없애기 위해 억지로

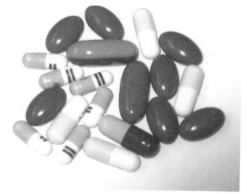

약에 의존도가 클수록 우리 몸의 자연치유력은 약해진다

해열제 등의 성분이 든 감기약을 먹으면 열은 바로 내릴지 몰라도 병원균이 제압되지 않는다. 결국 우리 몸 스스로 감기를 물리치려는 자연치유 과정을 오히려 방해하고 치료를 지연시킬 뿐이다. '감기는 약보다 푹 쉬면 낫는다'는 말처럼 충분히 쉬고, 수분을 많이 공급하고, 땀을 내어 독성물질을 발산하며, 소화가 잘 되는 음식과 북어처럼 해독 작용을 하는 식품을 먹고, 비타민C를 많이 먹는 것이 오히려 현명한 감기 대처법이다.

아토피 역시 마찬가지다. 아토피는 아직 분명한 치료약이 없다. 병원에서 쓰는 약은 아토피의 증상, 즉 가려움이나 염증을 얼마 동안 완화시키는 약이다. 염증을 억제하는 '스테로이드제'나 히스타민의 역할을 억제하는 '항히스타민제' 등이 주로 이용된다. 이들 약은 아토피의 원인에 대한 치료제가 아니라 증상만 잠시 억누르는 약이다. 가려움을 완화시키는 약을 쓰면 바로 씻은 듯이 낫지만, 약효가 떨어지면 다시 가렵게 된다. 병의 원인에 대한 치료약이 아니므로 결국 계속 쓸 수밖에 없다. 문제는 이들 약을 계속 사용할 경우 부작용을 일으킨다는 것이다. 아토피 초기부터 약을 쓴 사람은 조금의 가려움도 참지 못하고 약에 의존하게 되고, 결국 아토피를 치료하기는커녕 부작용으로 더 큰 병을 얻기도 한다.

약이란 본래의 의미대로 '약'도 되지만, 다르게 보면 강한 화학약품인 '독'도 된다. 어떤 부작용이 있을지 모르는 위험한 화학약품을 우리 사회는 너무 안일하게 쓰고 있다. 작은 병에도 계속 약을 먹다 보면 나중에는 어떤 약을 써도 잘 듣지 않게 되고, 나아가 심각한 약의 부작용을 낳기도 한다. 페니실린 쇼크사, 예방주사 쇼크사 등 심각한 약의 부작용에서부터 만성질환자의 경우 오랜 투약으로 다른 병을 얻는 경우도 있다. 병에 걸리면 무조건 약을 먹어야 한다는 생각부터 잘못된 것이다. 우선 병을 일으키는 원인을 찾아 바로 잡고, 내 몸 스스로 이겨내려는 노력을 해야 한다. 고지방식을 즐겨서 고혈압이 되었다면 식단을 바꾸고, 자세가 나빠서 디스크가 걸렸다면 자세를 바로 잡고, 운동부족으로 혈액순환이 안 된다면 운동을 해야 한다. 이것이 병을 일으키는 근본 원인을 바로 잡는 치료법이다. 조금이라도 아프면 무조건 약부터 찾는 약 의존성에서 벗어나자.

 알아두자! 도움되는 유용 정보

- 감기 치료를 오히려 더디게 하는 감기약을 남용하지 않는다.
- 어떤 약도 장기간 먹는 것은 가능한 피한다. 특정 화학약품의 장기 복용은 간장에 무리를 주고 우리 몸의 균형을 깨서 더 많은 문제를 일으킨다.
- 박카스나 피로회복제는 가능한 피한다. 대부분 카페인 성분이 들어 있어 우리 몸에 해롭다. 카페인 성분 때문에 일시적으로 피로가 회복된 듯한 느낌만 들 뿐이지 실제로 악영향을 준다.
- 인공 비타민제를 먹지 않는다. 우리 몸은 자연 상태의 영양소를 가장 잘 받아들이므로 균형 잡힌 식사를 통해 영양을 공급받는 것이 최상이다. 인공 비타민제를 장기간 먹을 경우 신장 결석 같은 부작용을 일으킨다는 보고가 있다.
- 여러 약을 동시에 먹지 말고, 약을 드링크제와 함께 먹는 것도 피한다.
- 임산부나 약물 알레르기가 있는 사람은 특히 약 복용에 주의한다.
- 의사로부터 약을 처방 받을 때도 부작용에 대해 자세히 물어본다.
- 약 광고에 현혹되지 말고, 병을 물리치기 위해서는 약보다 병을 일으키는 근본 원인인 생활 습관을 고쳐 병을 이겨낸다.

항생제 남용의 비극, 항생제 내성균

약 남용의 심각성을 보여주는 단적인 예가 바로 우리나라의 항생제 내성률이 세계 최고라는 기록이다. 항생제를 너무 남용해서 약효를 잘 낼 수 없는 상황에 이르렀다는 말이다. 성균관대 의대 송재훈 교수팀의 조사 결과에 따르면, 전국 8개 병원에 입원한 환자의 페니실린에 대한 폐렴구균의 내성률이 77%, 앰피실린에 대한 폐렴간

균의 내성률이 93.2%로 각각 세계 최고 수준으로 나타났다. 세균의 내성률이 77%라는 것은 항생제를 복용하더라도 23%의 효과밖에 거두지 못한다는 뜻이다. 서울지역 일반인 3,096명으로부터 분리된 황색포도상구균 781균주에 대한 항생제 내성검사에서 페니실린 내성률이 92%로 나타났다. 또한 대학병원들이 항생제를 적정하게 사용하고 있는가를 평가한 결과 73.1%가 항생제를 부적절하게 사용한 것으로 나타났다.

세균을 죽이는 항생 물질이 발견되면서부터 인류는 세균성 질병을 쉽게 이겨낼 수 있게 되었다. 불치병으로 여겼던 결핵, 콜레라, 장티푸스, 페스트, 성병으로부터 해방되기도 했다. 그러나 항생제 오남용으로 인해 내성균, 소위 말하는 슈퍼 박테리아가 출현하게 된다. 항생 물질을 지나치게 사용하는 동안 세균은 내성, 즉 약에 견디는 힘을 갖게 되었고 더 강해지는 결과를 낳았다. 황색 포도상구균을 예로 들자. 황색 포도상구균은 오랜 세월 동안 인간과 공생해온 생물이다. 그러나 항생제의 남용으로 죽어야 했고, 일부는 유전자를 바꾸어서 살아남는데 성공한다. 내성을 갖고 살아남은 황색 포도상구균은 처음과 달리 엄청나게 위험한 균으로 탈바꿈한다. 오늘날 수술 후나 노인 병원에서 내성을 가진 황색 포도상구균에 감염되어 사망하는 사람이 늘고 있다. 자연 상태에서 다른 균과 공생하고 있는 동안에는 대량으로 늘어나는 것이 불가능했고, 인간에게도 약간의 피해만을 주었을 뿐이다. 그러나 항생제 속에서 살아남은 균은 강한 독성과 번식력을 갖게 되었고 그 결과 우리의 목숨을 위협하는 무서운 대상이 된 것이다. 약을 먹어 당장 병을 물리치더라도 다시 더 위험한 질병에 노출될 수 있으므로 약 복용은 신중하자.

수은 중독을 부추기는 치아 아말감

치아를 치료하기 위해 병원에서 사용하는 치과용 충전 재료인 아말감이 심각한 부작용을 낳고 있다. 흔히 '납땜'이라고 말하는 아말감은 가격이 저렴해 널리 쓰이는 치과용 충전 재료이다. 은색 또는 검은색, 검은 회색인 아말감은 총 중량의 50%가 수은이며, 은 35%, 주석 13%, 구리 2%, 미량의 아연이 함유되어 있다. 하나의 치아에 충전되는 아말감에는 750~1,000mg 정도의 많은 수은이 들어간다. 입 속의 아말감에서 수은은 수증기 형태로 계속 누출된다. 껌을 씹거나 칫솔질을 하거나 뜨거운 음료를 마실 때 특히 증가한다. 입 속의 수은 증기는 온 몸의 혈액과 세포에 직접 침투해 갖가지 병을 일으키기도 한다. 면역계에 치명적인 손상을 주거나 DNA를 손상시키고 만성피로, 아토피, 천식 등의 질환을 악화시킬 수도 있다. 치과 치료를 할 때 아말감이 아닌 보다 안전한 충전재료를 이용하자.

병원에서 받는 엑스레이 촬영 역시 우리를 불안하게 만든다. 방사선에 노출되어야 하기 때문이다. 방사선이란 물질을 투과할 수 있는 힘을 가진 입자선 및 복사선으로 일시에 많은 양에 노출되면 우리 몸에 신체적 장애를 일으킨다. 방사선이 물체를 투과할 경우 그 물체를 이온화시켜 불안정하게 만들고 유전적 변이를 일으킬 수도 있다. 방사선에 다량 노출되면 기형아를 낳을 수 있는 것이 그 때문이다. 물론 병원에서 받는 엑스레이 촬영이 그만큼 위험한 것은 아니지만 임산부나 어린 아이의 경우 가능한 방사선에 노출되지 않는 것이 좋으므로 불필요한 엑스레이 촬영을 피하도록 하자.

우리 몸의 자연치유력을 키우자

우리 몸에는 스스로 건강을 지키는 선천적 능력인 자연치유력이 있다. 서양의 의성 히포크라테스는 인체 내의 자연치유력을 '몸 안의 의사'이며, 의술과 약은 자연치유력을 돕는 조수에 불과하다고 했다. 우리가 병에 걸려도 자연치유력이 있기 때문에 웬만한 병은 스스로 이겨낼 수 있다. 그러나 오늘날 우리의 생활에는 자연치유력을 약화시키는 요인이 너무 많다. 생활을 불규칙적으로 하고, 식사를 제때 하지 않고, 폭식과 폭음을 하고, 수면과 휴식시간이 부족해 늘 피곤하고, 계속되는 긴장과 정신적인 스트레스에 시달리는 경우 자연치유력은 약화된다. 자연히 병이 걸리기 쉬운 상태가 되는 것이다. 여기에 유해물질이 가득한 식품과 의식주 전반의 공해물질이 자연치유력을 약화시키는 주요 요인으로 등장했다. 우리 생활 속에서 자연치유력을 약화시키고 병을 일으킬 만한 요인을 밀어내는 것이 질병을 예방하고 치료하는 가장 확실한 방법이다.

약의 남용도 자연치유력을 약화시키는 주요 요인이다. 감기약을 예로 들자. 감기에 걸리면 열이 나고 땀을 흘리게 된다. 우리 몸이 스스로 병원균의 증식을 막기 위해 열을 내고, 체내 독소를 배출하기 위해 땀을 내는 것이다. 말하자면 고열과 발한은 자연치유력이 발동되어 치료를 하는 과정이다. 우리 몸의 면역체계는 외부 침입자들과 반응하면서 차츰 기능이 강화된다. 그런데 약에 의존도가 높은 현대인은 고열과 발한을 당장 억눌러야 할 증상으로만 여기고 서둘러 해열제가 든 감기약부터 찾는다. 그러면 금방 열이 내릴지 몰라도 병원균이나 독소가 제압되지 않는다. 뿐만 아니라 우리 몸의 자연치유력, 즉 면역력에 혼란을 주어 약화시키게 된다. 약의 의존도가 클수록 그만큼 자연치유력은 약화되는 것이다. 자연치유력을 지키기 위해 가능한 약을 멀리 해야 한다.

우리가 선천적으로 갖고 태어난 자연치유력을 강화한다면 그 어떤 질병도 예방할 수 있고, 병에 걸린다고 해도 보다 쉽게 이겨낼 수 있을 것이다. 자연치유력을 강화하기 위해서는 규칙적인 생활과 좋은 음식, 꾸준한 운동, 편안한 마음 등 생활 전반의 노력이 필요하다. 그리고 무엇보다 자연치유력을 약화시키는 생활 속 유해물질을 없애는 노력을 해야 된다.

🏠 지켜야 할 건강 식생활 수칙

영양식보다 안전식을 먹자

　식품공해가 심각한 오늘날 좋은 식품을 고르는 기준은 단연 식품의 안전성이다. 아무리 좋은 영양소가 풍부하게 들어 있어도, 유해물질이 많다면 오히려 해가 되기 때문이다. 그래서 예전에 좋은 식품으로 꼽혔던 우유, 달걀, 굴, 조개, 생선알, 사골국 등의 영양식품이 유해물질 축적도가 높은 오늘날 피해야 할 공해식품이 되고 있다.

　우유를 예로 들자. 우유는 칼슘과 단백질이 풍부해 아이들에게는 필수 식품으로 인식되어 왔다. 그러나 오늘날 우유는 항생제와 성장호르몬을 먹으면서 밀집 사육된 병든 소가 생산한 것이다. 소처럼 먹이사슬의 윗 단계에 있는 고등동물은 오염물질의 체내 축적도가 높을 수밖에 없다. 그 오염물질은 주로 지방분에 축적되므로 지방 성분이 많은 우유는 고농도의 유해물질 덩어리라고 할 수 있다. 1950년대 일본 미나마타만에서는 마을 주민 전체가 수은 중독에 걸려 심각한 정신적, 신체적 장애를 일으킨 일이 있다. 일명 '미나마타병'으로 유명한 공해사건이다. 인근 공장의 폐수에서 방출된 수은이 그 지역의 어폐류를 오염시키면서 결국 마을 주민에게까지 해를 입힌 것이다. 그러나 마을 주민 가운데 임산부만 별 이상이 없었다. 그들이 임신한 태아는 사산되었지만, 산모는 모두 건강했다. 임산모의 체내로 들어온 수은이 모두 태아에게 전달되어 아이는 죽었지만 독성을 배출한 임산부는 무사할 수 있었던 것이다. 몸에 축적된 유해물질이 젖이나 알을 통해 배출된다는 것을 알린 사건이기도 하다. 오늘날 오염된 소가 생산한 우유의 유해성을 미루어 짐작할 수 있을 것이다.

우유 대체 식품으로는 참깨, 미역, 다시마, 돌김, 콩, 감자, 현미, 표고버섯 등이 있다. 이들 식품에는 칼슘과 단백질이 풍부하고 뼈를 만드는데 필요한 아연, 마그네슘, 비타민C 등의 영양소가 함께 들어 있어 우유보다 이상적인 식품이다. 칼슘만 있다고 해서 뼈가 만들어지는 것이 아니라 그 작용을 돕는 영양소가 함께 있어야 한다. 우유가 아이들의 절대적인 먹거리라는 생각은 공해천국 이전에나 통하던 말이다.

아무리 좋은 영양소가 풍부하다고 알려진 식품이라고 해도, 얼마나 안전한가를 점검하는 것은 공해시대를 사는 식생활의 으뜸 수칙이다. 7가지 좋은 영양소를 먹기 위해 7가지 유해물질을 더불어 먹을 것인가? 아니면 5가지 영양소 밖에 없어도 유해물질이 없는 식품을 먹을 것인가? 어느 것이 현명할지는 더 말할 필요가 없다. 물론 유해물질도 없고 좋은 영양소가 풍부한 식품이 가장 좋다. 그런 식품을 찾기 위해서 얼마나 안전하게 생산된 것인가를 꼼꼼하게 점검하는 자세가 꼭 필요하다.

육식과 지방을 줄이자

육식과 지방의 섭취를 줄이는 것이 공해 시대의 현명한 식사법이다. 유해물질은 먹이 사슬을 타고 누적되면서 그 유해성이 기하급수적으로 늘어난다. 주로 먹이사슬의 윗 단계에 있는 육류는 단연 유해성이 큰 식품이다. 오늘날 축산 환경은 항생제, 신경안정제, 성장촉진제 등을 첨가한 사료를 가축에게 먹이고 있고, 매일 먹는 사료를 통해 유해물질은 엄청나게 늘어난다. 나중에는 사료에 첨가된 농도보다 몇 만 배의 유해물질이 가축의 체내에 쌓일 수 있다. 소처럼 생육 기간이 긴 동물일수록 더욱 심각하다.

우리의 소화기능을 고려해도 육식 중심의 식사는 바람직하지 않다. 인간은 원래

곡채식형 동물로 육식동물과 달리 동물성 단백질을 환원시키는 효소가 없다. 그래서 육식을 할 경우 장내에 이상 발효 현상이 나타나게 된다. 이것이 체내 독소로 작용해 여러 질환을 일으키기도 한다. 육식의 섭취를 줄이는 것이 여러모로 현명할 것이다.

지방 섭취 역시 줄이는 것이 좋다. 지방은 다른 영양소에 비해 부패하기 쉽고, 유해물질의 축적도가 높다. 대부분의 환경호르몬 물질은 지방 성분에 쉽게 녹는 지용성이기 때문에 식품의 지방질에 주로 축적된다. 육류의 경우라면 살코기 부분보다 지방질 부위에 유해물질이 더 많고, 어류의 경우 지방질이 많은 생선이 더 해롭다. 고지방 식품을 피하는 것은 활성산소의 피해를 줄이기 위해서이기도 하다. 환경오염 등으로 인해 증가한 활성산소가 우리 몸의 지방과 결합해서 과산화지질을 만들고, 과산화지질은 세포막을 파괴하고 각종 질병을 일으킨다. 기름을 이용할 때는 재래식으로 짠 기름, 즉 참기름, 들기름, 미강유 등을 이용하는 것이 좋다. 시판되는 콩기름, 옥수수유는 대개 정제 과정에서 변형된 지방이다. 참깨, 들깨, 호박씨, 호두, 잣 등 지방 성분이 많이 함유된 식품을 자연 상태 그대로 먹는 것이 가장 이상적인 지방 섭취이다.

신선한 야채를 많이 먹자

야채에는 엽록소, 비타민, 미네랄, 섬유질이 풍부하다. 우리 몸을 병들게 하는 활성산소를 제거하는 항산화물질도 풍부하다. 신진대사에 필요한 효소를 공급하고, 장운동을 촉진하고, 몸 안의 독소를 배출하도록 돕고, 피를 깨끗하게 만들기 때문에 유해물질을 많이 섭취하는 현대인에게 특히 좋은 식품이다.

우리가 먹는 음식은 소화, 흡수되는 과정에서 노폐물이 만들어진다. 노폐물이 많이 생기는 음식물을 계속 먹으면 피가 오염되고 몸 안에 독소가 쌓이게 된다. 그 대표적인 것이 동물성 단백질로 장내에서 이상발효를 일으켜 질소화합물, 즉 독소를 생성한다. 피가 깨끗하지 못하면 간장과 신장 등 여러 기관에 이상을 일으키게 된다.

우리 몸 안에 쌓이는 독소와 유해물질을 흡착해 대변과 함께 몸 밖으로 배출시키는 역할을 하는 것이 바로 야채이다. 신선한 야채를 많이 먹는 것이 유해물질의 축적을 줄이는 방법이다. 야채를 먹을 때는 잎 야채, 줄기 야채, 뿌리 야채, 열매 야채를 골고루 섞어 다섯 종류 이상을 먹는 것이 좋다. 다섯 종류 이상을 함께 먹으면 각 야채의 특성이 서로 보완되어 효과를 높일 수 있다.

현미잡곡밥을 먹자

쌀은 우리의 주식이다. 주식을 어떻게 먹느냐는 곧 식생활 전반에 큰 영향을 미친다. 일반 백미밥과 현미밥은 영양면에서 엄청난 차이가 난다. 수확한 벼를 겉껍질만 벗기고 쌀겨와 씨눈을 남긴 쌀이 현미고, 현미를 열 번 정도 깎아 배유 부분만 남긴 것이 흰쌀이라 불리는 백미다. 쌀의 영양소는 씨눈과 쌀겨 부분에 집중되어 있다. 단백질, 지방, 무기질, 비타민 등이 씨눈에 66%, 쌀겨에 29%, 배유에 5%가 함유되어 있다. 피를 맑게 하는 섬유질도 백미보다 3~4배나 높다. 현미는 영양만 뛰어난 것이 아니다. 중금속 해독작용과 항암작용을 하는 키친산을 함유하고 있다.

영양과 해독이라는 장점을 가진 현미에 다른 잡곡까지 두루 섞은 밥을 먹는다면, 밥 한그릇만으로도 이미 훌륭한 식단이 될 것이다. 현미밥에 당장 적응이 안 된다면 처음에는 백미밥에 조금 현미를 넣어 차차 양을 늘여가면 된다. 찹쌀을 섞어 현미밥을 해도 먹기가 한결 수월하다. 적응이 되면 흰 쌀밥보다 더욱 고소하고 감칠맛을 느낄 수 있다. 현미밥을 먹을 때는 유기농 현미쌀을 이용해야 한다. 한 보고에 따르면 쌀에서 잔류농약 성분이 가장 많은 부분이 씨눈이라고 한다. 자칫 농약 피해를 입을 수 있으므로 친환경농법으로 생산된 현미를 이용하자.

❖ 현미잡곡밥 짓는 법

– 재료 : 현미 60%, 현미 찹쌀 20%, 서리태, 차조, 수수, 율무, 기장, 보리, 팥 등 기타 잡곡 20%,

❶ 잡곡에는 돌이나 티가 많으므로 조리질을 해서 씻는다.

❷ 현미는 백미에 비해 단단하므로 물을 붓고 하룻밤 정도 불린다.

❸ 쌀밥을 지을 때보다 물을 조금 넉넉히 붓고 압력솥을 이용해 짓는다.

❹ 센불에서 시작해 압력솥의 추가 흔들리기 시작하면 2분 정도 둔다. 그런 다음 불을 약하게 해서 추가 아주 미세하게 흔들리는 상태로 약 10분 정도 둔 후 불을 끄고 10분쯤 뜸을 들인다.

❺ 잡곡은 기호와 계절에 따라 적절히 넣으면 된다. 여름에는 찬 기운을 전하는 보리를 더 넣고, 겨울에는 따뜻한 기운을 전하는 찹쌀을 더 넣으면 좋다. 소화기능이 약한 사람은 팥과 보리를 많이 넣지 않는 것이 좋다.

깨끗한 물을 자주 마시자

인체의 약 65%를 차지하는 물은 우리의 생존에 절대적인 것이다. 물은 우리 몸에서 신진대사를 촉진하고 노폐물을 배출하는 역할을 한다. 일반적으로 우리 몸의 신진대사가 원활하기 위해서는 성인의 경우 하루 2.5리터의 물이 필요하다. 음식물을 통해 0.5리터가량의 수분을 섭취한다고 보면, 2리터의 물을 따로 공급해야 한다.

물은 오염되지 않은 자연수, 즉 생수를 마시는 것이 가장 이상적이다. 생수는 생명력이 있는 물로 용존 산소와 각종 미네랄 성분이 풍부하다. 그러나 생수에 미네랄 성분을 너무 과대 평가해 고가의 미네랄 생수를 먹을 필요는 없다. 미네랄은 우리가 먹는 음식을 통해서도 충분히 섭취할 수 있다. 오염되지 않은 깨끗한 물을 먹어야 한다는 것만 유의하자. 수돗물은 살균약품이나 송수관, 저수탱크 등으로 문제가 될 수 있으므로 따로 정수를 해서 깨끗한 물을 마시는 것이 보다 안전할 것이다.

물은 자주 조금씩 마시는 것이 좋다. 우선 아침에 일어나면 공복에 생수를 한 잔 마시는 습관을 들이자. 밤새 위나 장벽에 쌓였던 노폐물을 씻어내 신진대사를 촉진한다. 물을 마실 때는 천천히 마시는 것이 좋다. 1컵의 물을 마실 경우 5분 정도의 시간을 들여 한 모금씩 천천히 마셔야 한다. 한꺼번에 많이 마시면 위장과 심장 등에 부담을 주게 된다. 또한 식사 전후 30분 이내에 물을 마시면 위액을 희석시켜 소화를 방해할 수도 있다. 식사 전후 시간을 피해 나머지 시간대에 30분마다 30cc정도 먹는 것이 이상적이다.

활성산소를 억누르는 항산화식품을 먹자

우리는 잠시도 산소가 없으면 살 수 없다. 그러나 우리 몸에 들어온 산소의 일부는 활성산소가 되어 해를 주기도 한다. 원래 활성산소는 우리 몸에 들어온 병원균 등을 산화해 무력화시키는 역할을 하지만 동시에 지방산, 단백질, 효소 등도 모두 산화시켜 본래의 성격과 기능을 잃게 만든다. 우리 몸의 신진대사 과정에서 필연적으로 발생하는 활성산소는 어느 정도까지는 인체에 큰 해를 주지 않는다. 그러나 지나치게 많아지면 우리 몸을 맹렬히 공격하게 된다. 공해가 심해지고 체내 유해물질이 많아지면서 활성산소의 양도 급격히 증가해 우리 몸을 병들게 하고 있다. 오늘날 현대의학은 활성산소를 질병과 노화의 주범으로 보고, 활성산소를 줄이는 것이 장수의 지름길이라고 한다.

우리 몸에는 원래 활성산소의 피해를 줄이는 물질인 항산화물질이 있다. 체내의 항산화물질은 신진대사 과정에서 필연적으로 생기는 활성산소의 활동을 억누르고, 활성산소로 입은 피해를 회복하는 역할을 한다. 그러나 활성산소가 너무 많다보니 제대로 대처하지 못하고 있다. 질병이 있는 사람이나 공해에 시달리는 사람은 특히 항산화 기능이 약하다. 체내 활성산소의 발생을 줄이고 동시에 항산화 기능을 강화한다면 보다 건강하게 살 수 있을 것이다. 이것은 비단 식생활에 국한된 문제가 아니라 생활 전반에서 노력이 필요하다.

우리 몸의 항산화 기능을 높이는 식생활

- **필수 영양소를 골고루 섭취하자** : 우리 몸에 필요한 영양소를 두루 섭취하는 것이 중요하다. 에너지원인 영양소가 있어야 항산화 기능 역시 제 구실을 하게 된다. 우리 몸이 필요로 하는 적당량의 영양소, 즉 비타민과 무기질, 필수지방신과 단백질을 고루 섭취하면 항산화 기능을 강화하는데 도움이 된다.

- **비타민 식품을 두루 섭취하자** : 비타민A, C, E 는 모두 좋은 항산화 물질이다. 비타민C가 풍부한 야채와 과일, 비타민E가 풍부한 현미나 씨앗류, 비타민A가 풍부한 늙은 호박, 베타카로틴이 풍부한 당근이나 브로콜리 등은 좋은 항산화식품이다. 여러 영양소가 복합적으로 상호작용해 대사가 일어나는 것이므로 골고루 먹는 것이 좋다. 정제된 합성비타민제를 먹는 것보다 식품을 통해 섭취하는 것이 바람직하다.

- **항산화 기능이 뛰어난 식품을 이용하자** : 녹차에 포함된 카테킨, 깨에 함유된 리그난, 블루베리에 함유된 안토시아닌 등이 항산화 작용이 뛰어난 물질이다. 검은콩처럼 흑, 황, 녹, 적 등 색깔이 선명한 식품, 붉은 포도주나 홍차 등 맛이 떫은 식품, 레몬 등 산미가 강한 식품, 기타 푸른 은행잎에는 강력한 항산화 물질이 들어 있다.

- **항산화 기능이 뛰어난 건강식품을 이용하자** : 자연 상태에서 자란 식물의 껍질에는 항산화 물질이 풍부하다. 모든 식물의 껍질을 다 먹을 수 있는 것은 아니다. 독성이 없고 우리 몸에서 소화흡수가 되는 것이어야 한다. 해송 껍질, 느릅나무 껍질, 뽕나무 껍질 등에 특히 항산화물질이 많아서 예로부터 질병 치료에 쓰여왔다.

생활 속에서 활성산소의 발생을 줄이는 방법

- 유해물질에 노출을 피하고, 공해식품을 피한다 : 유해물질이 체내로 들어오거나 오염된 식품 등을 섭취하면 우리 몸은 이것을 이물질로 보고 쫓아내기 위해 활성산소를 많이 발생한다.

- 과식을 피한다 : 우리 몸의 신진대사 과정에서는 필연적으로 활성산소가 발생한다. 음식을 먹을 때도 마찬가지다. 많이 먹는다면 그만큼 활성산소의 발생량이 많아진다.

- 담배와 술을 피한다 : 최고의 발암물질이라는 담배에는 니코틴, 타르뿐 아니라 활성산소의 역할을 하는 과산화수소가 들어 있다. 술의 알콜 역시 간에서 분해될 때 활성산소가 많이 발생한다.

- 심한 운동을 피한다 : 지나친 운동은 활성산소를 많이 발생시킨다. 숨이 너무 가쁘지 않고 자신의 체력에 적당한 운동을 해야 한다. 격한 운동은 돌연사를 부르기도 한다.

- 자외선, X선, 전자파를 피한다 : 강한 에너지가 우리 몸에 닿으면 활성산소가 발생된다. 전자파 역시 오랜 시간 노출되면 활성산소가 증가한다.

- 여유 있는 마음을 갖는다 : 공격적인 행동은 아드레날린이 분비되고, 그 과정에서 활성산소가 많이 발생한다. 스트레스 역시 활성산소의 발생원이다. 항스트레스 호르몬이 생성되거나 분해되는 과정에서 활성산소가 발생한다.

- 상처를 빨리 치료한다 : 상처가 나면 활성산소가 급증하므로 빨리 대처해서 과잉 발생을 막아야 한다.

적게 먹고 오래 씹자

　과식이 만병의 근원이라는 말이 있다. 특히 오늘날 대부분의 문명병은 영양 과잉에서 비롯된다. 과식을 하면 소화기관에 부담을 주고, 노폐물이 몸 밖으로 배설되는 과정에서 각 기관에 악영향을 준다. 또한 소화기관에 정체된 음식물이 부패 발효하면서 독소를 만들어 장점막을 자극한다. 이로 인해 소화흡수율이 떨어지고 혈액을 오염시킨다. 건강을 위해서는 적게 먹는 것이 무엇보다 중요하다.

소식이란 내가 소화할 수 있는 양보다 조금 덜 먹는 것을 말한다. 과식으로 인한 독소가 없고, 장이 깨끗하다면 소화 흡수가 완전히 이루어지기 때문에 적게 먹어도 문제가 되지 않는다. 소식을 하기 위해서는 평소 식사를 천천히 먹는 것이 도움이 된다. 우리 몸은 필요한 만큼 음식물을 받아들인 후에는 식욕 호르몬이 작용을 멈추어 더 이상 먹고 싶은 욕구가 사라진다. 그러나 빨리 먹게 되면 식욕 중추가 지시를 내리기도 전에 이미 과식을 하게 된다. 음식물을 제대로 소화하기 위해서라도 천천히 먹어야 한다. 턱을 많이 움직이면 위와 췌장의 기능이 활발해진다. 음식물을 꼭꼭 씹어 침이 많이 분비되면 침 속의 소화효소로 인해 소화가 한층 쉬워진다. 오래 씹고 천천히 먹는 습관을 들이자.

산모는 특히 안전식으로 태아를 지키자

출산을 해야 할 여성은 체내 공해물질이 들어오지 않도록 특히 신경을 써야 한다. 산모의 뱃속에 있는 태아는 엄마의 혈액을 통해 산소와 영양분을 공급받아서 자란다. 산모가 잘못된 식생활을 하면 태아는 태반을 통해 유해물질에 노출된다. 오늘날 급증하는 태아 사산이나 기형아 출산 등이 식품공해와 무관하지 않다. 특히 급증하는 아토피의 경우는, 엄마가 아이를 가졌을 때 계란, 우유, 콩 등 아토피를 일으키기 쉬운 식품을 많이 먹으면 아이가 선천적으로 이들 식품에 아토피를 일으키기 쉬운 체질이 된다. 아이가 태어난 후부터 신경을 쓴다고 생각하면 늦을 것이다.

건강한 아이를 출산하기 위해서 임신기간은 물론이고 임신을 전후한 기간 내내 오염이 안 된 안전한 식품을 이용하고, 잡곡밥이나 채식을 중심으로 식사를 하는 것이 좋다. 몸에 들어온 유해물질이 체내에 쌓여 있다가 아이에게 전달될 수 있기 때문이다. 특히 임신기간 중에는 오염된 농수축산물과 가공식품, 식품첨가물을 피하고, 알레르기 체질을 만들 수 있는 계란, 우유, 땅콩 등을 많이 먹지 않는 것이 좋다. 인스턴트 식품이나 고칼로리 식품, 술 등도 피해야 한다. 태어날 아이의 건강을 위해 무엇보다 안전한 식생활이 필요하다. 이것이 태교보다 중요한 공해시대를 사는 산모의 으뜸 생활 수칙이다.

모유의 질에도 신경을 쓰자

모유는 아기에게 이상적인 먹거리다. 영양적인 면뿐 아니라 면역적, 정신건강적으로도 아이에게 가장 좋다. 모유는 감염성 질병은 물론, 유아의 여러 질병을 막아주는 성분이 들어 있어 더욱 중요하다. 인공 분유를 먹이게 되면 원료의 안전성과 영양 모두가 문제가 된다. 분유를 담는 용기나 아기 젖병에서 검출되는 환경호르몬도 문제이다. 모유를 먹이는 것이 식품공해로부터 아이를 보호하는 최선의 방법이다.

그러나 오늘날 모유도 완전 무공해 먹거리라고 할 수는 없다. 우리 몸에 들어온 유해물질은 오랫동안 몸 안에 축적되어 있다가 임신과 수유기간 동안 아이에게 전해줄 수 있기 때문이다. 그래서 모유에서 다이옥신이 검출되기도 한다. 아이를 가질 엄마라면 임신 전부터 유해물질에 노출되지 않도록 신경을 쓰고, 출산 후 수유를 할 때는 더욱 주의를 기울여야 한다. 산모의 몸에서 만들어지는 모유의 질은 엄마가 무엇을 먹느냐에 따라 결정되기 때문이다. 엄마가 오염된 식품을 즐겨 먹는다면 모유를 통해 자연스럽게 아이에게 전달하는 결과를 낳는다. 단지 모유를 먹이는 것만으로는 부족하다. 모유를 먹이는 엄마는 유해물질이 든 공해 식품을 피하고, 안전한 식품을 먹어야 한다. 건강한 모유를 생산할 수 있도록 식생활을 비롯한 생활 전반에서 유해물질을 밀어내는 노력을 해야 한다.

자연과 더불어 사는
에코토피아를 꿈꾸며

자연과 더불어 사는 환경천국, 에코토피아를 만드는 것이
병든 세상을 이겨낼 유일한 대안이고, 공해에 치여 소리없이 병들고 있는
우리를 구원할 유일한 희망이다.

'유기농 식품과 친환경 제품이라는 게 가격이 만만치 않아서……' 저에게 아토피 생활요법을 묻기 위해 연락하는 이들이 주로 하는 말입니다. 맞습니다. 저를 포함한 서민들에게 어떤 친환경 제품은 정말 '그림의 떡' 처럼 여겨지기도 합니다. 그러나 그럼에도 불구하고 보다 건강하고 안전한 제품을 사려는 노력을 하지 않으면 안 됩니다. 유기농이나 친환경 제품의 소비가 특별한 소수만의 '사치' 가 아니라 인류 생존을 위한 거스를 수 없는 '지향' 이 되어야 합니다. 무엇보다 오염된 의식주에 휘둘려 서서히 죽어가고 있는 나 자신을 보호하기 위해서입니다. 그리고 병든 세상을 변화시킬 힘이 바로 소비자에게 있기 때문입니다.

지난해 말, 이사를 간다는 친구가 새집증후군 대처법에 대해 물어왔습니다. 아는 지식을 알려주고 친환경 벽지와 바닥재에 대한 정보도 주었습니다. 근데 시공을 해주는 곳에서 제동을 걸었습니다. 친환경 벽지와 바닥재를 쉽게 구할 수도 없고, 공사 기간이 더디다는 이유를 들어 할 수 없다는 것이었지요. 옥신각신 말이 오가다가 결국 시공업체의 말대로 도배를 하고 장판을 깔았습니다. 물론 유해 화학물질을 내뿜는 것이었지요. 건축 마감재에서 친환경 제품도 드물었고, 있다고 해도 시공업체에서 까다롭다는 이유로 해주지 않으면 소비자는 어쩔 수가 없는 상황이었습니다. 당시 이 책의 원고 집필에 들어갔던 저로서는 구체적인 대안 제시가 좀 아득하게 여겨

겼습니다. 그런데 하루 아침에 시장 환경이 급변하는 일이 생겼습니다. 올해 초 SBS TV에서 '환경의 역습' 이라는 환경 다큐멘터리 프로그램을 방영했습니다. 방송의 영향력은 즉각 나타났지요. 안전한 제품에 대한 소비자의 요구가 들끓었고, 시장을 들썩이게 만들었고, 급기야 친환경 건축자재가 쏟아지기 시작했고, 친환경 건축자재 품질 인증 제도까지 생겨났습니다. 불과 몇 달 사이에 시장은 엄청난 변화를 몰고 왔습니다. 잘 만든 방송 프로그램의 영향력이기도 했지만, 무엇보다 소비자가 원하는 대로 시장이 변한다는 것을 보여주는 분명한 예였습니다. 소비자가 원하는 제품을 만드는 것은 기업의 생존원칙입니다. 저는 하루 아침에 급변한 시장을 다시 조사하고 자료를 보완하는 번거로움을 겪어야 했지만, 소비자의 힘이 세상을 바꿀 수 있다는 것을 유쾌하게 확인할 수 있었습니다. 진정 '소비가 생산을 바꾸고, 생산이 사회를 바꿀 수 있다' 는 것도 함께 말입니다.

유기농 시장만 해도 그렇습니다. 불과 몇몇 생협을 중심으로 판매되던 유기농 제품이 요즘은 대기업으로까지 확산되어 이용하기 쉬워졌고, 지난해에는 친환경농업으로 전환한 농민이 전해에 비해 20%가 넘게 늘어났다고 합니다. 초창기와 비교하면 유기농 제품을 사기도 쉬워졌고, 그만큼 가격도 내렸습니다. 유기농가가 늘고 화학영농으로 죽은 땅이 지력을 회복하면서 생산량이 늘었기에 그만큼 가격도 내릴 수 있었지요. 이런 변화는 바로 소비자가 유기농을 원하기 때문에 가능했던 변화입니다. 우리가 좀 더 안전하고 환경친화적인 제품을 찾아나설 때 공해 제품은 발붙일 곳이 없어질 것입니다. 그렇게 되면 지금은 '그림의 떡' 처럼 여겨지는 친환경 제품도 보다 싸고 쉽게 살 수 있는 날이 올 것입니다. 이것이 바로 소비자가 할 수 있는 환경운동의 시작입니다.

그리고 보다 안전하고 건강한 생활은 꼭 돈이 들어야 한다는 생각은 정말 오해입니다. 환경운동가들이 실천하고 있는 '자발적인 가난' 즉 소비를 줄이는 생활이 보다 큰 의미의 안전한 생활입니다. 오늘날의 소비란 바로 그 자체가 공해와 유해물질을 늘이는 것이기 때문이지요. 소박하게 밥상을 차리고, 재활용을 하고, 번듯하고 화려한 것을 밀어내고, 빠르고 쉽게 하려는 생각을 접는다면 내 집의 오염 물질은 상당히 줄어들 것입니다. 현대인의 의식 중심에 있는 편의주의와 기능주의 욕구를 던져버릴 때 비로소 보다 안전하고 건강한 삶으로 나아갈 수 있습니다.

이 책을 쓰는 내내 저는 두 가지 문제로 고민을 했습니다. 그 첫째가 독자들에게 변화에 대한 의지 없이 불안감만 주는 게 아닌가 하는 것입니다. 우리의 의식주가 대부분 안전하지 않다고 하면 모두 놀라고 불안하시겠지요! 어떤 이는 '공포감을 주는 책'이라고 여길 수도 있습니다. 예전에는 저도 그랬으니까요. 아토피를 경험하기 전에는 환경운동가들이 말하는 생활 속 공해물질의 횡포를 가볍게 들었고 '너무 겁을 주는 말'이라고 여기기도 했습니다. 모두 평범하게 사는데 나만 특별나게 살 필요가 없다는 식의 생각이었지요. 그러던 제가 2년의 세월을 아토피에 휘둘려 눈물을 쏟아내면서 생각이 완전히 바뀌었습니다. 지금은 병든 의식주의 심각성에 눈뜨게 된 것을 너무나 다행으로 여기고 있고, 암처럼 더 큰 질병으로 나타나지 않았던 것에 오히려 감사하고 있습니다.

그러나 예전의 저처럼 우리가 사는 집을 안전한 삶터라고만 알고 있는 이들에게 이 책은 다소 충격일 수 있습니다. 몇 년 간 노력해 겨우 집 장만을 하고 새집으로 이사하기 위해 기대에 부풀어 있는 이들에게는 찬물을 끼얹는 것일 수도 있습니다. 빠듯한 살림살이로 당장 유기농 밥상으로 바꿀 수 없는 이들에게는 음식에 대한 공포감을 심어줄 수도 있겠지요. 그렇다고 경악과 불안에 머물러 있어서는 안 됩니다. 자신이 처한 현실에서 얼마든지 공해물질을 하나씩 밀어낼 수 있습니다. 새집으로 이사를 간다면 당분간 새 가구나 새 용품의 구입을 자제하고, 다른 화학물질의 사용을 줄이며, 24시간 환기개념을 갖는 것이 대처법입니다. 당장 유기농 밥상을 차리기가 곤란하다면 제철 식품을 먹고, 농약 피해를 줄이도록 조리를 하고, 우리 몸의 해독

능력을 키우는 방법으로 대처할 수 있습니다. 얼마든지 자신의 현실에 맞게 단계적으로 보다 안전한 생활을 실천해갈 수 있습니다. 문제의 심각성을 제대로 알고 있는 것과 모른 채 어느 날 갑자기 뒷덜미를 맞는 것은 하늘과 땅의 차이입니다. 저희 어머니의 아토피가 병든 의식주 때문이라는 것을 처음부터 알았다면 그렇게 병을 키우지는 않았겠지요. 참을 수 없는 가려움으로 정상적인 생활이 불가능한 상황에 이르러서야 오염된 의식주에 문제가 있다는 것을 알았고, 병을 그렇게까지 키운 저의 무지함을 얼마나 탓했는지 모릅니다.

아이들의 25%가 아토피를 앓고 있는 세상에서 우리는 살고 있습니다. 우리 국민 네 사람 가운데 한 사람이 암으로 사망하고 있고, 10쌍의 부부 가운데 한두 쌍은 아이를 갖지 못하고, 출생인구의 5%가 넘는 아이들이 미숙아나 기형아로 태어나고 있습니다. 제대로 원인이 밝혀지지 않은 이 모든 증상이 환경공해와 무관하지 않습니다. 이 외에도 원인을 알 수 없는 불치병이 얼마나 많습니까! 비록 건강한 사람이라고 해도 오염된 의식주에 영향을 받지 않는 사람은 없습니다. 단지 질병이 없다고 건강한 것은 아닙니다. 푹 잤는데도 개운하지 않고, 늘 몸이 물먹은 솜처럼 무겁고, 집중력이나 일의 능률이 떨어지는 등 오늘날의 환경공해는 우리의 삶의 질을 흔들고 있습니다. 저 역시 공해에 치여 살았었지요. 그런 사실을 자연주의 생활로 조금씩 바꾸면서 비로소 알게 되었습니다. 어머니의 아토피 치료를 위해 생활 속의 유해물질을 밀어내면서 저에게도 큰 변화가 있었습니다. 겨울이면 내내 감기를 달고 사는 것이 저는 선천적인 약골이기 때문이라고 여겼고, 늘 만성 위염에 시달리는 것도 직업병으로만 알았습니다. 그러나 이런 증상이 모두 사라졌습니다. 새로 지은 번듯한 시설의 도서관에서 왜 집중력이 떨어지지를 알았고, 합성방향제를 뿌리고 나면 향긋하고 좋은데도 나중에 왜 머리가 아픈지를 알았고, 전기 옥매트를 깔고 잔 다음날은 왜 몸이 무거운지를 알았고, 춥다고 문을 꼭꼭 닫고 지내는 겨울철에는 왜 의욕이 떨어지는지도 알게 되었습니다. 생활 전반을 옭죄고 있던 공해로부터 조금씩 벗어나면서 저는 보다 건강한 삶을 되찾을 수 있었지요. 더 편안한 잠과, 더 명쾌한 두뇌활동과, 더 의욕적인 생활을 할 수 있는데도 우리 모두는 공해에 발목이 잡혀 있습니다. 공해 천국의 현실을 제대로 바라볼 수 있어야 하고, 우리를 병들게 하는 것을 하나씩 세상 밖으로 밀어내야 합니다. 불안해할 것이 아니라 불안하게 만드는 요소를 떨쳐내고, 건강한 집으로 만들 수 있다는 것을 기억하시길 바랍니다.

제가 안고 있는 또 하나의 고민은 혹시 있을지 모르는 선량한 농민과 어민, 영세 업자들의 피해입니다. 평생을 허리 한번 제대로 펴지 못하고 일만 하고도 여전히 가난한 한 농부가 제게 물었습니다. '농약을 안 쓰고 어떻게 농사를 지어?' 나라에서 시키는 대로 농약과 화학비료를 쓰고, 안전하다는 선을 지키며 농약을 뿌리고, 그 농약의 1차 피해자가 되어 병을 얻기도 한 그이에게 농약을 안 쓰고 농사를 지을 수 있다는 것은 자신이 알고 있는 세상 전체를 송두리째 부정당하는 것이 됩니다. 정말 뭐라 대꾸할 수도 없는 상황이지요. 못된 속셈이 아니라 사람들이 하는 대로, 관에서 시키는 대로 농사를 짓고, 양식을 하고, 생산을 해온 이들을 생각하면 차마 '무슨 식품은 어떻게 나쁘니 피하라' 고 말을 하기가 두렵기도 합니다. 공해 식품으로 알려지면 바로 그 식품에 대한 기피 현상이 생기기 때문입니다. 그로 인해 회복할 수 없는 타격을 받는 이들도 생기지요. 조류 독감이 문제가 되었을 때, 파산을 하고 자살을 한 양계 농민처럼 말입니다. 정말 나쁜 마음으로 오염식품이나 제품을 만들어 이윤을 챙기는 기업들은 버젓이 잘 사는데, 세상 물정에 어두워 관행을 따르다가 불행을 겪는 이들도 있습니다. 그들 또한 공해천국이 만든 피해자이지요. 그것을 알기에 이 책에 피해야 할 오염식품과 제품을 일일이 쓰면서 내내 마음이 편치 않았습니다. 오염식품이나 제품을 만드는 가해자 아닌 가해자가 되어, 피해자보다 더 한 피해자가 생기지는 않을지 무거운 마음입니다.

아토피에 걸린 어머니를 간병하면서 지낸 힘겨웠던 세월은 제게 큰 가르침을 주었습니다. 집안의 공해물질을 밀어내면서 저의 시야는 단지 '건강'이라는 울타리를 넘어섰고, 마침내 '자연'이라는 커다란 화두에 가닿았습니다. 자연 가까이에서 자연스런 의식주를 하는 것이 문명병을 이겨낼 지름길이구나 하는 깨달음이지요. '잘 먹고 건강하게 살자'는 의미의 '웰빙'이 요즘 우리 사회의 관심 코드가 되고 있습니다. 그래서 보다 안전하고, 자연적인 제품들이 속속 등장하고 있지요. 그러나 자연을 흉내내고 천연으로 포장한 어떤 제품도 자연의 무한한 힘을 온전히 따를 수는 없습니다. 자연과 더불어 사는 세상을 만드는 것이 바로 진정한 의미의 웰빙이고, 건강한 세상을 회복하는 길입니다.

그 옛날 하늘과 땅과 바다의 짐승과 나무, 풀, 벌레, 그리고 인간은 더불어 평화롭게 살았습니다. 그 평화를 깨고 자연과 환경에 상처를 내기 시작한 것은 바로 인간입니다. 보다 살기 좋은 세상을 만들겠다고. 그렇게 만든 세상에서 우리가 얼마나 행복한지는 모르겠지만, 분명한 것은 환경에 가한 무서운 상처를 지금 우리가 고스란히 되돌려 받고 있다는 것입니다. 공해에 치여 나날이 건강과 생명을 위협받으면서 말입니다. 세상은 맞물린 톱니바퀴마냥 자연과 환경을 무시한 채 인간만 잘 살 수는 없었던 것이지요.

저는 감히 확신합니다. 자연과 더불어 사는 환경천국, 에코토피아를 만드는 것이 병든 세상과 병든 집을 구원할 유일한 희망이라고. 그래서 지금 당장 나와 내 가족을 위해 환경파수꾼이 되지 않으면 안 된다고. 그 누구도 예외일 수는 없습니다. 세상의 온갖 만물이 평화롭게 공존했던 세상. 그 평화롭고 건강했던 세상으로부터 너무 멀리 와 있지 않기만을 바랄 뿐입니다.

● 촬영 및 사진 협조

실내환경전문기업 enh테크 (www.enhtek.com) ☎ 02-549-7230

소비자문제를 연구하는 시민의 모임 (www.cacpk.org) ☎ 02-739-5441

한국여성민우회 생협 (www.minwoocoop.or.kr) ☎ 02-581-1675

그린존 21 (www.greenzone21.com) ☎ 054-761-8721

천연 화장품 비누 연구소 퓨어메이드 (www.puremade.net) ☎ 02-2648-5359

홈플러스 대구점 ☎ 053-350-8000

우리농촌살리기운동본부 대구 만촌공동체 ☎ 053-743-8169

● 참고문헌

도둑맞은 미래 | 테오 콜본, 다이앤 듀마노스키, 존 피터슨 마이어 | 1997 | 사이언스북스

생활속의 유해 물질, 우리는 안전한가 | 고와카 준이치, 마쓰바라 유이치 | 1999 | 일월서각

환경호르몬, 제대로 알고 확실히 피해가는 법 | 길리안 마틀류, 셸리 실버 | 1999 | 현암사

교수님 환경호르몬이 뭔가요 | 송보경, 김재옥 | 2002 | 석탑

환경호르몬과 다이옥신 | 와따나베류지, 호오조사찌꼬 외 | 1999 | 겸지사

실내공기오염 | 라치드A. 위든, 피터A. 쉐프 | 1995 | 신광문화사

환경과 친해지는 50가지 이야기 | 모리즈미 아키히로 | 1995 | 내일을 여는 책

지구를 구하는 1001가지 방법 | 버네데트 밸러리 | 1991 | 수문출판사

지구환경보고서 2003 | 월드워치연구소 | 2003 | 도요새

녹색 시민 구보씨의 하루 | 존 라이언, 앨런 테인 더닝 | 2002 | 그물코

생태농업을 위한 길잡이 | 전국귀농운동본부 | 2000 | 들녘

무농약 건강채소 기르기 | 도쿠노 가진 | 2002 | 동학사

밥상이 약상이다 | 강순남 | 1997 | 샘터사

아토피를 잡아라 | 다음을 지키는 사람들 | 2002 | 시공사

환경엄마 김순영의 아이 밥상 지키기 | 김순영 | 2003 | 한울림

기적의 숯 건강법 | 성도제, 마키우치 다이도 | 1998 | 중앙M&B

놀이로 배우는 지구사랑 | 김옥기, 김해창 | 1999 | 양서원

허브 아로마 라이프 | 조태동, 송진희 | 2002 | 대원사

내 손으로 하는 천연 염색 | 정옥기 | 2001 | 들녘

내 손으로 짓는 황토집 전원주택 | 윤원태 | 2000 | 컬처라인

흙과 통나무로 짓는 생태 건축 | 강준모 | 2002 | 발언

● 도움말

김윤신 (실내환경학회 회장. 한양대 의대 산업의학과 교수)

차성일 (한국공기청정협회 사무국장)

정진원 (실내환경 컨설턴트. (주)이앤에치테크 컨설팅사업부 팀장)

하현철 (환경마크협회 선임연구원)

정진영 (한국유기농업협회 회장)

문은숙 (소비자문제를 연구하는 시민의 모임 기획실장)

김인숙 (서울동북여성민우회 대표)

한혜영 (사단법인 한살림 홍보담당)

최집환 (원예전문가. 그린존21 대표)

최희선 (천연화장품 비누 전문가. 퓨어메이드 대표)